Piaf,
cris du cœur

Frédéric Quinonero

Piaf,
cris du cœur

biographie

© 2023 La Libre Édition

Éditeur : La Libre Édition

1852, route départementale 59

30960 Saint-Jean-de-Valériscle

Impression : Books on Demand, Norderstedt, Allemagne

Illustration : / Depositphotos.com

ISBN : 978-2-9586711-4-3

Dépôt légal : septembre 2023

À ma mère

« Eh oui, elle beuglait. Mais quels beuglements ! Toutes ces choses dans sa voix ! Toute la misère du monde s'abattait sur toi, tout l'amour, le ciel te croulait dessus et t'écrasait, t'aplatissait gueule dans la boue, et soudain remontait, et t'emportait avec lui, t'enlevait tout là-haut, dans le bleu, dans les nuages, dans l'orage et dans la fête… La vache ! C'étaient donc ça qu'ils entendaient, les mômes, ça qui leur faisait faire la moue ? Merde ! Moi ça me laissait pantelant, sanglotant, les tripes à l'air. Elle chantait des conneries, c'est vrai, les éternelles cucuteries pour filles d'usine, mais ce qu'elle en faisait ! Des hymnes, des triomphes, des liturgies ! Piaf n'a pas inventé la poésie bec-de-gaz-sur-pavé-mouillé, mais elle l'a propulsée vers les apothéoses, a renfoncé tout ce qui l'a précédée dans les pleurnicheries séniles. Si je croyais en un dieu, c'est comme ça que je voudrais qu'on le chante… »
François Cavanna, *Télérama*, 27 janvier 1988.

Préface

Lire une biographie de Piaf, c'est un peu comme voir le film *Titanic* : on connait les grandes lignes, et on sait comment ça va se finir. Pourtant on ne peut s'empêcher d'être surpris, ému, intrigué, admiratif. Et à la fin, le bateau coule – comme aurait dit Cocteau en apprenant la mort de son amie Édith.

Piaf, qui fit d'un mot d'argot, un nom d'oiseau, choisi par son premier Pygmalion, un nom propre connu du monde entier. Elle incarne un art totalement, et bien peu peuvent s'enorgueillir de cette incarnation décidée par le seul juge imprévisible qu'est le public : le fado portugais est Amalia Rodrigues, la musique orientale est Oum Kalsoum, le blues est Billie Holliday. L'opéra lui-même, peut-il exister sans Maria Callas[1] ? Encore aujourd'hui pour de lointains peuples de lointaines contrées, la chanson française c'est elle. Sa voix a enchanté le monde, au vrai sens du terme, comme l'annonce la plaque commémorative posée sur l'immeuble de la

---

[1]. Je choisis à dessein des femmes, car leur place semble dans ce domaine tout à fait imprenable. Sans doute que notre monde, essentiellement centré sur le masculin – sans polémique ! – a besoin de la voix des sirènes pour le tenter, le charmer, le bouleverser. Bref.

rue de Belleville[1] dans la cage d'escalier où elle aurait vu le jour. Selon la légende...

Toute sa vie est une légende, soigneusement entretenue par elle-même, par sa « sœur » Momone, ou par les nombreux exégètes qui l'ont su immortelle avant que la Postérité ne s'en doute ! Mais même sans miracles, sa vie est un roman. On va voir de quel bois se chauffent ses amours, son foutu caractère, ses béatitudes, ses épiphanies ; le tout né sur la paille d'une vie de misère, entre le bœuf et l'âne des instincts de survie, têtus et impavides.

Ici, vous lirez sa voix, vous la lirez parler, rogue et gouailleuse, et vous lirez répondre ses interlocuteurs, qu'ils fussent ses amants, ses complices, ses apôtres. Vous lirez, au fur et à mesure de son « éducation » comment, de son plein gré, opiniâtre et volontaire, elle abandonna (un peu) son franc-parler de môme parigote pour une expression plus conforme à la place – maintenant impériale – qu'elle saura occuper. Vous verrez dans cette adaptation à marche forcée, une des preuves les plus flagrantes du respect incommensurable qu'elle avait pour le public[2].

---

[1]. Vous aurez le numéro exact en lisant le livre : il ne faut pas tout dévoiler dans la préface !
[2]. Respect sans lequel on ne devient pas impératrice !

Dans ces pages, vous lirez aussi – et c'est je crois ce qui m'a le plus marquée et touchée – la somme astronomique de travail qu'elle a fourni pour être la voix du monde. « Sans technique, un don n'est rien qu'une sale manie. » Brassens aurait pu l'écrire pour elle. Il faut insister sur cette vérité : chanteuse instinctive, le travail acharné a fait d'elle et de sa voix naturelle plus et mieux que ce qu'elles étaient au départ, sauvageonnes. On entend dans ses premiers enregistrements leur nature prometteuse. Dans sa grande époque, et jusqu'à la fin, on entend la perfection de son art. Ce qui ne s'apprend pas du chant – le timbre par exemple – s'enrichit de l'intention, de l'intelligence et de la séduction. Une voix comme la sienne, c'est beau quand c'est brut, ça devient terrassant quand c'est « fait exprès » et maîtrisé !

Sa courte vie fut bien remplie et si l'on subodore que son enfance mal nourrie, ses excès, ses nuits blanches, les adjuvants chimiques qui l'aidaient à tenir sont, au premier chef, responsables de l'éphémère d'une existence chaotique, le travail, le travail et encore le travail – de récital en récital – l'ont sans doute épuisée tout autant. Elle serait morte de ne pouvoir plus chanter, elle est aussi morte de l'avoir trop fait. Sa voix était sa vie, et la vie ça ne s'économise pas !

Il est frappant également de constater que, si elle fut l'autrice de quelques-uns de ses succès, les textes que lui écrivirent Asso, Contet, Moustaki ou Vaucaire, ne parlaient que d'elle. L'habileté du biographe qui cite quelques quatrains à bon escient, nous en persuade : en ne parlant que d'elle, elle nous parle de nous, Terence de la chanson : « Rien de ce qui est humain ne m'est étranger. » Mais c'est bien là le miracle de l'incarnation d'une interprète et comédienne hors pair. Elle est un personnage, narratrice ou actrice de toutes les saynètes, drames en un acte, opéras-minute, qu'elle met dans son rauque gosier. (Un mot ici pour les musiciens, au premier rang desquels sa chère Marguerite Monnot : ils ont toujours su tirer le meilleur parti de l'instrument magnifique qu'ils avaient à servir.)

Même dans l'expression des plus folles et banales souffrances du cœur traduites par la force d'Édith Piaf, un sentiment mystérieux nous étreint toujours et encore : une forme de joie, grave et profonde. Joie de prendre en pleines esgourdes cette voix sismique, joie de ses mots qui disent ce que l'on voudrait savoir dire, joie de ce qu'elle nous donne et ne nous reprendra pas ! Toutes ses chansons sont des cris du cœur. Nous y voilà : « Cri du Cœur ». Là, le génie de Prévert pour cette seule collaboration[1], s'illustre encore une fois.

---

[1]. « Cri du cœur » paroles de Jacques Prévert sur une musique du guitariste Henri Crolla, musicien génial et homme délicieux. Éditions Méridian. © Columbia, 1960.

Oui, ce cœur qui souffre, qui s'enjaille, qui aime, brûle ou s'éteint, au gré de ces mille fois trois minutes, c'est pas le sien.
C'est le nôtre.

Juliette (Noureddine),
23 juin 2023.

« La mort ça n'existe pas ! C'est le commencement de quelque chose », déclare-t-elle, animée par la foi du charbonnier, dans le but évident de s'en convaincre, cependant qu'en cette fin d'été 1963 elle sent ses dernières forces la quitter et que s'entrouvrent lentement les grilles du Grand Portail. Longtemps elle s'est crue capable de triompher de tout ; elle en avait la conviction, le courage, et un cœur assez solide pour résister au rythme déraisonnable de ses excès et des opérations chirurgicales à répétition. L'ami Cocteau ne l'a-t-il pas comparée au chiendent qui repousse d'autant mieux qu'on le décapite ? Mais à Plascassier, près de Grasse, sa dernière retraite, il ne lui reste guère qu'à ressasser ses souvenirs. Le verdict des médecins, secrètement confié aux proches, n'accorde aucune chance de guérison. Une tournée prévue en Allemagne, maintenue vaille que vaille par son imprésario Loulou Barrier dans l'espoir d'une nouvelle rémission miraculeuse, a finalement été annulée. Retrouver un jour son public devient une perspective de plus en plus abstraite.

Loin de son cher Paris, où les amants continuent de danser sur ses chansons, Édith Gassion n'est plus que l'ombre de la grande Piaf.

Les amis, auteurs, compositeurs et musiciens, qui faisaient cercle quotidiennement autour d'elle dans le salon de son appartement du boulevard Lannes, la contactent maintenant de loin en loin, accaparés ailleurs, auprès d'artistes en activité. Certains lui téléphonent ; d'autres lui font la joie de courtes visites. « Quand la mort vous fait de l'œil, les amis se débinent », dit-elle. En fin de semaine, son mari Théo Sarapo rapporte des nouvelles de la capitale où il tourne *Judex*, sous la direction de Georges Franju, et enregistre un nouveau disque. Loulou Barrier l'accompagne. Ensemble, ils s'appliquent à réconforter la malade, à entretenir l'espoir. Le reste du temps, pour combattre la lenteur interminable des jours, Piaf tricote, fait de courtes balades dans le parc, soutenue par Simone Margantin, son infirmière, ou Danielle Bonel, sa secrétaire, donne des cours d'anglais à une jeune étudiante, se perd dans des pensées moroses, orientées vers un monde flambant qui continue d'exister sans elle, se passe ses propres chansons sur un Teppaz, établit le programme d'un spectacle qu'elle espère donner à Chaillot dans un futur proche, énonce d'autres projets auxquels elle fait semblant de croire, non pas des prévisions mais des rêves.

« Ma douce, nous avons encore de beaux voyages à faire ensemble[1] », dit-elle un après-midi à

---

[1]. Marc et Danielle Bonel, *Édith Piaf, le temps d'une vie*, éditions de Fallois, 1993.

Danielle Bonel, après avoir écouté un disque de Brel. Ne lui reste pourtant qu'un ultime voyage à accomplir, elle le sait bien. « Je les paie cher, mes conneries ! », reconnaît-elle un autre jour, en pleurant toutes les larmes de son corps. Simple constat, sans remords ni regrets.

Piaf attend la mort, sans appréhension. Coupée de son public, privée de son art, à quoi lui servirait de vivre ? Mourir, la belle affaire !

« Je n'ai pas peur de la mort, disait-elle déjà en 1956. C'est une récompense, faut la mériter. Sur terre, on est toujours esclave du physique : un rhume, une paire de chaussures qui fait mal, etc. De l'autre côté, on aura les mêmes joies qu'ici, mais en beaucoup mieux. »

Le jeudi 10 octobre au matin, Édith Piaf sombre dans un nouveau coma hépatique. La veine porte qui draine le sang des intestins vers le foie s'est rompue, entraînant une hémorragie interne. Simone Margantin se tient, impuissante, au chevet de la mourante, tandis que Danielle Bonel court les pharmacies des environs en quête d'un médicament de dernier recours qu'elle finit par obtenir à Mougins. À treize heures dix, Piaf reprend vaguement connaissance. Quelques secondes. Le temps d'un dernier sursaut.

« Paris,
Je m'ennuie de toi, mon vieux
On se reverra tous les deux

Mon grand Paris[1]... »

Elle souhaitait mourir dans ce Paris qui l'a vu naître. Le vœu d'Édith Gassion n'a pu être exaucé, mais celui de Piaf le sera. Prévenu par Danielle Bonel, Loulou Barrier décide de ne rendre le décès officiel que le lendemain matin, une fois le corps de la chanteuse ramené chez elle, boulevard Lannes. Il faut donc agir vite et avec discrétion. Première urgence : louer une ambulance auprès de la clinique cannoise du Méridien où Édith fut hospitalisée en août, étant bien entendu que le transport doit s'opérer dans la clandestinité – perspective qui l'aurait sacrément emballée, la môme, elle qui se vantait d'avoir toujours désobéi à l'ordre établi. Danielle Bonel s'acquitte de la tâche, cependant que Simone Margantin veille la défunte et procède au dernier nettoyage de la chambre avant évacuation des lieux. En milieu d'après-midi, Loulou Barrier et Théo Sarapo embarquent à Orly dans une Caravelle qui les dépose à l'aéroport de Nice vers dix-sept heures. L'ambulance franchit le portail de la propriété le soir venu. Simone et Théo prennent place à bord, après que le corps d'Édith, emmitouflé dans une couverture, y a été couché. L'enlèvement s'effectue dans un empressement délibéré afin de berner les journalistes en faction autour de la villa, lesquels subodorent une nouvelle hospitalisation d'urgence

---

[1]. « Paris » (du film *L'Homme aux mains d'argile*) (André Bernheim), éditons Breton/Edimarton © Columbia, 1949.

– on s'applique même à installer une fausse perfusion intraveineuse par souci de réalisme – et, lancés dans une course-poursuite, se font distancer une vingtaine de kilomètres plus loin. Aucun autre obstacle ne viendra contrarier cette expédition nocturne et c'est au petit matin, comme envisagé, que l'ambulance se range devant les grilles du 67 *bis*, boulevard Lannes. À huit heures quarante-cinq, le décès de la chanteuse est constaté par le docteur Claude de Laval, agissant à son tour en hors-la-loi afin de souscrire à la volonté de son ancienne patiente, puis annoncé par voie de presse.

Un producteur de télévision s'empresse de téléphoner au domicile de Jean Cocteau à Milly-la-Forêt. Il souhaite recueillir son témoignage pour une émission en hommage à Piaf. On lui répond que le poète est souffrant et se repose. Le producteur ne renonce pas ; il rappelle un peu plus tard et réussit à obtenir un rendez-vous en début d'après-midi. À l'heure dite, il sera trop tard. Cocteau meurt à treize heures d'un œdème pulmonaire. Il aura juste eu le temps de recevoir la triste nouvelle, en soupirant : « C'est le bateau qui finit de couler », puis, de livrer ses dernières paroles publiques pour elle, diffusées par la radio : « Édith Piaf s'éteint, consumée par un feu qui lui hausse sa gloire. Je n'ai jamais connu d'être moins économe de son âme. Elle ne la dépensait pas, elle la prodiguait, elle en jetait l'or par les fenêtres... Seulement sa voix nous reste. Cette grande voix de velours noir, magnifiant ce qu'elle chante. Mais, si cette grande voix me reste, c'est hélas une grande amie que je perds ! »

Ainsi, on racontera que Piaf et Cocteau sont morts le même jour, ce dernier ayant succombé en apprenant la disparition de son amie. Cette légende, comme tant d'autres qui sont rattachées à l'histoire de Piaf, court encore, quarante-cinq ans après...

« Édith Piaf est morte en arrivant chez elle à Paris après avoir lutté toute une nuit dans l'ambulance qui la ramenait du Midi », titre en gros caractères *France Soir*, publiant un cliché abject de la chanteuse sur son lit de mort et annonçant des funérailles en l'église Saint-Honoré d'Eylau (Paris 16e), le mardi suivant.

En réalité, les obsèques se déroulent le lundi 14 octobre, sans cérémonie religieuse, l'Église catholique romaine condamnant l'« état de péché public » dans lequel vécut la chanteuse. Eu égard à sa piété, qui fut également de notoriété publique, l'archevêché de Paris lui accorde toutefois la bénédiction du Père Leclerc, aumônier des artistes. Monseigneur Martin, prélat niçois, et le Révérend Père Thouvenin de Villaret lui font également l'honneur de leur présence, à titre privé.

Et le peuple de Paris lui fait cortège.

« Entraînée par la foule qui s'élance
Et qui danse
Une folle farandole

Je suis emportée au loin[1]... »

Sitôt la nouvelle diffusée par la radio, les grilles de l'hôtel particulier du boulevard Lannes sont prises d'assaut par la foule, une foule bigarrée, de tous âges et de classes sociales diverses, qui, avec l'assentiment de son dernier mari, Théo Sarapo, et l'intervention d'un service d'ordre efficace, est finalement autorisée à venir se recueillir par petits groupes auprès du cercueil, posé sur un catafalque dans le salon-bibliothèque. Des privilégiés pourront contempler à travers une lucarne vitrée la figure de cire de la chanteuse, embaumée. Dehors, sur le trottoir, s'entassent bouquets et gerbes de fleurs. Pendant deux jours, un défilé incessant d'anonymes se mêle à celui des intimes, en majorité des femmes, de celles qui ont reconnu dans le chant d'amour de Piaf leur propre quête d'absolu. *Paris Match* choisira de mettre à la une un groupe de cinq d'entre elles, d'origine modeste, la bouche grimaçante, les yeux au bord des larmes, afin d'exprimer la dimension populaire de ces obsèques. « Piaf est morte. Paris pleure », titre *Paris Jour*.

La foule, rassemblée depuis le petit jour le long des rues et des avenues où doit passer le cortège funèbre, emporte Piaf jusqu'à sa dernière demeure. Louis Amade, préfet de police de la capitale, parolier et ami de la chanteuse, a pris soin de suspendre

---

[1]. « La Foule » (Michel Rivgauche/Angel Cabral), éditions Métropolitaines © Columbia, 1957.

la circulation. Huit limousines ouvrent la route, suivies du corbillard, d'un fourgon entièrement recouvert de fleurs, d'autocars, circulant dans le calme jusqu'à l'entrée du cimetière du Père-Lachaise où la foule s'élance, rompant les barrages, provoquant une foire d'empoigne qu'un service d'ordre insuffisant ne peut maîtriser. On se précipite pour être aux premières loges : on force le passage, emprunte les raccourcis, escalade les tombes, piétine les fleurs. Plus futés sont ceux qui trouvent refuge dans les arbres, profitant d'une vue plongeante sans risquer de se faire écharper.

Quelques gougnafiers vont jusqu'à quémander des autographes, se pressant vers les célébrités présentes : Marlene Dietrich, Jacques Pills, Charles Dumont, Paul Meurisse, Yves Montand, Simone Signoret, Suzanne Flon, Georges Moustaki, Gilbert Bécaud, Félix Marten, Bruno Coquatrix, Charles Aznavour, Lucienne Boyer et sa fille Jacqueline, Marcel Cerdan Junior, Jean-Claude Brialy...

Un détachement de la Légion étrangère, fanion levé, accueille le convoi au garde-à-vous, dans un stoïcisme exemplaire. Près de la fosse, Théo Sarapo semble indifférent à tout. Le visage blême, les yeux cernés par les nuits de veille et les larmes versées, il a l'air d'un enfant soudain devenu vieux. Pauvre Théo, traîné dans la boue par une presse assassine, traité de gigolo grec, surnommé « Tora Sapo » par des boulevardiers en mal de jeux de mots, lui qui ne tardera guère à rejoindre dans la tombe sa célèbre épouse après avoir hérité de ses dettes[1] !

Du boulevard Lannes au Père-Lachaise, de l'orée du bois de Boulogne à « Ménilmuche », la môme de Paris a refait le chemin à l'envers. Elle repose désormais dans le caveau familial, division 93, allée transversale numéro 3, avec son père Louis Gassion et sa fille Marcelle Dupont. Elle n'a pas voulu de sa mère auprès d'elle. À côté du cercueil, le fossoyeur a déposé, enveloppés dans du papier journal, les objets fétiches de la chanteuse : un lapin en peluche, un béret de marin, une cravate de soie verte, une statuette de sainte Thérèse de Lisieux, une épaulette de légionnaire, une carte postale de la chapelle de Milly-la-Forêt portant une dédicace de Jean Cocteau.

« Il était temps qu'Édith Piaf mourût, écrit Jean Monteaux dans la revue *Arts*[2]. Au gala suivant elle aurait raté sa légende. »

---

[1]. Théo Sarapo, mort le 28 août 1970 à Limoges des suites d'un accident de voiture, sera inhumé dans le caveau familial d'Édith Piaf.
[2]. 16 octobre 1963.

– 1 –

En novembre 1966, une commémoration initiée par la mairie de Paris rassemble rue de Belleville quelques proches, dont Théo Sarapo, et des milliers d'anonymes. Maurice Chevalier, le plus célèbre ambassadeur du quartier de Ménilmontant, dévoile une plaque de marbre apposée sur la façade de l'immeuble numéro 72. On y lit :

> « Sur les marches de cette maison
> naquit le 19 décembre 1915
> dans le plus grand dénuement
> ÉDITH PIAF
> dont la voix, plus tard,
> devait enchanter le monde. »

Ainsi s'écrit de façon officielle la légende de Piaf, petite sœur de mistoufle de Cosette et d'Oliver Twist, devenue l'une des plus vibrantes incarnations du Paris populaire auquel elle demeurera associée dans les imaginaires collectifs, en France comme à l'étranger. Une fois la notoriété acquise, sans doute a-t-on jugé la misère de sa prime enfance trop ordinaire qu'on lui a additionné une naissance sur le trottoir, au coin d'un bec de gaz, dans la froidure d'un matin d'hiver, mettant en scène des parents rentrés d'on ne sait quel boui-boui, la mère subitement prise de contractions devant l'entrée de l'immeuble, le père reparti chercher des secours et achevant de se pochtronner en chemin, bref, un malheureux concours de circonstances induisant un accouchement à la fraîche, sur la pèlerine d'un agent de police opportunément passé par là, lequel aurait dressé un procès-verbal de l'événement.

Cette légende plaira à la future interprète des « Mômes de la cloche » qui contribuera à l'exploiter, avant que les archives de l'hôpital Tenon (4, rue de la Chine, Paris 20e), consultées par des biographes scrupuleux, ne révèlent la naissance moins romanesque mais plus confortable d'une petite Édith Giovanna Gassion le même jour à cinq heures, dans le service maternité du docteur Jules Defleur – le document officiel indique que Jacques Goiret, interne de service, et Jeanne Groize, sage-femme, ont accompagné l'accouchement ; l'acte officiel de naissance sera établi le 20 décembre à douze heures trente à la mairie du vingtième arrondissement. L'enfant doit son prénom à l'infirmière anglaise Édith Cavell, héroïne de la Grande Guerre, fusillée deux mois plus tôt à Bruxelles par les Allemands pour avoir aidé à l'évasion de soldats alliés vers la Hollande.

Louis Alphonse Gassion, rompu par atavisme paternel à l'école du cirque de rues en qualité de contorsionniste-antipodiste[1], a rencontré Annetta

---

[1]. Louis Alphonse Gassion voit le jour à Falaise (Calvados)

Giacoma Margherita Maillard, italienne de naissance et franco-marocaine d'origine[1], à la Foire de Paris, un jour de 1911. Cette dernière, marchande ambulante de nougat, est dotée d'une belle voix puissante et rêve d'une carrière de chanteuse. Est-elle impressionnée par les talents artistiques de « l'homme qui marche la tête à l'envers », ainsi que le vantent les affiches en papier glacé de son soupirant, ou se laisse-t-elle plus banalement charmer par les beaux discours de celui que de futurs témoignages, à commencer par ceux de sa propre fille, qualifieront de tombeur impénitent, en dépit de sa petite taille et d'une frêle carrure ? En tout cas, elle consent à s'unir officiellement à lui le premier vendredi de septembre 1914, alors que l'armée allemande occupe Reims. La cérémonie, vite expédiée, a lieu à Sens (Yonne), ville de garnison où le marié

---

le 10 mai 1881. Il est le fils de Louise Léontine Descamps, née à Carvin (Pas-de-Calais) en 1860, et de Victor Alphonse Gassion, né à Falaise le 10 décembre 1850. Issu d'une famille modeste de bonnetiers, eux-mêmes descendants de laboureurs, Victor Gassion va inaugurer la tradition de la balle en entrant au cirque Ciotti : il parcourra la France et l'Europe en qualité d'écuyer. Louise lui donnera quatorze enfants. À l'âge de dix ans, son fils Louis entre à son tour au cirque Ciotti.

[1]. Annetta Giacoma Margherita Maillard est née le 4 août 1895 à Livourne (Italie) où la roulotte paternelle fait escale. Elle est la fille d'Emma Saïd Ben Mohammed, née à Mogador (Maroc) le 10 décembre 1876, et du Français Auguste Maillard, dont on ne sait pas grand-chose sauf qu'il dirigeait un petit cirque ambulant.

est caserné – le mariage aurait-il été précipité afin de différer son envoi au front ? Annetta vient tout juste d'avoir dix-neuf ans et Louis en a trente-trois. Mais ce n'est pas tant la différence d'âge qui aura une incidence néfaste sur la pérennité du couple qu'un élan affectif mutuel beaucoup trop fragile pour résister longtemps à la mouscaille. Si la naissance d'un enfant constitue en principe l'événement le plus heureux de la vie d'une femme, on peut affirmer que dans le cas particulier d'Annetta Maillard, cela représente plutôt une source d'embarras que sa vie inconstante de goualeuse en mal de popularité l'empêche d'assumer. Quant au père, comme quatre millions d'hommes valides, il est pour l'heure mobilisé au service de la Grande Guerre. La petite Édith est donc laissée à la garde – la formulation « aux bons soins » ne convient pas – de sa grand-mère maternelle, Emma Saïd Ben Mohammed, dompteuse de puces savantes sous le surnom d'Aïcha, laquelle crèche dans un vieil appartement insalubre au 91 de la rue Rébeval, contiguë à la rue de Belleville. Édith va vivre là, dans la crasse et l'humidité, durant les trois premières années de sa vie. Jusqu'au jour où le Louis, revenu indemne de la guerre, la récupère dans un piteux état, malingre et atteinte d'eczéma atopique, résultat d'une faiblesse immunitaire, elle-même consécutive d'une hygiène générale défaillante – la légende dickensienne prétend que la belle-mère de Louis Gassion, sérieusement portée sur la bibine, injectait volontiers dans le biberon de l'enfant des rasades de gros rouge, qu'elle tenait pour le plus efficace des antimicrobiens, pratique qui justifierait l'accoutumance à l'alcool de la future Piaf. Si l'on s'autorise à extrapoler d'une même plume romanesque, on peut se figurer un Louis Gassion furibard jetant les pires noms d'oiseaux à la tête de la mère négligente qu'il a choisie pour épouse, lui administrant en complément une bonne avoinée – le père Gassion serait réputé pour avoir la main leste –, avant d'expédier leur progéniture à Bernay (Eure) où elle y recevra une éducation à la fois plus attentive et pour le moins « olé olé ». Dans cette charmante sous-préfecture normande, Édith sera élevée par Louise Léontine, sa grand-mère paternelle – elle l'appelle « maman Tine » –, tenancière d'un bordel, au 7 de la rue Saint-Michel. Et la légende inspirée de Dickens emprunte alors à Maupassant, par l'entremise de putes au grand cœur qui s'appliquent à bichonner l'enfant, tandis que maman Tine serait plutôt de nature pète-sec, régnant sur son petit monde avec une main de fer, trait de caractère qui ne l'empêche pas de veiller diligemment sur l'équilibre et la santé de sa petite-fille. Une photographie de l'époque nous montre une jolie fillette aux joues rebondies, proprement habillée et coiffée, arborant un ravissant petit nœud dans les cheveux.

Entre-temps, les époux Gassion se sont retrouvés au gré des permissions de Louis, au moins une fois pour des ébats qui ont abouti à la naissance, le 31 août 1918, d'un garçon prénommé Herbert.

Annetta Maillard, qui sous le pseudonyme de Line Marsa promène sa goualante de ville en ville, en France comme à l'étranger, là où l'on consent à l'accueillir, accouche à Marseille et, afin d'honorer un engagement inespéré de plusieurs semaines en Turquie, abandonne son fils à l'Assistance publique. Édith connaîtra son frère plus tard, une fois devenue célèbre.

À Bernay, la petite Édith est inscrite à l'école élémentaire Paul-Bert, rue de la Concorde. Elle n'y usera pas longtemps ses fonds de culotte. Bientôt, on lui découvre une sérieuse faiblesse au niveau des yeux : sa vue décline et la lumière du jour la fait souffrir. Un médecin de Lisieux – la capitale du Pays d'Auge est distante d'à peine trente kilomètres de Bernay – diagnostique une double kératite et prescrit un traitement par sulfate d'atropine et chlorhydrate de cocaïne en badigeonnage. On craint cependant qu'elle ne devienne aveugle. Sur les conseils du même médecin, on lui bande les yeux afin de ne pas aggraver l'inflammation. Très pieuses, maman Tine et ses sept pensionnaires effectuent plusieurs excursions à Lisieux afin d'en appeler à la miséricorde de sainte Thérèse. De longues semaines passent et l'on délivre l'enfant de son bandeau. Résultat : elle a recouvré la vue. Chez maman Tine, on crie au miracle. Et l'escouade de dévotes de s'en retourner en lieu saint avec la « miraculée » pour remercier Thérèse – et peut-être aussi l'ophtalmologiste.

Toute sa vie, Piaf croira aux miracles, et à celui-là en particulier, même si c'est probablement le seul qui soit réfutable. Car il y en aura d'autres des événements miraculeux qu'on sera bien forcé d'admettre pour expliquer le destin insolite de ce petit bout de femme à la constitution fragile, mais dotée d'un don divin et d'une force psychique phénoménale. Pierre Hiégel, producteur de radio et biographe, écrira : « Les miracles ne s'expliquent pas. Pourtant la vie d'Édith Piaf a frisé à tous les instants l'extraordinaire. Il faut donc convenir qu'il devait y avoir, dans cette existence exceptionnelle, des données qui nous échappent, des facteurs absolument étrangers au destin habituel des êtres et des choses[1]. »

Édith a sept ou huit ans lorsque son père vient l'arracher à l'éducation de maman Tine et à l'affection de ses pensionnaires. Cette décision paternelle répond-elle, comme on l'a écrit, à la recommandation expresse du prêtre de la paroisse bernayenne d'éloigner l'enfant, désormais parvenue à l'âge de raison, de ce lieu de débauche ? Se peut-il que le père Gassion s'embarrasse de scrupules puritains ? L'âge de raison, dans l'esprit du Louis, ne coïnciderait-il pas plus prosaïquement à celui de gagner sa croûte ? Car, s'il déloge sa fille aînée de la « maison » de Bernay, c'est pour l'initier au métier de saltimbanque et l'entraîner dans une existence

---

[1]. *Pierre Hiégel présente Édith Piaf*, Sélection du Reader's Digest, 1975.

vagabonde qui ne présente pas moins de risques de perversion. Ce chaud lapin de Gassion n'hésite d'ailleurs pas à utiliser sa fille à des fins bassement « physiologiques » : timidement, la môme doit s'approcher de la dame sur qui le paternel a jeté son dévolu, et, les larmes au bord des yeux, déclare qu'elle n'a pas de maman et implore l'inconnue de parer à ce manque. Et ça marche un coup sur deux. Le Louis n'étant pas un « gardeur », la petite Édith collectionne les mamans comme d'autres les voitures à pédales.

Quoi de plus efficace que le regard triste d'une fillette malingre pour émouvoir la populace ! Le principe vaut aussi pour ramasser la monnaie, à une différence : pour cet exercice, accompli après le µnuméro d'acrobaties du père Gassion, la gamine ne joue pas les timides, au contraire elle tend la sébile ainsi qu'on le lui a enseigné, en fixant droit dans les yeux le chaland, afin de l'intimider et le contraindre à fouiller prestement ses poches à la recherche de la piécette requise. Gling, gling ! Pensez s'il est content, le Louis !

« J'travaille comme un chien toute la semaine
J'vous jure que l'patron il est content[1] ! »

Afin d'élargir le cercle de spectateurs et les tenir en haleine, le contorsionniste-antipodiste annonce

---

[1]. « J'm'en fous pas mal » (Michel Émer), éditions Beuscher. © Columbia, 1946.

à gorge déployée un fantastique numéro pour le final : un saut périlleux qu'exécutera bravement la fillette. Les trois quarts du temps, passé le festival d'acrobaties du bonhomme et la quête qui s'ensuit, on en oublie la promesse faite en début de représentation. Sauf une fois où un rabat-joie qui veut en avoir pour son argent réclame à grand cri le saut périlleux promis. La petite Édith qui sait tout juste lever la jambe serait bien en peine de se mettre cul par-dessus tête. Elle consulte son paternel. Moyennement à l'aise, il trouve un compromis qui aura l'heur de séduire le plaignant : elle chante. Elle ne sait pas grand-chose par cœur, sauf un extrait de « La Marseillaise » qu'elle envoie la tête haute, avec toute sa ferveur. L'assistance est bouche bée. Édith a neuf ans, elle vient de découvrir l'ampleur de sa voix et le pouvoir qu'elle exerce sur le public. Elle s'empare à nouveau de la sébile pour une seconde collecte. Un triomphe !

« Ils ont pris la monnaie dans le creux de leurs mains
Ils ont plié bagages et repris leur chemin
Les forains[1]... »

Le tandem père-fille suit un temps la route du cirque Caroli, *via* le Nord de la France et la Belgique, avant que le Louis, victime de son mauvais caractère, ne soit prié de prendre ses

---

[1]. « Le Chemin des forains » (Jean Dréjac/Henri Sauguet), éditions Salabert. © Columbia, 1955.

cliques et ses claques et d'aller se faire voir ailleurs. Ailleurs, ce sera d'abord le pavé des villes touristiques de province, puis celui du Paris des années folles.

La rue. Les jours se suivent et se ressemblent à peu près. Louis Gassion déploie son misérable tapis de travail sur les places publiques ou les champs de foire, puis exécute sa série de cabrioles, laissant ensuite Édith faire un tour de piste, écuelle en main, et en pousser une petite. Le répertoire de la fillette s'enrichit de refrains populaires, comme « Sur la Riviera », de Marcelly et Daniderf, et « Nuits de Chine », rengaine créée en 1922 par Louis Lynel.

« Nuits de Chine
Nuits câlines
Nuits d'amour…
Où l'on croit rêver jusqu'au petit jour[1]… »

Les nuits de la petite Édith, dans des hôtels miteux après de maigres repas arrosés de mauvais vin, sont loin d'être aussi idylliques que celles de la chanson. « Le père Gassion n'était pas un tendre, se souviendra-t-elle. J'ai reçu ma part de taloches, largement servie. Je n'en suis pas morte[2]. »

---

[1]. « Nuits de Chine » (Ernest Dumont/Ferdinand Louis Benech), éditions Beuscher, 1922.

[2]. Édith Piaf (avec la collaboration de Louis-René Dauven, journaliste à Radio Cité et à *La Vie Parisienne*), *Au bal de la chance*, éd. Jeheber, Genève, 1958 / L'Archipel, Paris, 2003.

D'évidence, les câlins de ce père à qui elle pardonnera beaucoup ne l'ont pas tuée non plus. Mais sa présence suffit à le rendre aimable à son cœur. À la différence d'Annetta Maillard, jugée indigne par son indéfectible absence.

Que devient-elle, au fait ? Sous son nom de Line Marsa, la mère d'Édith poursuit son parcours chaotique de « chanteuse lyrique » – le noble terme figure sur son CV –, d'abord sur les scènes estimables de cabarets parisiens, le Chat Noir, le Mikado, le Monocle ou encore l'Olympia, puis dans des lieux moins hospitaliers où la dérive la conduit. Un jour, dans un troquet du faubourg Saint-Martin, la mère retrouve par hasard sa fille et lui tend les bras. La scène se passe en 1924 ou 1925. Édith ne reconnaît pas cette femme et refuse de l'embrasser. Son père lui a bien recommandé de ne pas se montrer familière avec les inconnus et jusqu'ici elle n'a jamais transgressé les consignes paternelles. Mais ce jour-là il intervient, le Louis.

– Celle-là c'est pas pareil ! Tu peux l'embrasser, Édith. C'est ta maman ! La vraie !

Les effusions entre la mère et la fille se résumeront à cette brève rencontre.

« Le Noël de la rue
C'est la neige et le vent
Et le vent de la rue

Fait pleurer les enfants[1]... »

Le 4 juin 1929, le divorce de Louis Gassion et Annetta Maillard est prononcé, aux torts exclusifs de l'épouse. En 1930, l'année de ses quinze ans, Édith s'installe avec son père au 115 de la rue de Belleville, à quelques enjambées de l'immeuble où, en lettres d'or burinées dans le marbre, sera plus tard scellée sa venue au monde. Ils n'y vivront pas seuls. Une nouvelle belle-maman, moins passagère que les autres, y élit également domicile. Elle se nomme Jeanne Georgette L'Hôte et va donner naissance le 8 mars 1931 à une petite Denise. Louis Gassion, bientôt quinquagénaire, estime sans doute qu'il est temps pour lui de renoncer à sa vie de bâton de chaise. Une résolution que semble conjointement faire sienne sa fille aînée, laquelle se cherche un emploi respectable. Répondant à une annonce d'un journal, elle se retrouve employée dans une crémerie de l'avenue Victor-Hugo. L'expérience sera de courte durée. Une semaine passe et la voilà remerciée. Commencer ses journées aux aurores ne fait pas partie de ses habitudes. Et puis : « Qu'est-ce que j'y peux ! Je n'aimais pas l'odeur du fromage ! » se justifiera-t-elle. Elle se prêtera pourtant à deux autres expériences « fromagères », pareillement soldées par un départ

---

[1]. « Le Noël de la rue » (Henri Contet/Marc Heyral), éditions Arpège. © Columbia, 1951.

précipité. Si l'on en croit ses futures confidences[1], c'est à cette époque qu'elle rencontre un certain Raymond, également employé en crémerie et désireux de faire l'artiste, lequel lui présente sa petite amie Rosalie. Le trio formé sous l'appellation de « Zizi, Zozette et Zozou » se produirait bientôt pendant une période indéterminée, mais de toute évidence brève, dans des camps militaires.

Une chose est certaine : Édith Gassion, à l'instar de sa mère dont on dira qu'elle a hérité de la voix, est solidement contaminée par le virus de la chanson. Rien ni personne ne pourra l'en guérir. La rue l'appelle à nouveau. Et c'est au gré des quartiers de Paname, du faubourg Saint-Martin jusqu'à Montmartre, avec une nouvelle partenaire de fortune – ou plutôt d'infortune – nommée Simone Berteaut que la future Piaf va faire ses armes et soumettre son talent à la providence.

---

[1]. *Au bal de la chance, op. cit.*

– 2 –

À l'aube des années trente, la Vénus d'ébène Josephine Baker est sacrée grande vedette sur la scène du Casino de Paris. Édith Gassion lui emprunte son succès, « J'ai deux amours », qu'elle claironne en battant le pavé, entre autres grands airs populaires glanés autant dans le registre néoréaliste glorifié par Marie Dubas, Damia et Fréhel, ses modèles, que dans le répertoire du musette ou de la romance sentimentale. Momone ramasse ensuite la monnaie dans un béret de laine. À vot' bon cœur, M'sieurs dames !

Alternant périodes de disgrâces et de réconciliations, Simone Berteaut demeurera dans le sillage d'Édith tout au long de sa vie comme une ombre maudite. La surnommée Momone a tout juste treize ans lorsqu'elle rencontre la fille de Louis Gassion. Une histoire d'amitié ? Pas précisément, si l'on considère que le rôle fondamental d'une amie est d'entraîner l'autre sur une pente ascendante, faculté dont l'infernale accompagnatrice ne saurait se vanter malgré une imagination fertile, elle qui s'obstinera plutôt à pousser sa camarade du côté où l'on dégringole.

Plus tard, bien plus tard, quand son ancienne partenaire de galère ne sera plus de ce monde pour désapprouver ses propos, Simone Berteaut se plaira à refaire l'histoire d'une plume racoleuse[1], animée d'un désir conjoint de choquer le bourgeois et de faire pleurer Margot, comme si l'exactitude des faits n'avait pas le pouvoir suffisant de répondre à ces deux exigences.

« C'est que je me fie à ma tête, confiera-t-elle alors à un journaliste de *Paris Match*. Si je cite une date, il y a aussitôt dans ma tête un petit cinéma qui me restitue les événements image par image[2]. »

Un vrai cinéma, oui, qu'elle se fait la Momone ! Jusqu'à s'inventer un lien de parenté avec son illustre compagne, afin de légitimer ses prétentions de biographe.

« On n'avait pas la même mère, précise-t-elle. Chez nous on était neuf gosses. Je savais bien que j'avais une demi-sœur quelque part, mais j'y songeais guère[3]. »

Jusqu'au jour où Suzanne, sa mère, concierge d'un immeuble de la rue des Panoyaux, l'envoie à la rencontre de cette prétendue demi-sœur, histoire de voir « la tête qu'elle a ».

---

[1]. Simone Berteaut (avec la collaboration de Marcelle Routier), *Piaf*, Robert Laffont, 1969. Sauf indication contraire, tous les témoignages de Berteaut reproduits ici sont extraits de ce livre.
[2]. *Paris Match* n° 1062, 13 septembre 1969.
[3]. *Ibid.*

Simone ne peut cependant nier être née à Lyon (« par accident », dit-elle) le 29 mai 1916 de l'union de sa mère avec un certain Jean-Baptiste Berteaut, de qui elle porte le nom[1].

Sa rencontre avec Édith se ferait par l'entremise de Camille Ribon, ami ou connaissance commune de Louis Gassion et de Suzanne Berteaut, coïncidence qui n'a rien d'étonnant ni d'équivoque puisque ces trois-là sont résidents du même quartier de Belleville[2]. Momone situe la rencontre dans un vieil hangar aménagé en gymnase, lieu d'entraînement de Camille Ribon, acrobate de cirque sous le nom d'Alverne, lequel entreprendra un temps, à la demande de l'ami Gassion, d'initier Édith à la pratique des anneaux et du trapèze, avant d'y renoncer devant le peu de disposition de son élève aux disciplines sportives.

Simone et Édith se reconnaissent aussitôt sinon comme sœurs tout au moins comme compagnes de déveine, toutes deux ayant grandi dans des conditions semblables de carence pécuniaire et affective. On ne saurait donc blâmer la fille Berteaut de s'être inventée *a posteriori* un lien de sang avec son amie, d'autant que si sœurs légitimes elles n'étaient pas, on peut leur concéder la qualification de « sœurs de cœur ». Devenue célèbre, Édith évoquera souvent et sur le mode rigolard ses années de vache enragée

---

[1]. Simone Berteaut mourra le 30 mai 1975, d'une crise cardiaque.

[2]. Camille Ribon est alors domicilié 84, rue des Amandiers, entre la rue Popincourt et le boulevard de Ménilmontant.

et de complicité avec sa « frangine » Momone. Des années où les deux adolescentes vont se livrer à toutes sortes d'excentricités, comme si elles cherchaient à rattraper le temps perdu et connaître enfin les joies insouciantes d'une enfance qu'on leur a volée.

Définitivement affranchie de la tutelle de Louis Gassion[1], après une succession de fugues soldées par autant de rapatriements *manu militari* au domicile paternel, Édith se sent désormais pousser des ailes, mais cette responsabilité nouvelle ne va pas sans appréhension et elle préfère ne pas la porter seule sur ses frêles épaules. Elle n'aura nul besoin d'insister beaucoup pour embarquer à sa suite une Momone alors partagée entre un emploi de sertisseuse aux ateliers Wonder pour un salaire au ras des pâquerettes et l'ambiance plus pesante que reposante du domicile familial, avec son lot de raclées maternelles. Puis : « Tu comprends, si je chante et que je fais la quête moi-même ça fait mendiante, lui fait-elle remarquer. Tandis que si quelqu'un ramasse l'argent à ma place ça fait artiste ! » Et l'argument massue : une liberté souveraine.

« Ma vie de gosse, ça peut vous paraître épouvantable, mais c'était beau, confessera Édith au journaliste Jean Noli dans les dernières années de

---

[1]. À l'époque décrite, Édith a élu domicile à l'hôtel de l'Avenir, une chambre au troisième étage, au 105 de la rue Orfila, dans son quartier de naissance.

sa vie, avec cet optimisme matamore qui lui sert de règle de conduite. J'ai eu faim, j'ai eu froid. Mais j'étais libre. Libre de ne pas me lever, de ne pas me coucher, de me saouler, de rêver, d'espérer[1]. »

Ainsi, jusqu'au mitant des années trente, lâchées au gré des rues de Paname – « Pas d'horaires, pas de contraintes, pas de baffes sur la gueule[2] ! » prétendra Momone –, nos joyeuses comparses vont goûter aux plaisirs et déboires (car des baffes sur la gueule, il y en aura sans doute, au sens propre comme au figuré) de la vie de bohème.

« C'est nous les paumées
Les purées d'paumées
Qui sommes aimées
Un soir n'importe où[3]... »

Début 1932, Louis Dupont croise la route d'Édith Gassion. Il a dix-huit ans, elle en a seize. On lui dit P'tit Louis, à cause de sa taille. Il est maçon de métier, mais la crise du bâtiment l'oblige

---

[1]. Ces confessions d'Édith Piaf à Jean Noli feront d'abord l'objet d'articles publiés par épisodes de 1961 à 1963 dans l'hebdomadaire *France Dimanche*, avant d'être réunies dans le livre *Ma vie, par Édith Piaf* (Union Générale d'Éditions, 1964).
[2]. *Dossier-souvenir Édith Piaf*, émission télévisée réalisée par Monique Lefèbvre et Claude-Jean Philippe en 1973, à l'occasion du dixième anniversaire de la disparition de la chanteuse. Archives INA.
[3]. « Les Mômes de la cloche » (Vincent Scotto/André Decaye), éditions Fortin © Polydor, 1936.

à endosser la fonction de triporteur-livreur. Parmi les diverses reconstitutions faites du passé de la future Piaf, il existe au moins deux versions de sa rencontre avec P'tit Louis. Alors… le garçon-livreur se noie-t-il dans le regard bleu de la jeune fille, croisé dans un troquet de Romainville où le hasard l'a conduite, ou bien se laisse-t-il charmer par le chant de l'artiste, entendue par hasard sur une place publique et admirée au point de se fendre d'une pièce de cinq sous, avant de la pister plusieurs jours durant ? Qu'importe l'endroit de la rencontre, le fait est que Louis Dupont entraîne un jour la môme Gassion dans son lit – « Viens vivre avec moi ! », lui dirait-il de but en blanc – et qu'elle ne lui oppose aucune résistance. « Je croyais que lorsqu'un garçon appelait une fille, la fille ne devait jamais refuser », avouera-t-elle.

On pourrait se figurer l'histoire banale d'un jeune ouvrier parisien se mettant en ménage avec une fille de même condition, celle-ci concédant par amour à adopter un genre de vie plus respectable que celui qu'elle menait jusqu'alors. Cela en prend la tournure, même si les parents respectifs – le père de l'une, la belle-mère de l'autre – s'opposent à cette union : le couple fait lit commun dans d'humbles garnis qui ne payent pas plus de mine que ceux plus tard évoqués par Aznavour dans sa « Bohème » ; au maigre salaire de Louis s'ajoute pendant trois mois celui d'Édith, devenue cireuse de galoches chez Taupin et Masquet, avant de tomber enceinte et d'accoucher d'une petite Marcelle le 11 février 1933 à l'hôpital Tenon où elle-même vit le jour.

Cette nouvelle fonction de mère, adjointe aux difficultés d'un quotidien chaotique, s'avère-t-elle trop lourde à assurer ? Ravive-t-elle soudain les blessures de sa propre enfance, pas si lointaine ? Il apparaît qu'Édith va reproduire avec sa petite « Cécelle » la conduite de Line Marsa à son égard. Rien d'extraordinaire à cela : l'identité parentale se construit généralement à partir de son histoire familiale – en l'occurrence, dans le cas d'Édith Gassion, il semble très complexe de construire quoi que ce soit sur du vide. Sans compter que sa passion pour la chanson surpasse de loin les sentiments qu'elle porte au père de sa fille et qu'elle prend vite conscience de son incompétence à mener une vie de famille conformiste, routinière, disciplinée, et miséreuse de surcroît.

« Je suis heureuse quand je chante, dira-t-elle souvent. Pour moi, chanter, c'est une évasion, c'est un autre monde. Je ne suis plus sur terre. » Elle ira même jusqu'à affirmer : « Si je ne pouvais plus chanter, je me suiciderais[1]. »

Par ailleurs, elle associera toujours l'amour des hommes et l'amour de la chanson dans un même élan idéaliste, confessant l'impossibilité pour elle de concevoir l'un sans l'autre, et si ce besoin viscéral

---

[1]. Entretien avec Pierre Desgraupes dans « Cinq Colonnes à la une », émission télévisée diffusée le 2 décembre 1960. Archives INA.

d'absolu constituera son plus bel atout dans la pratique de son art, il lui imposera forcément de ne connaître que des amours intermittentes, fragiles, intenables.

Dans le courant de l'année 1933, Édith décide donc de rompre le pacte conjugal officieusement conclu avec P'tit Louis et s'en retourne le cœur léger à sa vie vagabonde. Abandonne-t-elle son enfant ? Non, si l'on en croit Simone Berteaut – « On l'emmenait avec nous ! » –, ce qui laisse supposer que la fidèle acolyte, outre son emploi de ramasseuse de monnaie, occupe auxiliairement celui de « pousseuse » de landau. « Et toujours dans du neuf, Cécelle ! » précisera-t-elle, avec une pointe de fierté, comme s'il s'agissait là d'un gage de bon traitement. Bah oui, elles ne lavent pas, nos deux saltimbanques, alors : « On faisait une rue pour une brassière, une autre rue pour des chaussons[1]... »

Mais Édith ne « fait » pas que les rues, à ce moment-là. Le soir, elle foule également les scènes des caboulots et bals-musettes où gigolos et gigolettes viennent guincher au son de l'accordéon. On la retrouve aux abords de Belleville (Le Tourbillon, rue de Tanger), au cœur du Marais (Chez Marius, rue des Vertus) ou du côté de Pigalle (Au Petit Jardin, boulevard de Clichy). « Pas des tremplins pour sauter dans la lune », pour reprendre une expression à la Berteaut. Entre autres témoins de

---

[1]. *Dossier-souvenir Édith Piaf*, op. cit.

l'époque, la chanteuse Rina Ketty (« J'attendrai ») et le futur comédien Fernand Sardou se souviendront de l'avoir entendue chanter, l'une au Lapin Agile, sur la Butte Montmartre, l'autre au Batifol, boulevard Saint-Martin.

Elle s'y invente des noms d'artiste : Denise Jay, Huguette Hélia, Tania, Miss Édith... Et emprunte à divers répertoires populaires, des « Gars de la Marine » (Perchicot) au « Dénicheur » (Fréhel), en passant par « Le Chaland qui passe » (Lys Gauty) et les roucoulades sentimentales de Tino Rossi.

Entre décembre 1933 et avril 1934, on sait de source sûre (les documents d'époque faisant foi) qu'elle se produit lors de « séances récréatives » dans les casernes de la garnison de Paris, en partenariat avec le vieil ami Camille Ribon et sa compagne. Séduite par les hommes en uniforme, la voilà qui s'amourache d'un gars de la Coloniale rencontré à la caserne des Tourelles, boulevard Mortier, avec lequel elle s'abandonne à une intense mais trop brève aventure.

« Je reverrai plus ses beaux yeux pâles
Ses yeux qui n'ont pas leur pareil
Il est reparti vers son soleil
Mon bel amant de la Coloniale[1]... »

---

[1]. « Mon amant de la Coloniale » (Raymond Asso/Jules Gallaud), éditions SEMI. © Polydor, 1936.

Piqué au vif dans sa fierté, Louis Dupont récupère alors sa fille, laissée à la garde d'une Madame Jézéquel, logeuse d'un garni où crèche provisoirement Édith. C'est un homme floué, mais sans doute encore amoureux, qui, en désespoir de cause, laisse un ultime message, en forme d'ultimatum, sommant la mère de son enfant de renoncer à sa vie dissolue et de regagner dare-dare la chambre d'hôtel qui tient lieu de foyer conjugal, faute de quoi il la coupera définitivement de sa fille.

Cruel dilemme ! Édith en prend note, mais il est hors de question pour elle de rebrousser chemin. Sa liberté n'a pas de prix, ni le bonheur de chanter. Rien de tout cela n'est négociable. Pour un peu, elle serait reconnaissante à P'tit Louis de l'avoir délestée d'une responsabilité à laquelle elle est incapable de faire face. Et plutôt que de nourrir des mauvaises pensées sur sa propre personne, elle préfère s'abandonner à sa passion dévorante.

Mais le destin féroce la rattrape promptement, au cœur de l'été 1935 : frappée par une maladie soudaine — une méningite, écrira-t-on ici et là, sans certitude —, la petite Marcelle est admise d'urgence à l'hôpital des Enfants Malades, futur hôpital Necker, au 149 de la rue de Sèvres.

C'est le 6 juillet au soir, vraisemblablement — « un soir à dégueuler la vie », selon la formulation exquisément imagée de Simone Berteaut —, que Louis Dupont vient apprendre la sale nouvelle à Édith, à la sortie d'un cabaret où elle chante. Celle-ci n'a pas d'autre choix que d'attendre le lendemain, après une nuit blanche, pour se rendre au chevet de sa fille. Et quand elle se présente à l'hôpital en milieu de matinée, flanquée de Momone, on lui apprend sans déférence que l'enfant est morte à six heures quarante-cinq, avant de l'inviter à se rendre à la morgue si elle souhaite voir le corps. Elle en repart avec une mèche de cheveux, coupée avec une lime à ongles. Une tragédie que même Berthe Sylva n'aurait pas osé chanter !

Édith Piaf avouera plus tard à Jean Noli s'être prostituée pour payer les obsèques de son enfant. Par souci d'émouvoir et non de choquer le lecteur, le reporter-confident des derniers instants aura soin d'édulcorer l'anecdote, en mettant en scène une pauvre fille éplorée et un gentleman touché au cœur par ses larmes au point de lui sacrifier le biffeton de dix francs, convenu pour la passe, sans même la toucher, et de partir sur ces mots – tracés en gros caractères à la une de *France Dimanche* : « Va, et courage, môme, c'est pas drôle, hein, la vie ! »

Pas drôle du tout, non. Le 11 juillet 1935, Édith Gassion, pas encore vingt ans, enterre sa fille dans le « carré des indigents » du cimetière parisien de Thiais, en attendant de pouvoir lui offrir une plus luxueuse sépulture.

« Elle a très peu parlé de sa petite fille Marcelle morte à deux ans, sauf à nous, confessera Herbert Gassion, le frère d'Édith, à Bernard Marchois[1],

---

[1]. Président-fondateur de l'Association « Les Amis d'Édith Piaf » (créée en 1967) et du Musée Édith Piaf, situés au 5, rue

incluant dans ce "nous" sa demi-sœur Denise, mais aussi sans doute quelques intimes. Je peux vous assurer que de tout ce qui lui est tombé sur la tête pendant toute sa vie, celle-ci fut la pire... »

En atteste également une anecdote rapportée par la chanteuse Anny Gould, de son vrai nom Marcelle Tiller – avant d'être remise en lumière par Pascal Sevran dans ses émissions télévisées, elle connut dès 1946 une louable carrière d'interprète[1] et souhaitait être estimée de la grande Piaf, laquelle s'était montrée plutôt vacharde avec elle, comme elle savait l'être avec la plupart de ses consœurs. Se souvenant d'une visite impromptue au Presbyterian Hospital de New York en 1959 – Édith venait d'y être opérée d'un ulcère de l'estomac –, Anny Gould témoignera : « Le déclic de l'amitié naquit au moment où elle me demanda mon vrai prénom. "Marcelle", lui répondis-je. À ce moment-là, les yeux d'Édith, si bleus, si clairs, s'embrumèrent un

---

Crespin du Gast, Paris 11e, Bernard Marchois est l'auteur d'un recueil de confidences de soixante personnalités, proches de la chanteuse : *Opinions publiques* (TF1/Hachette, 1995), par la suite revu et augmenté – *La Vraie Piaf, témoignages & Portraits inédits* (Didier Carpentier, 2013) – il a également fourni la documentation nécessaire à l'ouvrage *Piaf, emportée par la foule*, Vade Retro, Le Collectionneur, 1993.

[1]. Anny Gould connut quelques succès dans les années cinquante, des adaptations de chansons étrangères ou des reprises françaises, pour la plupart. On retrouve notamment à son répertoire deux chansons popularisées par Piaf : « Sous le ciel de Paris » (1951) et « Padam... Padam » (1952).

peu et, lorsque je pris congé, elle me serra longuement la main, puis me fit un petit geste d'au revoir, lorsque je m'apprêtais à franchir la porte, en me disant : "Au revoir, Cécelle…" Une simple amitié venait de naître grâce à un seul prénom, celui de sa petite fille Marcelle, décédée vingt-cinq ans plus tôt[1]. »

La mort de son enfant, avec le chagrin et le sentiment de culpabilité qui en résultent – remords lancinant qu'elle exprimera par ces mots adressés, des années après, à Momone : « Qu'est-ce qu'on était connes à l'époque, qu'est-ce qu'on était moches ! », ou de façon plus allusive en évoquant « la peur de certains fantômes du passé[2] » au micro de Pierre Dumayet –, plonge Édith Piaf dans une spirale infernale.

Lors, à l'instar de Line Marsa, elle pénètre le milieu interlope qui gravite aux abords de Montmartre et, parmi ce melting-pot de marginalités, s'acoquine avec les moins recommandables, marlous, « apaches », souteneurs et filles de mauvaise vie. Elle fréquente les rades de Pigalle, la taverne Au Clair de lune, les cafés de La Nouvelle Athènes et du Rat Mort, se produit au Juan-les-Pins, un cabaret aux allures de bar à putes, plus communément appelé « Chez Lulu », tombe amoureuse comme

---
[1]. *Opinions publiques, op. cit.*
[2]. « Cinq Colonnes à la Une », 15 janvier 1960. Archives INA.

elle respire, plutôt mal que bien. Un surnommé Ali-Baba dont elle s'entiche – Henri Valette, pour l'état civil – veut la mettre au tapin. Le trottoir elle le fait déjà, Édith, mais seulement pour chanter. Pourquoi exiger d'elle autre chose ? Ça se discute, en effet – à coups de beignes, d'abord, puis plus posément. Jusqu'à consentir au deal suivant : « OK, tu continues à chanter mais tu me rapportes trente balles tous les soirs sur ta recette ! » Marché conclu. Sans compter d'autres compromissions auxquelles, fascinée par son julot à feutre taupé, Édith se soumet volontiers.

« Ce qui me restait de pente à dégringoler, je l'ai parcouru vite, témoignera-t-elle. Et puis, cette petite fille morte m'avait enlevé le goût de lutter pour m'en sortir[1]. »

« Elle fréquentait la rue Pigalle,
Elle sentait l'vice à bon marché,
Elle était tout' noire de péchés,
Avec un pauvr' visage tout pâle[2]... »

Édith Gassion ne sait pas encore que le destin s'amuse à jouer avec elle aux montagnes russes, la jetant dans les ténèbres pour la propulser sans transition vers la lumière, et ainsi de suite. Un après-midi d'octobre en 1935, il va prendre le visage d'un

---

[1]. *Ma vie, par Édith Piaf*, op. cit.
[2]. « Elle fréquentait la rue Pigalle » (Raymond Asso/Louis Maitrier), éditions Beuscher. © Polydor, 1939.

homme au regard triste et à l'allure de gentleman. Un homme différent de ceux qu'elle a connus jusqu'alors. Pas le genre de type qui exige d'être récompensé en nature pour un service rendu. Il s'appelle Louis – ce prénom la poursuit, décidément ! Louis Leplée.

– 3 –

Cet homme, Louis Leplée, rêvait dès l'enfance d'embrasser une carrière artistique. Une vocation familiale, puisque son oncle Pierre-Paul Marsalès fut sous le surnom de Polin l'une des gloires du caf'conc', ayant inspiré par son style désopilant de comique troupier et ses succès populaires – « La Caissière du Grand Café », « Aux Tuileries », « Avec l'ami bidasse » ou « La Petite Tonkinoise » – d'autres futurs grands noms du music-hall, tels que Maurice Chevalier, Raimu et Fernandel. Mais la Grande Guerre éclata et Louis fut mobilisé. Grièvement blessé à la jambe, il en revint boiteux. Un handicap qui emporta ses rêves de gloire. Cependant, si la fatalité le privait d'occuper le devant de la scène, elle ne l'interdisait point d'officier de l'autre côté du rideau.

Gravitant au gré du Paris noctambule et à dominante homosexuelle – les années 1920-1930 ou « années folles » demeurent dans les mémoires collectives l'âge d'or du Paris de la fête et des plaisirs, associé à une formidable libéralisation des mœurs bientôt jugulée par le démon nazi qui envahira toute l'Europe –, le neveu de Polin se composa très vite un solide réseau relationnel. Il sympathisa notamment avec Oscar Dufrenne[1], conseiller municipal de la ville de Paris, entrepreneur de spectacles et successivement propriétaire, avec son ami Henri Varna, de plusieurs scènes de variétés : Concert Mayol, Bouffes du Nord, l'Empire, les Ambassadeurs et le Palace. C'est précisément le sous-sol du Palace, rue du Faubourg-Montmartre, que Dufrenne met à disposition de Leplée au cœur des années vingt pour qu'il y ouvre son premier cabaret. Un fabuleux tremplin pour le futur découvreur de Piaf qui prend bientôt ses quartiers place Blanche, au Liberty's Bar (ex-Chez Palmyre, lieu de ralliement des lesbiennes avant la guerre) où, avec son associé Bob Giguet, dit « Bobette », il exprime clairement son orientation sexuelle et sa fibre artistique dans des numéros de transformistes.

À l'automne 1935, lorsque le destin met sur sa route la môme Gassion, Louis Leplée a confortablement assis sa réputation de « grande figure » des nuits parisiennes, en annexant le Triangle d'Or : il vient d'inaugurer son second Gerny's au 54 de la rue Pierre Charron[2] – le premier restaurant-cabaret

---

[1]. Homosexuel notoire, Oscar Dufrenne connaîtra la même fin tragique que son ami Louis Leplée. Le 25 septembre 1933, on le retrouvera assassiné dans son bureau du cinéma Le Palace. La police soupçonne un amant de passage, déguisé en marin, mais le crime ne sera jamais élucidé (cf. *Revue d'histoire moderne et contemporaine* n° 53-4. Belin, avril 2006).

[2]. En fait, le Gerny's faisait l'angle des rues François 1er et Pierre-Charron. À cet emplacement se trouve aujourd'hui l'hôtel Château-Frontenac.

à cette enseigne se situait rue de Port Mahon, parallèle à l'avenue de l'Opéra –, qui s'adresse à une clientèle de prestige.

Une question demeure ouverte : le gentleman cabaretier, qui côtoie avec la même aisance la fine fleur du milieu mondain et la canaillerie naviguant des hauteurs de Montmartre à Pigalle la glauque, a-t-il réellement rencontré la future Piaf, flanquée de l'inévitable Momone, aux abords de l'Étoile, par le plus pur des hasards, ainsi que l'écrira l'Histoire ? Que seraient-elles venues faire là, nos deux mendigotes attifées comme l'as de pique, dans ce secteur le plus souvent déserté par les artistes ambulants car ils n'y font pas florès et sont, encore plus qu'ailleurs, traqués par les képis ? Les rupins sont réputés frileux, au sens propre comme au figuré. Ils barricadent leurs fenêtres, et s'ils les ouvrent c'est vite fait, juste le temps de jeter dédaigneusement une pièce, manière de faire leur B.A. et espérant avoir ensuite la paix. « C'est un public de charité, pas un public de connaisseurs », certifiera Momone.

Ainsi peut-on conjecturer en toute impunité que Leplée et sa future protégée se sont plus probablement rencontrés à la faveur de relations communes, et partant, souscrire par exemple à la version d'un nommé Gilbert Hauchecorne, fils de la chanteuse Germaine Gilbert, qui se prête le rôle de médiateur par personne interposée entre Louis Leplée et la môme Gassion – en fait, ce témoin de l'époque aurait connu Édith au Sans-Souci, un bistrot pigallien, et l'aurait vivement recommandée à sa mère qui, vedette au Gerny's, aurait arrangé un rendez-vous avec Leplée[1]. Mais il ne coûte rien de respecter la légende, surtout lorsque celle-ci a été officialisée par les principaux intéressés – Édith Piaf, dans ses deux autobiographies[2] et diverses interviews, et Louis Leplée, dans la présentation de sa « découverte » à la clientèle mondaine du Gerny's.

Donc, voici que par un après-midi d'octobre, « comme ça sans raison » (*dixit* Momone), les deux « frangines » s'en viennent traîner leur mouscaille à l'angle de la rue Troyon et de l'avenue Mac Mahon. L'une entonne une chanson de Fréhel à pleins poumons pour la porter du haut de son mètre quarante-sept jusqu'aux derniers étages des immeubles cossus du quartier, cependant que l'autre guette le chaland ou la pièce tombée du ciel. L'après-midi sera décrit « maussade » et la recette bien maigre.

« Si ça continue j'arrête, on n'a pas l'pot », aurait lâché la chanteuse, dégoûtée.

Les belles légendes sont ainsi faites de moments de découragements, juste avant la survenance d'un miracle. Ce jour-là, le miracle prend l'aspect d'un homme aux cheveux blonds argentés, élégant et raffiné, vêtu d'un long manteau à col d'astrakan, les mains gantées de noir, l'une crispée sur le pommeau de sa canne, l'autre tenant un journal. Tandis qu'il regagne vraisemblablement son domicile, au 83 de

---

[1]. Témoignage recueilli par Bernard Marchois et rapporté dans *Piaf, emportée par la foule*, op. cit.
[2]. *Au bal de la chance* et *Ma vie*, op. cit.

l'avenue de la Grande-Armée, il interrompt soudain sa marche, cueilli par le chant puissant de la jeune femme.

« On s'accoutume à ne plus voir
La poussière grise du trottoir
Où l'on se vautre
Chaque soir sur l'pavé parigot
On cherche son pain dans le ruisseau
Le cœur joyeux
Comme des moineaux[1] ! »

Il l'écoute et l'observe avec attention, posté à quelques mètres. Puis, s'approchant, il l'aborde sur un ton paternaliste :
— Tu vas te casser la voix à chanter comme ça, mon petit.
Elle hausse les épaules.
— Bah, faut bien que je mange, monsieur !
— Bien sûr, je comprends. Mais, avec la voix que tu as, tu pourrais chanter dans un cabaret.
Elle demande alors, tout à trac :
— Pourquoi ? Vous avez un contrat à m'offrir ?
— Ça peut s'envisager.
Il sort un stylo, griffonne quelques mots sur le coin de son journal, déchire le morceau de papier et le lui tend :

---

[1]. « Comme un moineau » (Jean Lenoir/Marc Hély), éditions Méridian/SEMI, 1930.

– Je m'appelle Louis Leplée et je suis le patron du Gerny's, tout près d'ici. Voici l'adresse. Je t'attends demain à quatre heures.

À ce stade de la reconstitution, qui croire de la chanteuse ou de son acolyte ? La première se décrira blasée, du genre J'en ai tant vu tant entendu on m'en a tellement promis, et racontera qu'après avoir jeté la proposition aux oubliettes elle se serait finalement pointée au rendez-vous avec une heure de retard. La seconde prétendra l'exact contraire, c'est-à-dire une Édith surexcitée, croyant enfin à sa chance, trépignant d'impatience au point de se précipiter *illico* sur les lieux pour juger *de visu* de l'aspect du cabaret, d'en repartir folle d'enthousiasme – « Sûr que je trouverai un imprésario dans une boîte pareille, il doit en venir ! » –, de claironner le soir même à tout Pigalle la bonne nouvelle et d'arriver le lendemain au rendez-vous avec une demi-heure d'avance, quitte à poireauter à la Belle Ferronnière, le café d'en face, familièrement appelé « la Belle Ferro ».

Pour une fois c'est le témoignage de Momone qui semble le plus probant. Jusque dans les détails, décrivant l'attente fébrile et muette, habitée par l'anxiété facilement concevable en pareil cas de s'être fait poser un lapin.

Point d'inquiétude à avoir, cependant. Leplée tient sa promesse. Vers seize heures, dans la salle vide du Gerny's – « une de ces boîtes élégantes qui, pour la petite fille pauvre que j'étais, représentaient l'expression suprême du luxe [et] appartenaient à un univers dont mes pareils étaient exclus », se souviendra-t-elle[1] –, Édith égrène *a cappella* l'essentiel de son répertoire. Son auditeur, assisté de Laure Jarny, ex-reine des « Six Jours » devenue hôtesse puis directrice de l'établissement, retient quelques chansons, comme « La Java de Cézigue » et « Les Hiboux », et lui demande d'en apprendre d'autres qu'il juge adaptées à son allure et à sa personnalité : « Les Mômes de la cloche », « Nini peau d'chien », « La Valse brune » et « Toute petite » – au final, Édith sacrifiera la dernière, créée par Mistinguett, qu'elle ne « sent » pas.

Ça veut dire qu'elle est engagée ! On arrête même une date : elle débutera le 25 octobre, un vendredi, après trois jours de répétitions avec Jean Uremer, le pianiste attitré du cabaret. Son salaire : quarante francs par représentation.

Mais ce n'est pas tout de vouloir lancer une artiste ! Encore faut-il qu'elle ait un nom ! Un nom qui interpelle, qui fasse mouche ! Leplée a une idée qui lui trotte dans la tête depuis l'après-midi où ce petit bout de femme lui est apparue : aussitôt elle lui a évoqué une autre chanteuse devenue célèbre sous le surnom de « Môme Moineau », baptisée ainsi par un organisateur de spectacles car elle se disait « libre comme les oiseaux[2] ». La même

---

[1]. *Au bal de la chance, op. cit.*
[2]. Fabuleux destin que celui de la Môme Moineau ! Née Lucienne Dhotelle en 1908 à Reims, elle vit une enfance itinérante avec ses parents, marchands ambulants ; débarquée à Paris dans les années vingt, elle vend des fleurs

gouaille, une allure semblable, un même passé miséreux et, avec un peu de chance, un égal voire plus grand succès initié par un cabaretier rencontré par hasard sur le trottoir parisien.
— Que dirais-tu si on t'appelait Piaf ? La Môme Piaf !
— Comment ça, *Piaf* ? Comme les p'tits piafs de la rue, les moineaux ?
— Oui, mon p'tit ! Tu es un vrai moineau de Paris. Mais la Môme Moineau, c'est déjà pris. Donc, Piaf !
Ma foi, si ce type trouve ça bien c'est que ça doit l'être !
Car Édith accorde aussitôt sa confiance à Louis Leplée. Elle se sent aimée, protégée par cet homme et ce genre de protection-là c'est autre chose que

---

devant les établissements huppés en poussant la goualante. Jusqu'à ce jour de 1925 où le couturier Paul Poiret la découvre devant le Fouquet's, sur les Champs-Élysées, en fait son égérie et la lance dans le monde. Devenue mannequin, elle continue tout de même à vendre ses fleurs dans la rue. Un jour, elle rencontre le propriétaire du cabaret « Chez Fysher » qui l'engage comme chanteuse. Puis, on la retrouve au Fouquet's où le propriétaire la baptise « Môme Moineau ». Recommandée par Fréhel, elle se produit à l'Olympia où elle fait sensation en montrant ses fesses au public. Ce scandale la fait connaître du tout-Paris jusqu'à Broadway où elle rencontre un nabab de Porto Rico nommé Feliz Benitez Rexach qui l'épouse en 1929 et fait d'elle l'une des femmes les plus riches du monde. Elle mourra le 18 janvier 1968.

celle des souteneurs à la manque de Pigalle. Pour elle, il sera d'ailleurs « Papa Leplée » !
– Eh, au fait, papa Leplée ! J'ai pas d'fringues, moi, pour chanter devant vos rupins !
– Une tenue toute simple suffit. Une jupe noire et un chandail assorti. Il faut que tu sois « nature », mon petit.
Là encore, on va tisser – ou plus exactement « tricoter » – une légende. La môme aurait dit : « Ça va, j'ai c'qui faut ! », de peur de laisser passer sa chance pour une banale affaire de nippes. Mais, en réalité, si elle réussit à trouver dans son barda une jupe à peu près convenable il lui faut fabriquer dans l'urgence le chandail que, sans un rond, elle ne peut se payer. Et la voilà jouant activement des aiguilles durant les trois jours qui la séparent de sa première représentation, relayée par Momone pendant les séances de répétitions.
Arrive le vendredi. Malgré sa bonne volonté, la tricoteuse est bien forcée d'admettre que son pull-over n'est pas terminé : il lui manque une manche !
– Tiens, ceci fera l'affaire ! Et ça te portera bonheur ! lui aurait dit Yvonne Vallée, comédienne et épouse de Maurice Chevalier, venue assister à l'ultime séance de travail, en lui tendant un grand carré de soie violette.
La Môme Piaf se serait donc présentée pour la première fois devant le public sélect du Gerny's dans une petite jupe noire et un pull-over à une manche, le second bras camouflé par le foulard

d'Yvonne Vallée, lequel foulard aurait malencontreusement glissé au final de la dernière chanson, à la grande honte de la chanteuse débutante. Voilà pour l'anecdote destinée assurément à enjoliver l'événement, tant il est difficile de croire que le fortuné Leplée n'ait pas avancé l'argent pour un malheureux pull-over. Qu'importe. La critique se souciera moins de la tenue vestimentaire que du talent de l'interprète. « Elle ne sait pas très bien exécuter les mimiques habituelles des artistes réalistes, mais, par contre, elle en invente d'autres qui suent la vie, écrira René Guetta, journaliste à *Marianne*. Elle a une voix extrêmement juste et forte pour son maigre corps, une voix qui sort de l'âme. » « Cette voix froide, de la couleur des huîtres qu'on ouvre dans les paniers mouillés devant les bistrots, poétisera Pierre de Régnier, échotier pour *Gringoire* et *La Vie Parisienne*, cette voix indéfinissable, rauque et ample, à la fois ordinaire et unique, cette voix humide, enrhumée, encore enfantine et déjà désespérée vous prend au creux du ventre, inexorablement... »

La Môme Piaf c'est donc d'abord une voix. Et c'est cette voix que le tout-Paris vient entendre au Gerny's, avant que le grand public populaire ne la découvre *via* la TSF. De Fernandel à Joseph Kessel, en passant par Mistinguett, Jean Tranchant ou Maurice Chevalier qui se serait écrié le premier soir : « Elle en a plein le ventre, la môme[1] ! », l'ancienne chanteuse des rues voit défiler du beau monde sous les éclairages orangés du restaurant-cabaret. Se laisse-t-elle impressionner par ce nouvel auditoire qui semble faire la pluie et le beau temps ? On ne le dirait pas.

« Je savourais le bonheur, pour moi tout neuf, d'être enfin "une artiste" – du moins, je le croyais – et de recevoir des hommages qui me payaient de tous mes jours de misère », se souviendra-t-elle. Et d'ajouter : « Le bonheur aussi – pourquoi le cacherais-je ? – d'avoir un peu d'argent[2]. »

L'« archange » Jean Mermoz lui laissera cependant un souvenir impérissable. Est-ce le premier soir, comme il sera raconté ? Toujours est-il que cet homme illustre, ce pionnier de l'aviation qui allait hélas disparaître l'année suivante dans de tragiques circonstances, avait appelé la fille Gassion « Mademoiselle » et l'avait invitée à sa table pour lui offrir du champagne et des fleurs (tout le panier de la bouquetière, paraît-il), ce qui ne lui était jamais arrivé de sa vie. Ce bonheur qui semble reposer sur

---

[1]. Simone Berteaut réfutera cette légende pourtant reprise dans toutes les biographies de Piaf. « Édith il *[Chevalier]* l'avait déjà entendue chanter, écrira-t-elle. Il était passé à une répétition avec Yvonne *[Vallée, son épouse]*. Il n'avait pas dit grand-chose, c'était plutôt dans le genre : "Essaye-la, ça peut plaire. Ça fait nature !" » Une réaction qui s'accorde assez bien à la personnalité de Maurice Chevalier, réputé pour être peu expansif hors scène.
[2]. *Au bal de la chance, op. cit.*

peu de choses, au fond, Simone Berteaut saura le décrire avec justesse et émotion : « Faut bien comprendre ce qu'on était : rien. La veille encore on avait la trouille des flics, ils avaient le droit de nous alpaguer avec leurs grosses paluches. Nos hommes c'étaient des voyous. Ils pouvaient nous cogner autant que ça leur chantait. De famille pratiquement on n'en avait pas. Si on était tombées malades on aurait pu crever dans un coin ou à l'hosto, notre caveau de famille c'était la morgue, la fosse commune à Pantin. Tout pouvait nous tomber dessus sans qu'on ne puisse rien faire qu'accepter. Et d'un coup tout était changé. »

Le vrai changement dans la destinée d'Édith Piaf va s'opérer dès son deuxième soir au Gerny's, par l'entremise d'un jeune directeur artistique nommé Jacques Canetti. À la fois producteur de disques chez Polydor et animateur d'émissions musicales sur Radio Cité, le poste le plus populaire du moment, dirigé par l'homme de réclames (on ne dit pas encore publicitaire) Marcel Bleustein-Blanchet, ce futur « Christophe Colomb de la chanson » est à la recherche de nouveaux talents[1]. Venu découvrir

---

[1]. La Môme Piaf est, avec Charles Trenet, l'une des premières découvertes de Jacques Canetti. Bulgare de naissance, il arrive en France en 1927, à l'âge de dix-huit ans. L'année suivante, il intègre HEC. Dès 1930, il devient directeur artistique chez Polydor dans le secteur des variétés et du classique. Il exploite le catalogue de jazz Brunswick et organise les tournées des plus grands jazzmen : Louis

la Môme Piaf au Gerny's pour répondre à l'invitation téléphonique de Leplée qui lui a dressé un portrait des plus élogieux de sa jeune recrue, Canetti reçoit l'un des premiers grands chocs artistiques de sa vie : « La voyant si chétive, de si mauvaise santé, on se disait qu'elle pouvait mourir. Or elle chantait avec une telle force, une telle chaleur ! C'était vraiment surprenant[1]... »

Aussi, l'invite-t-il dès le lendemain dans son émission radiophonique « L'Inconnu(e) du dimanche ». Une véritable aubaine pour l'artiste néophyte.

Nous sommes de fait au cœur des années trente, à une époque où l'utilisation de la radio se démocratise. La vente des postes de réception a doublé

Armstrong, Cab Calloway, Duke Ellington. En 1935, Marcel Bleustein-Blanchet le nomme directeur artistique de Radio Cité. Dès lors, son ambition est de lancer de nouveaux talents. L'Occupation le tiendra ensuite éloigné de Paris mais il continuera ses activités en zone libre et à Alger. En 1948, il créera à Montmartre le théâtre des Trois Baudets où de nombreux artistes feront leurs débuts : Jacques Brel, Georges Brassens, Serge Gainsbourg, Félix Leclerc, Juliette Gréco, Anne Sylvestre, Mouloudji, Jacques Higelin ou Raymond Devos. Devenu producteur phonographique indépendant en 1963, il publiera entre autres les albums de Serge Reggiani et Jeanne Moreau sous le label « Productions Jacques Canetti », dont le catalogue sera repris à sa mort, en 1997, par ses enfants Françoise et Bernard. (Cf. Site Internet jacques-canetti.com).

[1]. Cité par Pierre Duclos et Georges Martin, *Piaf, biographie*, Le Seuil, 1993.

en dix ans et l'écoute de la TSF est devenue une pratique quotidienne et populaire, prenant sa place au sein du foyer français. Les programmes se font plus distrayants : la musique légère remplace peu à peu la musique classique, les jeux et les grands feuilletons passionnent les familles. Les stations les plus écoutées sont Radio Cité, Radio Luxembourg, le Poste Parisien, Radio Toulouse, avant la naissance en fin de décennie de Radio 37 et Radio Andorre[1].

À la faveur d'un seul passage sur les ondes, la Môme Piaf va passer du statut de « curiosité parisienne » à celui de célébrité nationale ! Mais en a-t-elle vraiment conscience sur le moment ?

Il faut dire que tout s'enchaîne à une allure folle pour l'ancienne petite chanteuse des rues. Son récital terminé au Gerny's le samedi soir, à peine profite-t-elle de quelques heures de sommeil que la voilà le dimanche en fin de matinée à Radio Cité, boulevard Haussmann. Elle s'y présente dix minutes seulement avant le début de l'émission, ses partitions musicales en main, mais sans accompagnateur ! Branle-bas de combat dans les studios ! Canetti se précipite sur le téléphone et convoque dans l'urgence le pianiste habituel de la radio, Walter Joseph, qui fort heureusement n'habite pas à l'autre bout de Paris. « Mais le temps nous manquait, se souviendra l'animateur. Il nous a fallu

---

[1]. Cf. Site Internet *100 ans de radio*, créé par Jean-Marc Printz.

démarrer sans lui, moi au piano, ce que je n'avais jamais fait[1]. » Une improvisation qui n'a cependant aucune incidence auprès des auditeurs qui, séduits par la voix de la chanteuse, font sauter le standard.

La Môme Piaf est alors engagée par Radio Cité pour treize dimanches d'affilée, dans le cadre du « Music-hall des jeunes », émission en public depuis le cinéma Normandie ou le théâtre des Ambassadeurs.

Et ce n'est pas tout ! Du 5 au 11 novembre, le nom de la Môme Piaf s'affiche également parmi les attractions des Six Jours du Vel' d'Hiv', prestation qui lui vaut les dithyrambes de la critique musicale.

« Cette fille venue de la rue donne aux chansons de la rue la même poésie poignante, pénétrante et doucement vénéneuse que Carco[2] à ses romans de

---

[1]. *Piaf, biographie*, op. cit.
[2]. Francis Carco, né François Carcopino (1886-1956), rompt dès l'adolescence avec sa famille bourgeoise et fréquente la faune interlope des milieux de la nuit. Ayant décidé de sa vocation de poète et écrivain, il fait la promesse « de foutre, en pleine gueule des bourgeois, des romans musclés et pourris dont ils se lécheront les babines ». À Paris, il noue amitié avec les piliers du Lapin Agile : Apollinaire, Max Jacob, Pierre Mac Orlan, Maurice Utrillo… *Jésus la Caille*, l'histoire d'un souteneur homosexuel dans le monde de la pègre montmartroise, est son premier roman en 1914. Suivent *Les Innocents* (1916), *L'Équipe* (1919), *Rien qu'une femme* (1921). *L'Homme traqué* lui vaut en 1922 le Grand Prix du roman de l'Académie française. Francis Carco est également l'auteur de chansons pour Marie Dubas, Fréhel et Édith Piaf (« L'Orgue des amoureux », en 1949).

la rue, lit-on dans *Le Petit Parisien*, en novembre 1935. On la sent mouillée, transie, glacée par cette bruine qui trempe l'asphalte et où passent d'inquiétantes silhouettes. Personne n'a exprimé l'affreuse et irrémédiable détresse de la pluie dans certains coins de Paris comme Carco. Mais la Môme Piaf la chante aussi vraie qu'elle l'a sentie sur ses épaules maigres. »

Encouragée par Leplée et Canetti – ce dernier la met en contact avec la firme de disques Polydor, 67, boulevard de la Gare, Paris 13e, où elle fait des essais de voix avant d'enregistrer son premier disque en décembre –, Édith occupe son peu de temps libre à courir les maisons d'éditions afin d'élargir son répertoire. Elle s'aperçoit cependant que sa petite notoriété fraîchement acquise ne lui permet pas encore l'accès aux honneurs et, en dépit de son insistance voire de son culot, elle en repart les trois quarts du temps bredouille ou nantie de chansons déjà créées et rabâchées par d'autres, quand il ne s'agit pas de fonds de tiroir qu'on lui cède bien volontiers. N'étant pas de nature à se décourager facilement, elle rapplique un après-midi chez Maurice Decruck, éditeur du boulevard Poissonnière. Elle y écoute quelques airs que lui joue le pianiste, jusqu'au moment où elle doit céder la place à la blonde Annette Lajon, ancienne tête d'affiche du théâtre de l'Étoile, venue répéter les chansons de son prochain récital pour Bobino. Parmi elles, inédite, l'une s'intitule *L'Étranger* et a été écrite par Robert Malleron sur une musique de Marguerite Monnot et Robert Juel, deux noms inconnus de la Môme Piaf mais pas pour longtemps. Sagement installée dans un coin de la pièce, elle écoute et se laisse envoûter par la chanson.

« J'ai rêvé de l'étranger
Et le cœur tout dérangé
Par les cigarettes,
Par l'alcool et le cafard,
Son souvenir chaque soir
M'a tourné la tête[1]... »

La tête pareillement chavirée, à la fois par ce qu'elle vient d'entendre et par une idée qui commence à lui trotter, Édith s'approche de l'interprète et lui demande timidement :
— Oh, Madame ! Auriez-vous la bonté de recommencer ? C'est si beau !

Comment ne pas être flattée par le compliment, quand même il provient d'une petite chanteuse débutante aux allures de pauvresse ! Annette Lajon s'exécute, sans se douter que son auditrice s'applique à mémoriser par cœur les paroles et la mélodie de sa chanson, afin de se l'approprier le soir même sur la scène du Gerny's.

Car cet « Étranger », Piaf va le « voler » à Lajon. De quelle façon ? De mémoire, comme il sera écrit

---

[1]. « L'Étranger » (Robert Malleron/Robert Juel — Marguerite Monnot), éditions SEMI. © Polydor, 1935.

quasiment partout, quitte à contraindre le pianiste Jean Uremer de reproduire le soir même les notes et les accords, en se basant uniquement sur une mélodie fredonnée trois ou quatre fois ? Ou bien, de manière plus radicale, en subtilisant la partition laissée sur le chevalet du piano avant de décamper dare-dare, lors d'une absence momentanée de l'interprète et du pianiste, passée dans une autre pièce avec l'éditeur ? D'une façon ou d'une autre, la Môme Piaf inscrit bel et bien « L'Étranger » à son répertoire de scène le soir même, doublant sur ce terrain une Lajon qui se vengera dès décembre en gravant la chanson dans la cire – Piaf ne la publiera qu'un mois plus tard – et en décrochant bientôt le Grand Prix du disque Charles-Cros. Entre-temps, les deux concurrentes se reverront au Gerny's où la Lajon, venue en cliente, aurait gagné les coulisses en fin de représentation pour, selon les versions, adresser des compliments ou retourner une magistrale paire de gifles à la Piaf. Beaucoup de bruit pour rien, toutefois, car « L'Étranger » sera *in fine* popularisé par la grande Damia, en novembre 1936.

En attendant de damer le pion à ses illustres aînées, dont certaines ne passeront pas à la postérité, la vedette du Gerny's et de Radio Cité grave son premier disque 78 tours. Le lendemain, elle fête ses vingt ans.

– 4 –

La carrière de la Môme Piaf semble lancée sur des rails.

Entre le 18 décembre 1935 et le 3 mars 1936, elle enregistre l'essentiel d'un répertoire étrenné avec succès chez Leplée et dans le « Music-hall des jeunes », soit une dizaine de chansons puisées dans le folklore populaire, alternant drame et fantaisie. Si la plus emblématique reste « Les Mômes de la cloche », on y trouve d'autres pépites comme « La Java de Cézigue » de Jean Eblinger et René-Paul Groffe, « La Fille et le Chien » de l'auteur-revuiste Jacques-Charles et Charles Louis-Pothier, sur une musique de Charles Borel-Clerc, « Les Hiboux », composée par Henri Christiné, l'éditeur et arrangeur attitré de Fragson, et écrite par Eugène Joullet et Paul Dalbret, ainsi que deux chansons écrites par le poète libertaire et chansonnier Gaston Couté, l'une en 1904 : « La Julie Jolie » (musique de Léo Daniderff), l'autre dans les années vingt : « Va danser ! » (musique de Marcel Legay).

Jacques Canetti gardera un souvenir éminent de ces séances : « Pour moi, la grande Piaf se situe justement à cette période. Celle où elle était elle-même, naturelle et sauvageonne, sans grand orchestre ni sono sophistiquée. Par la suite, on améliorera dans ses enregistrements ce que d'aucuns considèrent comme des défauts et que j'estime, moi, être des qualités[1]. »

Chroniqueur de disques à *Gringoire*, Georges Devaise, qui avoue ne pas avoir vu la Môme Piaf sur les planches, écrit : « Il suffit d'écouter une de ces chansons au phonographe pour se rendre compte qu'elle a, comme on dit, quelque chose dans le ventre. Le timbre est chaud, l'articulation ferme et la diction respire l'intelligence. Avec cela une autorité naturelle qui force d'emblée l'attention. Et surtout une verdeur inimitable, l'accent tour à tour gouailleur et chaleureux de la misère qui relève la tête : cette note "peuple" que n'a jamais réussi à attraper une Lys Gauty et qui sonne si pure dans la voix de Fréhel. »

Dans l'intervalle, Piaf fait ses débuts au cinéma dans *La Garçonne*, un film de Jean de Limur, d'après le best-seller homonyme de Victor Margueritte qui fit scandale en 1922, année de sa parution. Le thème : lorsqu'elle apprend que son fiancé la trompe, Monique Lerbier (jouée au cinéma par Marie Bell, sociétaire de la Comédie Française) éprouve le besoin impérieux de s'affranchir des conventions bourgeoises et de conquérir sa liberté ; entretenue par une danseuse nommée Niquette (campée par la truculente Arletty), elle pénètre un milieu interlope, traite les hommes comme des

---

[1]. *Opinions publiques, op. cit.*

objets, affiche son lesbianisme et plonge dans la drogue, l'opium, la cocaïne.

« Ce prétendu chef-d'œuvre n'est qu'une ordure », écrivit Gustave Théry, rédacteur en chef du journal *L'Œuvre*, à propos du livre de Margueritte, tandis que l'écrivain Paul Souday dénonçait dans *Le Temps* « l'effarante crudité de ces scènes de débauche et d'orgie. »

Plus d'une décennie après, les mentalités n'ont guère évolué, elles tendraient plutôt à régresser, car le film, jugé sulfureux pour les mêmes motifs, est interdit de projection à Anvers et suscite à Paris un vif débat au Conseil des Ministres sur le retrait du visa de censure qui lui a été initialement alloué. Il n'est toujours pas pensable dans les années trente que des femmes puissent disposer librement de leur corps.

« Le film a été un succès grâce au scandale qu'il avait provoqué, se souviendra Arletty[1]. Voir des "bonnes femmes" en garçonnes, fumant l'opium… Voir des homosexuelles-femmes, à cette époque-là ! »

Et que fait la Môme Piaf dans cette œuvre prétendument licencieuse ? Eh bien, excepté un aparté avec Marie Bell à qui elle fait du gringue, elle se livre à un exercice qui lui est familier : elle chante. Une brève apparition, donc. On la voit lors d'une réception sur un yacht privé, interprétant pour une

---

[1]. *Arletty ou la liberté d'être*, portrait-entretien de Christian Gilles, Séguier, 1988/L'Harmattan, 2000.

assistance de filles, parmi lesquelles on reconnaît la troublante et énigmatique Suzy Solidor, « Quand même », une chanson composée par le pianiste Jean Wiener – du duo Wiener et Doucet qui a fait les beaux soirs du cabaret d'avant-garde Le Bœuf sur le Toit – sur un texte, d'un macabre achevé, de Jean Mario et Louis Poterat.

« Je sais qu'à la porte d'un bar
Où j'aurai bu jusqu'à l'extrême,
On ramassera quelque part
Mon corps brûlé sur un brancard.
Je bois quand même...
Que sous la drogue lentement,
D'extase en extase suprême,
Je m'approche implacablement
Du sombre asile des déments
J'en prends quand même...
Je sais qu'en la femme fatale,
Dans les bras d'un amant trop blême,
S'infiltrera l'horrible mal
Dont on crève au lit d'hôpital
J'aime quand même[1]... »

Le 17 février 1936, peu avant la sortie en salles de *La Garçonne*, on retrouve la Môme Piaf à l'affiche du cirque Medrano, parmi un palmarès impressionnant de vedettes, dont Marie Dubas, Mistinguett, Maurice Chevalier, Fernandel et Albert Préjean,

---

[1]. Éditions Méridian © Polydor, 1936.

pour un gala caritatif initié par la radio parisienne Radio-Cité et le journal *L'Indépendant* en hommage au clown Antonet et au profit de sa veuve. Entre autres projets, Leplée a l'intention d'envoyer sa protégée sur la Côte d'Azur pour participer au Bal des Petits Lits Blancs, prestigieuse soirée de charité jusqu'alors organisée sur le Pont d'Argent de l'Opéra Garnier à Paris et, pour la première fois, donné au Palm Beach de Cannes, le 18 août. La Côte d'Azur, pensez ! « Autour d'Édith ça partait comme un feu d'artifice », écrira Momone.

Mais voilà que la sournoise malédiction qui semble lui coller aux trousses la foudroie en pleine ascension : le lundi 6 avril 1936 au matin, son cher « Papa » Leplée est assassiné chez lui, dans son lit.

Une nouvelle légende s'écrit autour de l'emploi du temps de la Môme Piaf entre la fermeture du Gerny's et l'heure de l'assassinat de son protecteur.

À la sortie du cabaret, Papa Leplée aurait fait promettre à son petit moineau de regagner sagement sa chambre de l'hôtel Piccadilly, rue Pigalle, afin qu'elle soit en pleine possession de ses moyens le lendemain pour l'enregistrement du « Music-hall des jeunes » à la salle Pleyel. Rendez-vous serait pris à dix heures chez Leplée pour un tour de mise en forme au bois de Boulogne. Promesse non tenue.

On aurait préféré aller fêter avec Momone le départ au régiment d'un pote de Pigalle ou de Ménilmontant, et, un verre en appelant un autre, on se serait retrouvée encore, sans avoir vu passer le temps, dans la salle enfumée d'un troquet à huit ou neuf heures, avec « une de ces G.D.B. – traduire : "gueule de bois" – qui font époque », selon les écrits rétrospectifs d'une Momone fervente adepte de la logorrhée. Force est d'admettre qu'en pareil cas on s'abandonne plus volontiers à quelques heures d'un sommeil réparateur qu'à la pratique d'un jogging matinal. Mais comment annoncer cela à Papa Leplée sans reconnaître piteusement avoir manqué à sa promesse ? Tant pis ! Quitte à essuyer une volée de bois vert, Édith aurait téléphoné pour annuler son rendez-vous. Une voix inconnue lui aurait répondu, une voix d'homme ultérieurement qualifiée de « sévère » et qui l'aurait sommée de rappliquer séance tenante. Sans se soucier le moins du monde de l'identité de son interlocuteur ni poser la moindre question, elle aurait raccroché et sauté dans le premier taxi. Arrivée à destination, elle aurait découvert que la voix sévère du téléphone était celle d'un inspecteur de police, rapatrié d'urgence sur les lieux.

À ce stade de la reconstitution, il convient de s'arrêter un instant et de reconsidérer les choses. Sans vouloir totalement infirmer les témoignages futurs d'Édith Piaf et de Simone Berteaut – la seconde ayant probablement ordonné son récit sur celui, antérieur, de la première –, quelques incohérences, dont une grossière erreur de timing, invitent à les évaluer avec réserve. Que les deux acolytes aient passé une partie de la nuit à festoyer, pourquoi pas ! En revanche, le lundi 6 avril entre huit et neuf heures du matin, tout laisse supposer que Louis

Leplée dort paisiblement dans son lit et qu'aucun membre de la police n'a encore été prévenu d'un crime au 83 de l'avenue de la Grande Armée, puisque ce crime sera officiellement signalé à dix heures trente par Thérèse Cecci, la domestique italienne de la victime.

Voici les faits. Thérèse Cecci, accompagnée de sa fille, arrive à huit heures chez son employeur. Le temps d'y prendre le petit-déjeuner et la fille quitte les lieux, laissant sa mère à ses occupations ménagères. Dans l'escalier de l'immeuble elle croise quatre jeunes gens, la mise élégante et l'allure avenante, qui la saluent au passage. Il est neuf heures trente quand l'un d'eux frappe à la porte de l'appartement de Louis Leplée, lequel dort toujours du sommeil du juste, ce qui laisse supposer qu'il a oublié le rendez-vous de dix heures avec la Môme Piaf, à moins que ce rendez-vous ne soit tout bonnement le fruit d'une affabulation. À peine la domestique a-t-elle ouvert la porte que l'un des individus la neutralise en la bâillonnant et en lui ligotant les pieds et les mains, avant de la jeter dans le canapé du salon, cependant que les trois autres se précipitent dans la chambre de Leplée. Des cris parviennent aux oreilles de la pauvre Thérèse, puis un coup de feu, suivi d'un mouvement de panique. Les quatre lascars se mettent à fouiller partout, vidant les tiroirs de chaque meuble, avant de s'enfuir précipitamment et bredouilles. Il est alors dix heures vingt. Dix minutes plus tard, parvenue à se défaire de ses liens, Thérèse alerte la police qui, de toute évidence, n'arrivera qu'entre dix heures trente et onze heures. L'hypothèse de la Môme Piaf dialoguant au téléphone vers huit ou neuf heures avec un inspecteur de police qui lui aurait intimé l'ordre de le rejoindre au plus vite chez Leplée ne tient donc pas. De même, on ne peut concevoir que la chanteuse ait pu bambocher jusqu'à près d'onze heures ou de midi alors qu'elle avait un enregistrement important dans la journée. Il serait plus judicieux de penser que c'est l'un des inspecteurs de police rameutés sur le lieu du crime qui aurait pris l'initiative d'appeler l'hôtel Piccadilly pour prévenir une Môme Piaf probablement cueillie au fond de son lit.

« Suivirent des journées effroyables. J'aurais voulu m'enfermer chez moi et pleurer tout mon soûl. Rester seule avec mon chagrin[1]. »

Là, on la croit volontiers.

D'autant que le commissaire Guillaume de la Police Judiciaire va s'acharner sur la chanteuse, la soupçonnant tacitement d'être complice des assassins dont le descriptif délivré par Thérèse Cecci et sa fille pourrait s'appliquer aux jeunes types qu'elle fréquente du côté de Pigalle.

« C'est autour de la Môme Piaf que se cristallise d'abord l'enquête, c'est par elle que l'affaire prend du relief et de la couleur pour le public. L'homme de la rue ignore Louis Leplée. Il n'ignore pas la

---

[1]. *Au bal de la chance, op. cit.*

Môme Piaf dont le nom et la voix ont déjà couru sur les ondes de la TSF. C'est la Môme Piaf qu'entourent, que cernent les reporters », commente Marcel Montarron dans *Détective*[1], l'hebdomadaire spécialisé dans les faits divers.

De fait, on harcèle la chanteuse de questions et elle finit, sans accuser quiconque, par citer les noms de trois de ses amants : Henri Valette, son ancien « régulier » qui lui carottait trente francs sur ses recettes quotidiennes, Georges le spahi, un béguin passager, et le dernier en date, un certain Jeannot, le genre petit marlou qui ne ferait pas de mal à une mouche. On enquête sur ces trois « pistes », cependant que la Môme Piaf est tenue en garde à vue dans une pièce du quai des Orfèvres. Ses amis étant finalement jugés hors de cause, on la relâche au bout de quarante-huit heures[2]. Disculpée, certes, mais lestée d'une sale publicité qui ne saurait servir la suite de sa carrière.

« Je n'ai plus d'ami, à présent. Laissez-moi tranquille », supplie-t-elle un reporter de la télévision, avant de cacher ses larmes dans un mouchoir.

Pour sûr, en perdant Louis Leplée, Édith perd l'un de ses amis les plus sûrs, ainsi que son emploi quotidien au Gerny's, et l'on peut se figurer sans mal le « retournement de veste », fait de désaffection voire de suspicion, ouvertement affiché à son

---

[1]. N° 390, 16 avril 1936.
[2]. L'enquête sera orientée ensuite vers le milieu fréquenté par la victime, mais les auteurs du crime ne seront jamais identifiés.

égard par certains acteurs de ce milieu impitoyable. D'autant que la Môme Piaf, privée d'un répertoire qui lui appartienne en propre, est encore considérée à l'aube de l'été 1936 comme une débutante et, de l'avis de quelques-uns dont le jugement est supposé omniscient, une artiste sous influence, c'est-à-dire que le talent d'interprète qu'on veut bien lui concéder s'oppose inévitablement à celui de ses aînées : Marie Dubas, Fréhel, Damia, Yvonne George…

Samedi 11 avril. Aux obsèques de Louis Leplée, qui ont lieu en l'église Saint-Honoré d'Eylau, Édith se sent comme une enfant abandonnée en déposant sur le cercueil une gerbe de fleurs qui porte l'inscription : *En souvenir de ton petit piaf*. Le soir, elle se rend une dernière fois au Gerny's, le cœur gros. Elle confie ses impressions à Momone, laquelle a été entre-temps expédiée par les képis à la garde des religieuses du Bon Pasteur qui, comme son nom ne l'indique pas, n'est pas un havre de mansuétude et de repos. « Il y avait peu de monde, c'était fermé, des gens qui étaient venus pour faire leurs adieux à Laure Jarny : des employés, la fleuriste, le maître d'hôtel. Des artistes aussi, et il y en a un qui m'a dit : "Ma pauvre Piaf, dommage que tu l'aies perdu ton protecteur. Pour croire en toi il n'y avait que lui. Maintenant tu vas retourner aux pavés." Je lui en aurais volontiers balancé un de pavé. La vie, je croyais la connaître, eh bien je ne savais pas que les gens étaient aussi dégueulasses. »

Cependant, la protégée de Louis Leplée n'est pas complètement seule.

Il y a d'abord Jacques Bourgeat, un homme de lettres, promeneur, rêveur et discret, la sensibilité à fleur de peau comme tous les poètes. Il a quarante-sept ans lorsqu'il découvre la Môme Piaf chez Leplée. Le coup de foudre. Immédiat et réciproque. C'était en octobre ou novembre 1935. Bourgeat dîne avec un ami à la Rôtisserie Périgourdine des frères Rouzier, un établissement très coté, place Saint-Michel. Cet ami l'entraîne au Gerny's pour finir la soirée. Installés à une table, ils commandent du champagne. Puis, cette fille, la Môme Piaf, arrive sur scène. « Un petit être malingre, aux habits douteux[1] », se souviendra-t-il. Mais voilà qu'elle chante. « Les Mômes de la cloche ». « Comme un moineau ». « Va danser ! » Les deux amis sont captivés. Quand elle quitte la scène, un plateau en main pour faire la quête, ils l'invitent à s'asseoir pour boire une coupe de champagne.

On parle d'elle d'abord. Sa voix, sa prestation. On la complimente. Elle remercie, un peu gênée sans doute, puis naturellement, entre deux gorgées de champagne, elle demande :

– Et vous, vous faites quoi dans la vie ?

– J'écris des vers, répond Jacques Bourgeat. Je suis poète.

« Je suis poète. » La phrase magique, le sésame qui ouvre le cœur de la môme des rues.

---

[1]. *Paris Match*, n° 759, 26 octobre 1963.

– Oh ! Monsieur, vous ne voudriez pas m'écrire des chansons ? ose-t-elle.

Jacques Bourgeat lui écrit « 'Chand d'habits » : sa première chanson à lui (il en écrira peu) et sa première création à elle. On ne l'inscrira pas parmi les « inoubliables » de Piaf, mais elle fixe les bases d'une amitié indéfectible. À la vie à la mort.

« Dis-moi, 'chand d'habits,
N'as-tu pas trouvé,
Parmi le lot de mes vieilles défroques
Que, ce matin, je te vendis à regret,
'Chand d'habits, parmi elles,
N'as-tu trouvé, tout en loques,
Triste, lamentable, déchiré,
Un douloureux cœur abandonné[1] ? »

On trouve au dos du disque une autre création, offerte par Roméo Carlès, ami poète de Jacques Bourgeat : « La Petite Boutique » – qui sera reprise des années après par Barbara, l'autre dame en noir de la chanson. Les dernières phrases semblent traduire l'état d'esprit de la Môme Piaf en cette période chaotique :

« Quand je suis trop affectée
Par les potins que l'on colporte,
Par les scandales dégoûtants,

---

[1]. « 'Chand d'habits » (Jacques Bourgeat/Rose Alfred), éditions Schneider. © Polydor, 1936.

Par les procédés révoltants
Des requins de la politique,
Afin de mieux m'éloigner d'eux
Je vais passer une heure ou deux
Dans cette petite boutique[1]… »

Jacques Bourgeat sera le confident d'Édith Piaf, son père spirituel, son Jacquot. Il l'appellera « ma petite fille », « mon Piafou »[2].
« Un sentiment que je ne saurais définir m'avait attaché à cette petite fille. Ce n'était pas de l'amour au sens précis du terme. C'était plus, c'était moins, je ne sais pas… Je crois, seulement, que c'était mieux. Sa voix, cette voix sans âge où figuraient déjà tant de détresse et tant d'espoir, eh bien, je crois que c'est cette voix qui m'a attaché à elle. »
« Qu'elle ait été inculte, et elle l'était, certes, cela ne me gênait pas. Son argot m'enchantait, comme ses éclats de rire, la façon désinvolte qu'elle avait pour s'adresser aux gens : c'était elle… Peut-être, et je le dis avec infiniment d'humilité, peut-être ai-je, le

---

[1]. Éditions Breton. © Polydor, 1936.
[2]. Édith Piaf et Jacques Bourgeat échangeront une longue correspondance de près de trente ans. Huit cent cinquante missives en tout. Avant sa mort, l'historien et poète a confié à la Bibliothèque nationale de France (58, rue de Richelieu, Paris 2ᵉ) quelque cent vingt lettres et télégrammes qu'Édith Piaf lui a écrits entre le 5 août 1936 et le 14 février 1959. Ce dossier est consultable au département des manuscrits de la BNF depuis 2000.

premier, senti en elle cette richesse encore brute que les années allaient développer[1].

Parmi les autres gens bienveillants que la Môme compte sur les doigts d'une main, Jacques Canetti n'est pas à proprement parler de ses amis, mais il ne lui reste pas moins fidèle sur le plan professionnel. L'animateur de Radio Cité continue à la diffuser assidûment sur les ondes et la fait enregistrer chez Polydor. Il lui adjoint un jeune imprésario en la personne de Fernand Lumbroso, futur directeur du théâtre de Mogador, lequel lui décroche plusieurs contrats dans des cabarets parisiens.

Au printemps, accompagnée de l'accordéoniste Robert Juel (le compositeur de « L'Étranger », « piqué » à Lajon), la Môme Piaf est ainsi à l'affiche du Trône, place Pigalle, qu'on appelle plus couramment « Chez O'Dett », du pseudonyme de son animateur-vedette, l'une des « grandes folles » les plus célèbres de la capitale qui joue alors une irrésistible parodie de *Phèdre*, imaginée par Pierre Dac[2]. On retrouve également Piaf à l'Ange Rouge, autre

---

[1]. *Paris Match* n° 759, *op. cit.*
[2]. Le Trône, précédemment Abbaye de Thélème, puis La Noce, est un cabaret dirigé par Raoul Favier. L'animateur-vedette s'appelle en réalité René Goupil, chansonnier et accessoirement antiquaire, mais on le connaît depuis ses débuts au Liberty's Bar (de Louis Leplée et Bob Giguet) sous son surnom de travesti : O'Dett. Le cabaret, situé 1, place Pigalle, s'appellera dès 1936 « Chez O'Dett ».

enseigne dirigée par Raoul Favier au 6 de la rue Fontaine, et au Gipsy's, rue Cujas.

Partout, on l'accueille par des sifflets, des quolibets ou pire, un silence de mort. On se fiche comme de l'an quarante de sa prestation artistique, on vient voir « la fille de l'affaire Leplée », l'héroïne d'un roman-feuilleton crapuleusement entretenu par la presse à scandales. On marmonne des horreurs sous cape, dont certaines parviennent aux oreilles de l'intéressée : « Il n'y a pas de fumée sans feu ! », « On ne s'appelle pas Piaf ! », « À la rue, les filles des rues ! »

Jacques Canetti, sourd aux rumeurs nauséabondes, fait appel à Yves Bizos, directeur d'une agence de spectacles, qui enrôle Édith dans la troupe des neuf artistes de « la Jeune Chanson 1936 », où la poétesse Rosemonde Gérard et son fils Maurice Rostand se mêlent aux chansonniers. Les représentations ont lieu dans deux des plus prestigieux music-halls de la capitale, dirigés par Alcide Castille : Bobino, rue de la Gaîté, puis l'Européen, rue Biot. S'ensuit une tournée franco-suisse, en ce bel été où les travailleurs français savourent gaiement leurs premiers congés payés, institués par le Front Populaire.

Point de gaieté, cependant, pour la Môme Piaf qui perçoit la nécessité impérieuse de relancer la dynamique de sa carrière. Mais comment ?

« Je ne suis plus avec personne, j'ai tout scié, car j'ai décidé d'être sérieuse et de travailler durement, écrit-elle à Jacques Bourgeat depuis Lausanne. Et quand je vais rentrer à Paris, je vais être toute seule. Et ça, je le jure sur les cendres de mon vieux papa Leplée. Je suis décidée à apprendre à écrire pour ne plus faire de fautes. Tu me donneras des leçons que j'exécuterai avec joie et puis j'irai chez le dentiste, à la culture physique, tu verras comme ton petit oiseau a changé. Tu seras content[1]. »

À la rentrée, elle n'en termine pas moins cahin-caha son année noire en honorant les contrats décrochés pour elle par Fernand Lumbroso et Yves Bizos, d'abord à Paris, à l'Alhambra (50, rue de Malte), en première partie du programme de la chanteuse lyrique Florelle Villabella, et au Trianon Music-hall (80, boulevard Rochechouart) avec le duo de parodistes Charpini et Brancato, puis au cabaret Le Broadway à Bruxelles. Elle se produit à nouveau « chez O'Dett », puis repart à Brest où elle anime l'entracte au cinéma Arvor avant le film *Lucrèce Borgia*, d'Abel Gance, avec Edwige Feuillère et Gabriel Gabrio. Enfin, elle passe le jour de son anniversaire – vingt et un ans : elle est majeure ! – et les deux réveillons à Nice, sans pour autant s'en faire une fête : elle chante pendant cinq semaines à la Boîte à Vitesse, un cabaret de deuxième zone, au sous-sol du Maxim's. Momone l'accompagne dans cette galère à l'issue de laquelle la chanteuse estime avoir touché le fond.

« Ma situation n'était pas brillante. La nuit, après le spectacle, j'allais manger un morceau au Nègre,

---

[1]. *Paris Match* n° 759, *op. cit.*

passage Émile Négrin, et il m'arrivait souvent de remplacer le steak, trop cher, par une assiette de spaghetti. Le métier ? Il ne m'intéressait plus. Je n'avais pas étudié une chanson depuis des semaines, je ne travaillais plus, je ne souhaitais plus rien. J'étais sur une mauvaise pente et, lasse, découragée, sans forces et sans volonté, je me sentais "dégringoler"[1]. »

De retour à Paris, Piaf se souvient d'un nom, celui de Raymond Asso. Sa dernière planche de salut.

---

[1]. *Au bal de la chance*, *op. cit.*

– 5 –

« Rien n'est grave, au fond. Tout recommence. Si ça va très mal, c'est obligé d'aller mieux. Il y a toujours de l'espoir quand tout va mal[1]. »
À l'aube de 1937, Piaf a-t-elle déjà acquis cette philosophie qu'elle exprimera à la fin de sa vie ? Elle va démontrer cependant qu'elle sait rebondir après chaque coup dur – et pour ce qui est des coups durs, reconnaissons que le destin lui a sacrément fait payer son dû !
L'espoir se personnifie alors en un grand échalas d'une trentaine d'années, le genre un peu « sec » d'apparence, cheveux noirs plaqués en arrière, teint mat, traits anguleux, nez proéminent. Son nom : Raymond Asso[2].

---

[1]. Cf. *Les Derniers Jours de Piaf*, film documentaire de Philippe Pichon, sur une idée originale d'Arnaud Hamelin, coproduction Sunset Presse et 17 Juin Media Serial Producteurs, avec la participation de France 2, 2005.
[2]. Natif de Nice, Raymond Asso (1901-1968) s'exile au Maroc à l'âge de quinze ans où il devient berger. Il s'engage ensuite dans les spahis, servant en Turquie et en Syrie. Redevenu civil en 1923, il s'installe à Paris l'année suivante et enchaîne divers métiers, chauffeur, directeur d'usine, représentant, gérant de boîte de nuit, contrebandier. En 1933, il devient « nègre » d'Ashelbé (pseudonyme d'Henri La Barthe), auteur d'une nouvelle qui inspirera plus tard

Édith l'a d'abord rencontré, ou plutôt aperçu, chez l'éditeur Milarski à la belle époque du Gerny's. Ce jour-là – qu'on situera à la fin de 1935 –, on lui fait entendre une chanson inédite et, avec le franc-parler qui la caractérise, elle déclare en apprécier le texte, mais pas tellement la musique. Le pianiste, qui en est le compositeur, encaisse dignement le coup et lui désigne le parolier – Asso, donc –, discrètement assis dans un coin de la pièce. La partition en main, Piaf chante tout de même sur cette musique qu'elle ne trouve guère à son goût. Asso l'observe et l'écoute avec attention, il la trouve « pas jolie, sale, négligée[1] », mais son regard et son interprétation le bouleversent au point qu'il quitte les lieux tout aussi discrètement, sans se présenter à elle. De quelle chanson s'agit-il ? L'Histoire ne le dit pas. On sait, en revanche, que l'auteur et l'interprète vont se revoir plusieurs fois avant d'envisager une étroite collaboration.

Quelques jours après cette entrevue chez Milarski, Asso téléphone à Piaf pour lui donner rendez-vous dans un café de Pigalle. Il souhaite s'occuper d'elle, diriger sa carrière, mais pas sans condition.

Dédée d'Anvers, le film d'Yves Allégret, avec Simone Signoret. Puis il se lance comme parolier, en collaboration avec l'éditeur Milarski. En 1935, lorsqu'il rencontre Piaf, Asso est le secrétaire particulier de la chanteuse Marie Dubas.

[1]. Témoignage de Raymond Asso publié dans la revue *Bonnes Soirées*, n° 2232, novembre 1964.

– Il faut vivre près de moi, avec moi, ne jamais me quitter, exige-t-il, insistant sur le fait qu'elle a tout à apprendre et que, partant, ce n'est pas d'un imprésario qu'elle a besoin mais d'un homme qui la « fabrique » intégralement.

En somme, si elle a bien pigé le truc, cette espèce de grande bringue au visage ingrat lui demande de se soumettre servilement à sa volonté de Monsieur Je-sais-tout et d'accepter par-dessus le marché de lui faire une place au plumard ! Mazette ! Autant dire que sur le moment, la requête du père Asso débouche sur une fin de non-recevoir. Piaf a sa fierté !

– Une chanteuse ne peut faire sa carrière au cabaret, argumente Asso. C'est au music-hall, devant le grand public et en contact direct avec lui, qu'elle peut donner la vraie mesure de son talent. Je peux t'aider à devenir cette chanteuse-là. Réfléchis. Le jour où tu es prête, appelle-moi !

Et Piaf de penser : « Cause toujours ! Je m'en sortirai bien sans toi ! »

L'histoire pourrait s'arrêter là et les deux protagonistes laisseraient passer la chance de leur vie. Mais ce serait méconnaître Raymond Asso qui n'est pas homme à abdiquer aussi facilement. Et ce serait mésestimer la chanteuse qui, en dépit de son fichu caractère, saura toujours se fier à son intuition.

À cette période, Asso écrit « Mon légionnaire ». La musique, inspirée d'une mélodie du compositeur et chef d'orchestre d'influence classique Wal-Berg (« Mon cœur est léger », créée par Lys Gauty deux ans plus tôt), est l'œuvre de Marguerite Monnot. On la soumet à Piaf qui la répète quelques jours, avant de la refuser.

— Elle fait trop « cabaret », ta chanson ! dit-elle à Asso.

La partition arrive alors dans les mains de Marie Dubas — Asso est son secrétaire particulier — qui, elle, ne fait pas la fine bouche : l'adoptant aussitôt, elle l'inclut au programme du récital qu'elle donne à Marseille, en avril 1936. Bien lui en prend : « Mon légionnaire » sera le plus gros succès de sa carrière.

« Il était mince, il était beau
Il sentait bon le sable chaud
Mon légionnaire[1] !... »

C'est en janvier 1937 que Piaf inscrit la chanson à son répertoire, après avoir touché le fond et, mettant sa fierté dans sa poche, un mouchoir par-dessus, accepté les conditions de Raymond Asso. Supplantant la version originelle de Marie Dubas, que la mémoire collective finira par expédier aux oubliettes, elle la fera définitivement sienne.

Dans ses souvenirs arrangés pour la presse et qui constitueront son autobiographie, Piaf prétend avoir soufflé l'idée du « Légionnaire » à Raymond Asso en lui relatant l'une de ses fugaces romances militaires du temps où elle chantait dans les casernes. L'anecdote vaut, semble-t-il, pour une

---

[1]. Éditons SEMI. © Polydor, 1937.

autre chanson moins populaire : « Mon amant de la Coloniale », relative à la brève idylle de la caserne des Tourelles qui signa sa rupture définitive avec P'tit Louis. Pour « Mon légionnaire » et « Le Fanion de la légion », toutes deux écrites simultanément, l'auteur avait suffisamment matière à inspiration entre son passé personnel de spahi et l'image héroïque du légionnaire, véhiculée dans le cinéma des années trente, en particulier par le charisme de Jean Gabin dans *La Bandera* et Gary Cooper dans *Morocco* dont les « cheveux blonds » et les « grands yeux très clairs où parfois passent des éclairs » font vaciller d'émoi la gent féminine. Ce n'est qu'à partir de l'instant où Édith décide de lui confier la destinée de sa carrière que Raymond Asso va l'impliquer dans le choix et le contenu de ses chansons.

– Raymond, je suis perdue ! le supplie-t-elle au téléphone, à son retour de Nice. Plus personne veut m'engager ! Sauve-moi, sinon je vais retourner à la rue ! Je ferai ce que tu veux, je t'obéirai, je le jure.

– Prends un taxi et viens, je t'attends.

À partir de là, seulement, Asso va cesser toute activité annexe pour ne s'occuper que d'elle. Avec pour consigne à ne jamais transgresser : donnant, donnant !

Pour commencer, il déblaye le terrain, ne tolérant aucun parasite dans l'entourage de « sa » vedette. Sont aussitôt mis hors d'état de nuire les parents : Louis Gassion, capable quand ça lui prend d'entraîner Édith dans des bouges pour l'y faire chanter, et Line Marsa, occupée à réprimer ses désillusions dans l'alcool et la drogue – chacun perçoit une pension mensuelle pour se tenir à distance. *Exit* Momone, « l'âme damnée » d'Édith. Et les copains de Pigalle, enfin, qui n'impressionnent pas du tout l'ancien légionnaire.

– Tu vis comme une putain sans en gagner le fric ! lui lance-t-il sans déférence. Tu vas laisser tomber tes marlous, leurs filles, ta bande de copains bons à rien qu'à te piquer tes quatre sous… Tu ne t'occuperas de rien. Laisse-moi faire. Il faut qu'on te respecte[1].

Le grand ménage accompli, on peut se mettre au travail. Un travail de fourmi ou de titan, c'est selon. Car il ne s'agit pas uniquement de répéter des chansons – pour cet exercice, le terme de « peaufinage » conviendrait – mais de reconsidérer en un temps réduit toute une éducation. Prenant en exemple Marie Dubas, Asso expose en quelques lignes à Piaf l'étendue de ses lacunes. Avant d'être invitée à prendre la porte, Simone Berteaut aurait été témoin de l'échange :

– Qu'est-ce qu'elle vient foutre là-dedans, Marie Dubas ? se serait rebiffée Édith.

– Tu crois qu'il suffit d'ouvrir la bouche sur une scène, toi ! Ce qui se passe après, tu t'en balances ! On va se soûler avec des gigolos de rencontre, et c'est la belle vie ! Tu te goures. Je vais te dire ce qu'elle vient foutre là-dedans, Marie Dubas. Si on lui parle de Baudelaire, elle ne demande pas son

---

[1]. Propos reproduits par Simone Berteaut, *Piaf, op. cit.*

numéro de téléphone pour qu'il lui écrive une chanson. Si un homme lui baise la main, elle ne la lui envoie pas sur la gueule. Si on lui sert à table du poisson, elle ne bouffe pas les arêtes, ou elle ne crache pas dans son assiette parce qu'elle ne sait pas quoi en faire. Si on lui présente un ministre, elle ne demande pas : « Alors, ça marche votre boulot ? » Ce n'est pas une honte de sortir du peuple, mais c'en est une de vouloir rester dans la crasse, dans l'ignorance.

À charge donc pour Édith, entre deux prises de bec, de se soumettre aux convenances, d'améliorer son vocabulaire, d'acquérir une certaine culture, de corriger sa façon de manger, de se mouvoir, de se vêtir, cependant que Raymond se met en devoir de lui inventer un répertoire original, en accord avec sa personnalité.

« Édith, je l'ai façonnée, dit-il[1]. C'était un diamant brut. Il a fallu que je le taille. Ce ne fut pas toujours très facile. Sa gouaille naturelle reprenait souvent le dessus et, si elle n'avait pas été animée par une extraordinaire volonté de chanter et de s'en sortir, je n'y serais certainement pas arrivé, tant elle était de tempérament indépendant. »

« Raymond Asso m'a appris à devenir un être humain », résumera Piaf.

L'ami poète Jacques Bourgeat apporte volontiers sa contribution, en initiant son Piafou aux

---

[1]. *Bonnes Soirées* n° 2232, *op. cit.*

grandes œuvres littéraires. Il occupe son temps libre à lui lire Platon, Pascal ou Racine.

« C'était une élève attentive, studieuse, comme on rêve d'en avoir, rapportera-t-il. Mais son désir de s'instruire s'arrêtait là : écouter. Les grands philosophes, elle les écoutait comme une belle histoire[1]. »

Il est évident que la lecture ne compte pas parmi les activités favorites de l'ancienne petite fille abandonnée qui aura toute sa vie une sainte horreur de la solitude – Charles Aznavour se trouvera, entre autres points communs avec son amie Piaf, celui de « lire utile ».

Puis, on ne peut pas tout faire ! Car l'essentiel pour une chanteuse n'est-il pas de travailler des chansons ? Et, en ce domaine, Édith n'a nullement l'intention de décourager son « Cyrano » (surnom qu'elle attribue à Asso qui, outre l'art de lui mettre les mots à la bouche, possède un de ces tarins qui se pose là !) Tout entière mobilisée à son art, elle se plie de fait à un travail sans relâche avec une discipline surprenante de sa part, écoutant, apprenant, répétant à l'infini les mêmes couplets.

– Recommence ! lui intime régulièrement Asso. Tu ne comprends rien à ce que tu racontes ! Si tu ne sais pas ce que tu chantes, comment veux-tu le faire comprendre aux autres ?

– Répète cette phrase, pour voir ! intervient l'ami Jacquot.

---

[1]. *Paris Match* n° 759, *op. cit.*

– « Les chiens ont eu peur des lions[1] », reprend Édith.
– Non, tu dis *lion*, Édith, ça ne va pas.
– Bah c'est quoi qu'il faut dire ?
– Tu dois prononcer *li-on* en deux syllabes, sans quoi il manque un pied !
– Pfff ! Ce qu'il peut me raser, ton lion[2] !

Entre Cyrano et sa Didou, les échanges ne sont pas toujours aussi véhéments. D'aucuns, prétendument intimes, affirmeront qu'il la dressait à coups de beignes. C'est une absurdité ! Il y a, avant tout, beaucoup d'amour et d'admiration réciproques dans cette relation, sans quoi elle aurait été vouée d'emblée à l'échec. Et surtout un dialogue qui sera naturellement traduit en chansons. Asso prend le temps d'écouter Piaf, elle lui raconte sa vie comme ça lui vient, son enfance, ses amours, des choses graves ou légères, des anecdotes, vraies ou imaginaires, qu'importe du moment que c'est son cœur qui parle. Il consigne ses confidences sur un calepin puis, tout en savourant sa pipe, transforme cette matière première en quelque chose de « populairement littéraire », selon l'expression future de Charles Aznavour[3], oscillant entre la romance et les

---

[1]. Extrait du « Fanion de la légion », 1937.
[2]. Jacques Bourgeat relate cette anecdote dans *Paris Match* n° 759, mais confond « Le Fanion de la légion » et « Mon légionnaire ».
[3]. *Le Roman d'une vie*, émission télévisée de Claude-Jean Philippe, Arte, 31 janvier 1993.

poncifs « réalistes », en ne perdant jamais de vue l'essentiel : « fabriquer » un personnage.

Ainsi, Piaf va chanter les errances des filles du pavé : « Elle fréquentait la rue Pigalle », la complainte des femmes de marin : « Les marins ça fait des voyages », les frasques des types du milieu : « Browning », les gros durs à la main leste : « C'est toi le plus fort », l'amour physique et les passions éphémères : « Paris-Méditerranée », « Un jeune homme chantait ».

« Elle transporte autour d'elle, comme un halo, une atmosphère de bars louches, de ports, de nuit dans laquelle évoluent des putes et leurs macs. Elle est par sa réussite qui s'annonce la rédemption de cette misère », écrira Louis-Jean Calvet, linguiste, écrivain et spécialiste de la chanson[1].

Et n'oublions pas : si le texte d'une chanson véhicule une histoire, des images, des sentiments, l'ambiance et l'émotion qu'elle procure doivent beaucoup à la musique. Des hommes vont alors composer pour Piaf. Les pianistes René Cloërec et Léo Poll (de son vrai nom Leib Polnareff, futur père de Michel), l'accordéoniste Robert Juel ou encore le Vaudois Jean Villard *alias* Gilles (du duo Gilles et Julien) sont de ceux qui habilleront pour commencer les mots de Raymond Asso.

---

[1]. *Télérama* hors-série, *Piaf, sacrée môme*, octobre 1993.

Il y aura surtout une femme, qui sera l'amie de toujours : Marguerite Monnot[1], tendrement surnommée « Guite » par Édith. Un personnage lunaire. Une rêveuse, emportée par sa musique, planant sur de hautes sphères. Piaf et Monnot : deux contraires qui s'attirent et vont s'aimer. Elles sont à ce point différentes l'une de l'autre qu'elles se complètent, au fond. Et se comprennent. D'un simple regard, doux chez Guite, piquant chez Piaf. À la base de leur amitié, un coup de foudre musical. « L'Étranger », cette chanson que la Môme du Gerny's reçut en plein cœur chez un éditeur au point de la subtiliser à son interprète, c'était déjà Guite. Puis, en découvrant la voix de la chanteuse, son génie, sa force, la compositrice sera pareillement envoûtée, avant que d'être inspirée.

« Les auteurs lui confiaient des mots, et elle, en les touchant de sa musique, en faisait des choses vivantes », témoignera Henri Contet, l'un des futurs auteurs et amants de Piaf.

---

[1]. Née le 28 mai 1903 à Decize (Nièvre), Marguerite Monnot est la fille d'un musicien, compositeur de musique religieuse, et d'une institutrice. Elle débute très tôt des études de piano classique. À huit ans, elle interprète en concert Liszt, Chopin et Mozart. Tout destinait Marguerite à une carrière de concertiste, qu'elle interrompra pourtant à l'âge de dix-huit ans, pour cause de santé et de trac grandissant. Elle découvre alors la chanson populaire *via* la TSF et se consacre à la composition. En 1931, elle cosigne sa première chanson : « Ah ! Les mots d'amour », créée par Jane Marny. Elle écrit ensuite pour Lucienne Boyer, Marie Dubas. Jusqu'à ce qu'elle rencontre Édith Piaf...

Car si les hommes passeront dans la vie de la chanteuse, Asso comme les autres, Guite restera. « Monnot c'est Piaf ! » résumera un jour l'éditeur Pierre Ribert.

Mais revenons. Nous n'en sommes encore qu'aux balbutiements de la grande Piaf. À la chrysalide qui devient papillon. À la Môme qui va bientôt laisser place à Édith.

– 6 –

L'ABC, ex-théâtre Plaza, situé au 11 du boulevard Poissonnière, Paris 2ᵉ, est depuis 1934 le « temple » des variétés, le passage obligé des grandes figures du music-hall. Son directeur, le Juif roumain Mitty Goldin (de son vrai nom Goldenberg), a rebaptisé ainsi ce très chic théâtre de mille deux cents places afin qu'il figure en tête, par ordre alphabétique, des programmes parisiens[1]. Sa réputation tient surtout au fait que la programmation y est d'une rare qualité.

Raymond Asso veut y imposer la « nouvelle » Piaf, mais se heurte au refus catégorique de Goldin, lequel objecte avec la fatuité usuelle à ces décideurs qui croient détenir les rênes du pouvoir et les règles élémentaires du bon goût que cette goualeuse de cabaret à la réputation sulfureuse n'a pas sa place dans son théâtre. Asso ronge son frein et ne désarme pas. Pendant trois mois, il va harceler sans relâche le patron de l'ABC.

En attendant, Édith ne chôme pas. Entre deux enregistrements qui réclament l'apprentissage et les

---

[1]. Cf. Philippe Chauveau et André Sallée, *Music-hall et Café-concert*, Bordas Spectacles, 1985.

répétitions de nouvelles chansons, elle honore plusieurs contrats à Paris et en Belgique.

Début mars, Marie Dubas passe en vedette à l'ABC. Le premier soir, Asso y emmène Piaf. « Tout de suite, je me rendis compte que j'avais sous les yeux une grande, une très grande vedette, se souviendra-t-elle. La diversité de son talent me stupéfia. Avec une aisance déconcertante, elle passait du comique au dramatique, du tragique au bouffon. D'entrée, elle s'emparait de son public et elle ne le lâchait plus, sans que jamais l'envie vînt au spectateur de ne pas la suivre[1]. »

Tous les soirs, avant d'aller elle-même chanter « chez O'Dett », Édith vient applaudir celle dont elle ne cessera jamais de citer le talent en exemple. Elle avouera avoir beaucoup appris en l'observant : la manière de se présenter au public, l'art de placer sa voix, de mettre en scène une chanson, le choix du geste sobre et juste. Autant de détails subtils que l'ancienne chanteuse des rues va capter, intégrer, puis reproduire en les adaptant à sa personnalité, dans le seul but de séduire continûment le public. « Une femme se veut belle pour l'homme qu'elle aime. Marie, pour son public, se voulait parfaite[2] », dira encore Piaf de son « modèle ».

En coulisses, Asso poursuit son offensive auprès de la direction. Maurice Detailles, l'imprésario de

---

[1]. *Au bal de la chance*, op. cit.
[2]. *Ibid.*

Marie Dubas, lui prête main forte. À deux, ils parviennent à force d'arguments à vaincre les dernières réticences de Mitty Goldin qui consent de guerre lasse à offrir la scène de son théâtre à la Môme Piaf, en lever de rideau du prochain programme.
– Cinq chansons, pas une de plus ! exige-t-il.

Ce n'est pas si mal – une vedette se produisant à l'ABC interprète une dizaine de chansons, tandis qu'un artiste pas encore confirmé (pour ne pas dire « débutant », car aucun artiste n'a vraiment débuté dans ce théâtre) n'en présente en principe que deux ou trois. Et, comme à l'impossible nul n'est tenu, ce vieux grigou de Goldin ne lui alloue qu'un très modeste cachet.

Pour autant – ou plutôt pour si peu ! –, Asso ne va pas faire la fine bouche. Dès lors qu'il vient d'obtenir cette chance inespérée d'imposer sa protégée sur une scène de music-hall, il ne doute pas une seconde de son succès. Le cœur débordant d'amour et de joie, il s'empresse d'aller annoncer la grande nouvelle à sa Didou.

– Je vais chanter à l'ABC ! Je vais chanter à l'ABC ! claironne-t-elle, tandis qu'elle sent déjà monter depuis le creux de son ventre jusqu'à la racine de ses cheveux un trac de tous les diables.

Pygmalion et sa Galatée fêteront l'événement dans le deux-pièces meublé du quinzième arrondissement où ils ont élu domicile, square Adolphe Chérioux, loin de l'agitation de Pigalle.

Le programme du 26 mars au 15 avril 1937 à l'ABC annonce, en première partie, « les accents douloureux et sensibles de la rue que nous apporte la Môme Piaff » – on notera le double « f », résultat d'une erreur de typographie reprise alors par la presse –, suivis d'un numéro plus aérien proposé par Peggy Taylor et ses partenaires – « Dansons quand même ! » suggère la brochure –, qui laisse place ensuite au blagueur Félix Paquet, « en habit neuf », précédant Gilles et Julien, « les duettistes "uniques" », de leurs vrais noms Jean Villard et Armand Maistre, précurseurs de la chanson d'auteur moderne et « engagée » – « La Belle France » a été l'hymne du Front Populaire. Après l'entracte, c'est le tour d'une certaine Mignonne dont il est stipulé noir sur blanc qu'« elle a encore quelque chose à [nous] montrer » ! Enfin, le statut de vedette est attribué au principal ténor de l'Opéra-Comique, « débutant au music-hall », Charles Friant. Beau palmarès, très éclectique, à l'image de l'ABC.

L'affiche de la Môme Piaf – sa première affiche de vedette – a été réalisée par Charles Kiffer, à la demande d'Asso. Une signature de prestige ! Cet artiste de trente-cinq ans, issu de l'école des Beaux-Arts et des Ateliers Cormon, dessinateur, peintre du mouvement, affichiste et décorateur de théâtre, contribuera à immortaliser les grandes figures de la scène, telles que Maurice Chevalier, Charles Trenet, Suzy Solidor, Yves Montand ou encore le Mime Marceau.

Kiffer rencontre Piaf dans un café montmartrois où elle lui a donné rendez-vous. C'est là qu'il fait ses premiers croquis d'elle. Il y en aura beaucoup d'autres qui illustreront des affiches, des pochettes de disque. « Elle avait un profil et un visage extraordinaires pour un peintre. De plus, sa silhouette était tellement typée que deux coups de crayon suffisaient à l'évoquer[1] », dira-t-il. Le plus souvent, il croquera des attitudes de scène.

Kiffer n'aime pas beaucoup rencontrer Piaf dans l'intimité, ainsi qu'il l'a confié à Bernard Marchois : « Chez Édith, c'était la bohème. Pire que chez moi, ce qui n'est pas peu dire. Mais chez elle, en plus, il y avait la vermine… Je l'ai surtout rencontrée en spectacle ou pour le travail, très peu chez elle car je supportais mal de la voir gâcher ainsi son énergie et son argent. Ça ne collait pas avec son immense talent. Son art elle l'avait en elle, comme un virus qui ne vous lâche plus. L'amour et la chanson, c'était pareil pour elle. La naissance d'un amour ou d'une chanson la métamorphosait[2] ! »

Un accordéon joue l'air des « Mômes de la cloche », histoire de rappeler au public les origines de celle qui va se présenter à lui. Le rideau s'écarte. Elle s'avance à pas lents, toute menue, dans une robe de velours noir surmontée d'une collerette blanche – « une tenue de Claudine 1900 », écrit

---

[1]. *Opinions publiques*, *op. cit.*
[2]. *Ibid.*

Maurice Verne dans *L'Intransigeant*[1] – et sont saisis ceux parmi les spectateurs qui s'attendaient à voir venir une parente proche d'Éponine et Azelma : elle aurait l'air presque chic en héroïne de Colette ! Puis, accompagnée au piano par René Cloërec, elle chante. Un texte empreint de poésie de son cher Cyrano, sur une musique langoureuse de Léo Poll. La ballade douce et triste d'un amour naissant, qui ne vivra que le temps d'une rencontre. Rien à voir avec les « pouêt-pouêteries » de bastringue. Piaf chante tout doux, de « cette voix d'une enfant qui chante pour elle-même, parce qu'elle sait une chanson triste et belle, la simple histoire d'un garçon qui s'en va sur la route et d'une fille qui pleure », comme l'écrit Gustave Fréjaville, le critique musical de *Comœdia*.

« Sur la route, la grand' route,
Un jeune homme va chantant.
Sur la route, la grand' route,
Une fille va rêvant,
Une fleur à son corsage
Et des yeux pleins de douceur,
Une fleur à son corsage
Et des rêves plein le cœur[2]...

---

[1]. 3 avril 1937.
[2]. « Un jeune homme chantait » (Raymond Asso/Léo Poll), éditions SEMI. © Polydor, 1937.

Tour à tour gouailleuse, dramatique, tendre et facétieuse, « sobre, nette, les gestes courts, et dans la voix des accents très chauds, très émouvants » – *dixit Le Figaro*[1] –, la Môme enchaîne avec trois autres chansons écrites par Asso, la première mise en musique par son pianiste René Cloërec, les deux autres par Jean Villard, du duo Gilles et Julien : « C'est toi le plus fort », « Browning », « Le Contrebandier », puis elle crée le savoureux « Corrèqu' et reguyer » (soit « correct et régulier »), de Marc Hély et Paul Maye. Certains soirs, elle propose « Mon amant de la Coloniale », glorieusement reçue par le public.

« Sa voix monte, métallisée dirait-on de ferblanc, dans une cour d'immeuble imaginaire où travaille la chanteuse des rues », apprécie Maurice Verne[2]. Et d'émettre un vœu qu'elle entendra : « Il lui faut des chansons bien à elle, un réalisme du jour qui rode du côté de la Villette, grésille de la suite des cheminées d'usine et bourdonne de refrains chipés à la TSF du bistrot. »

« La môme Piaf, frêle fleur des rues, ne s'étiole plus sur les scènes parisiennes, note *Paris Soir*[3]. Elle a gagné en force et en science, si l'on peut dire, et elle a obtenu un très grand succès. Nous allons avoir une vedette nouvelle qui ne méritera sa vogue que par un talent certain. »

---

[1]. 1er avril 1937.
[2]. *L'Intransigeant, op. cit.*
[3]. 3 avril 1937.

Mitty Goldin est le premier surpris de ce succès. Passé les cinq chansons prévues au programme, la salle entière en redemande. En coulisses, sous le choc de la déferlante, Raymond Asso pleure de bonheur. Édith quitte la scène, hagarde. Goldin la renvoie vers le public qui réclame à cor et à cris « Mon légionnaire ».

À compter de ce soir-là, ce premier soir à l'ABC, la carrière de Piaf est relancée. Pour toujours. Lui reste à gravir quelques échelons avant d'atteindre le statut de « grande vedette ». « Je grimperai si haut qu'on en aura le vertige[1] », lance-t-elle en privé, autant par bravade que par conviction.

En attendant, son agenda printanier la réexpédie de cabarets (O'Dett, le Sirocco) en cinémas de quartier, puis prévoit quelques dates dans les villes thermales d'Aix-les-Bains et de Spa (Belgique), avant un dernier contrat d'une semaine au Miami (cabaret-dancing de l'hôtel Carlton) de Lille. La revoilà parisienne à partir du 11 juin, s'appliquant à la préparation de nouveaux enregistrements et d'une tournée estivale des casinos, nommée « tournée ABC de Paris » – entre-temps, Mitty Goldin est devenu son agent –, dont le ténorino d'opérette aux cheveux gominés Reda Caire, prédécesseur de Tino Rossi en version efféminée, est la vedette. La Môme Piaf partage également l'affiche avec son ami Roméo Carlès, auteur de « La Petite

---

[1]. Cf. Simone Berteaut, *Piaf*, op. cit.

Boutique », et la chanteuse humoristique Marie Bizet (partenaire de Fernandel dans *Ignace*), qui gardera un souvenir éruptif de leur rencontre : « Nous avons failli nous crêper le chignon puis nous nous sommes réconciliées, la larme à l'œil, quelques mois plus tard au cours d'une réception au pavillon d'Ermenonville. Je l'admirais personnellement beaucoup... elle pas du tout ! Elle me reprochait d'imiter Marie Dubas qu'elle estimait énormément[1]. »

Ça barde aussi avec le pianiste-accompagnateur René Cloërec qui, agacé par les sautes d'humeur intempestives et le caractère despotique de Piaf, lui fausse compagnie début août, à l'issue d'un gala au Casino du Mont-Blanc à Chamonix. En attendant d'être remplacé à la rentrée par Pierre Dreyfus – qui, prochainement inquiété par les persécutions anti-juives légalisées par le régime nazi, deviendra Pierre Dorsay –, c'est Serge Bessière, compositeur et pianiste de Reda Caire, qui assure l'intérim pendant le reste de la tournée.

De la mi-septembre jusqu'à la fin octobre, la Môme Piaf chante de nouveau dans les cinémas, à Paris (le Lyon-Pathé et le cinéma-théâtre de Belleville), en Belgique au Forum de Liège, puis au Havre (le Grillon et le Carillon) où elle bénéficie selon la presse locale de « l'accueil, favorable à l'extrême, d'un public nombreux. »

---

[1]. *Opinions publiques, op. cit.*

Les deux derniers mois de 1937 sont dûment remplis. Reçue non plus en débutante mais en vedette par Jacques Canetti et son partenaire producteur Saint-Granier (Jean Granier de Cassagnac, pour l'état civil), elle préside « Le Crochet radiophonique », organisé en public le 2 novembre et diffusé simultanément sur les ondes de Radio Cité. La semaine d'après, elle participe au gala de l'armistice « chez Ray Ventura », au 79, avenue des Champs-Élysées – le local sera cédé en 1938 et deviendra le Mimi Pinson –, avant d'honorer son dernier contrat « chez O'Dett », doublé par un deuxième passage à l'ABC, où elle passe en vedette américaine de Mireille, un genre différent de petit bout de femme dont Sacha Guitry dit qu'« elle a la chance de ne pas être desservie par une grande voix ». La voix de Mireille n'est pas puissante, de fait, elle est pointue, acide, mutine, et distille des chansons d'une grande modernité, divinement bien écrites tant au niveau du texte que de la musique. Et son style, inspiré du jazz américain, a ouvert une voie royale au grand Charles Trenet dont la route va bientôt croiser celle de Piaf.

« LA MÔME PIAF EST MORTE. VIVE ÉDITH PIAF ! » titre Marc Blanquet, secrétaire général de l'ABC, dans *Le Journal*[1]. La décision a été prise dans le petit bureau au légendaire piano bleu de la maison d'édition musicale Raoul Breton, 3, rue

---

[1]. 26 novembre 1937.

Rossini, Paris 9ᵉ, à l'initiative de Rachel, l'épouse de l'éditeur.

– Sur l'affiche d'un music-hall, la Môme Piaf ça ne va pas ! Ça sonne trop cabaret, la Môme Piaf, vous ne pouvez plus vous appeler ainsi, lui a dit celle que Jean Cocteau, aussitôt suivi par tout le métier, a surnommée « la Marquise ».

Édith l'a regardée, étonnée. Raymond Asso a acquiescé sans rien dire, attendant la suite.

– Vous avez un joli prénom, Édith. Que diriez-vous d'Édith Piaf ?

– Édith Piaf, a répété Asso, conquis. Superbe.

Et la Marquise de sabler le champagne en l'honneur de la nouvelle « baptisée ». Cependant, la métamorphose ne tient pas en un seul changement de nom, ainsi que l'exprime la critique du *Journal* : « La Môme était charmante qui de ses grands yeux tristes, des plis amers de sa bouche – de notre snobisme aussi – savait tirer, comiques ou tragiques, des effets que chacun s'accordait à juger admirables. Mais Édith Piaf et le triomphal accueil que le grand public fait maintenant à chacune de ses chansons, c'est évidemment autre chose. C'est une artiste, une grande artiste[1]. »

Des chansons, elle en étrenne sur la scène de l'ABC, puis au cinéma Paris-Orléans, après les avoir gravées dans la cire les 12 et 16 novembre, accompagnée par son nouveau pianiste Pierre Dreyfus et l'orchestre de Jacques Météhen. Elles émanent

---

[1]. *Ibid.*

toutes de la plume inspirée de son Cyrano, lequel pousse la complicité jusqu'à lui donner la réplique sur deux d'entre elles, construites sur le thème récurrent des filles à matelots : « Partance » et « Le Mauvais Matelot » – respectivement composées par Léo Poll et Pierre Dreyfus. Ce dernier est également le compositeur de « Ding Din Don », ou la complainte funeste d'un pauvre garçon déçu par l'amour au point de se tirer une balle. Vous avez dit « sinistre » ? On appréciera toutefois la pointe d'humour noir finale :

« Si cette histoire vous fait rire,
C'est que vous n'avez rien compris.
Il cherchait le bonheur, le pire
C'est qu'il trouva la mort, tant pis[1]... »

Deux titres sont signés pour la musique par l'accordéoniste et ex-accompagnateur Robert Juel : « Le Chacal », l'histoire d'un « pilier » de bistrot qui se fait flinguer sous les yeux de celle qui l'aime en secret – Asso a co-écrit le texte avec Charles Seider, qui a parrainé à la SACEM sa demande d'adhésion en tant qu'auteur –, et « Tout fout le camp ! » qui, en cette période troublée d'avant-guerre, sonne grave et terriblement juste.

« Nous nageons tous dans la bêtise
Et l'on invente des drapeaux

---

[1]. Éditions de Paris. © Polydor, 1937.

On met des couleurs aux chemises
Sous la chemise y a la peau[1]... »

Quant à Marguerite Monnot, elle compose le lyrique « J'entends la sirène », nouvelle tragédie d'une pauvre fille abandonnée sur un port.

« J'entends toujours la sirène
Du bateau qui l'emporta
Sa voix hurlait, inhumaine,
"Tu ne le reverras pas[2] !"... »

Forte de son nouveau répertoire, Piaf ne quitte quasiment plus la scène jusqu'au mois de mars 1938. Après la tournée provinciale de l'ABC, entre deux enregistrements à Radio Cité, elle enchaîne trois contrats parisiens : au cinéma le Paramount (2, boulevard des Capucines), à l'Artistic (45 *bis*, rue Richard Lenoir) et au casino Montparnasse (36-37, rue de la Gaîté). S'ensuivent de nouveaux galas en province : au casino de Cannes, puis au Palais d'Hiver de Lyon et au théâtre de Villeurbanne.

De retour à Paris, elle assiste au triomphe de Charles Trenet à l'ABC. Programmé en première partie du spectacle de Lys Gauty à partir du 25 mars, portant son chapeau mou comme une auréole, le poète narbonnais aux cheveux blonds,

---

[1]. « Tout fout le camp ! » (Raymond Asso/Robert Juel), éditions de Paris. © Polydor, 1937.
[2]. Éditions Decrak. © Polydor, 1937.

yeux bleus écarquillés et sourire éclatant suscite l'engouement du public avec quatre gros succès : « Je chante », « Fleur bleue », « Le Grand Café » et « Boum ! » Ce nouveau style jovial et surréaliste, mâtiné de swing américain, initié par le duo Pills et Tabet *via* les chansons de Mireille et Jean Nohain, va faire l'effet d'un cyclone sur la chanson française, dévastant à peu près tout ce qui a été créé jusqu'alors. Mitty Goldin, qui mesure l'ampleur de la déferlante, réengage aussitôt le surnommé « fou chantant » en vedette du prochain programme de son théâtre, du 15 avril au 4 mai. Du jamais vu ! L'atout majeur de Trenet : par sa verve, sa fantaisie, son extravagance, il rallie la jeunesse du pays, celle qui chante, qui danse et fait la gloire des artistes de music-hall. Jean Cocteau dira de lui : « Trenet, le chapeau en auréole, plane au-dessus des nuages. Il vole et l'on ne sait pas exactement si c'est lui qui porte des ailes ou si ce sont les ailes qui le portent. »

Pas de jalousie, cependant, de la part de Piaf dont l'heure de gloire va bientôt carillonner : elle admire Trenet, à ce point qu'elle accepte à la demande de Goldin de faire la première partie de son spectacle, en concurrence avec Marianne Oswald, une chanteuse réaliste d'une autre veine, plus intellectuelle que populaire.

La presse dans son ensemble disserte à l'envi sur le « phénomène » Trenet, jusqu'à en oublier parfois de saluer la prestation de Piaf. Le poète et célèbre chroniqueur de la société parisienne de l'époque Léon-Paul Fargue, lui, ne l'oublie pas. « Tout son art consiste à placer le développement dans la main de l'émotion et à devenir elle-même, peu à peu, la plus forte et la plus sûre émotion de la mélodie », écrit-il dans la NRF (Nouvelle Revue Française).

Cette même émotion ressentie par Gustave Fréjaville et ainsi traduite dans *Comœdia* : « Le pli léger de la lèvre où s'est logé, dans la jeunesse du sourire, un précoce désenchantement, la vibration douloureuse d'un organisme délicat, il n'en faut pas plus pour créer le frisson tragique, pour alerter la sympathie humaine qui sommeille au fond des cœurs. »

À l'ABC, Piaf crée deux chansons écrites par Asso et mises en musique, l'une par Mitty Goldin, l'autre par son nouveau pianiste Max d'Yresne : « Les marins ça fait des voyages » et « Madeleine qu'avait du cœur ».

Un jour de relâche, elle enregistre au domicile de Marie Dubas (2, square La Fontaine) l'amusante « Java en mineur » (composée par Léo Poll, sur des paroles de Marcel Delmas et Raymond Asso) ; elle prend un malin plaisir à imiter sa célèbre et vénérée hôtesse, empruntant son pianiste Ralph Carcel avec qui elle improvise quelques apartés. On imagine sa joie d'être reçue chez Marie Dubas pour une séance de travail récréative, une joie aussi grande sans doute que le trac de devoir chanter devant celle à qui elle voue un véritable culte, doublé d'un indéfectible respect ne tolérant point le tutoiement, pourtant couramment pratiqué dans le métier.

– Tu ne me tutoies pas, Édith ? lui demande un jour la créatrice de « Mon légionnaire », presque choquée.

– Non, Marie, répond Piaf. Je vous admire trop. J'aurais l'impression de gâcher quelque chose...

Du 6 mai au 3 juillet, alors que Paris vit au rythme de l'Exposition Universelle « Arts et Techniques dans la vie moderne », Léon Michel accueille Piaf dans son cabaret pigallien La Lune Rousse pour une participation à la revue « Guignol 38 ». Elle y interprète deux sketches écrits par Asso. Dans l'intervalle, on la retrouve également sur la scène de l'Européen, au programme de la poétesse Rosemonde Gérard. Le 14 juillet, elle triomphe au théâtre de Verdure de Tulle, lors des fêtes estivales de la cité corrézienne, où le public massé devant la scène refuse de la laisser partir. Elle crée ce soir-là le somptueux « Grand Voyage du pauvre nègre » de Raymond Asso et René Cloërec.

« Soleil de feu sur la mer Rouge
Pas une vague, rien ne bouge
Dessus la mer, un vieux cargo
Qui s'en va jusqu'à Bornéo
Et, dans la soute, pleure un nègre,
Un pauvre nègre, un nègre maigre,
Un nègre maigre dont les os
Semblent vouloir trouer la peau[1]... »

---

[1]. Éditions Beuscher. © Polydor, 1938.

Le reste de l'été 1938, Édith Piaf l'occupe partagée entre des journées de détente au château Lafond de Chenevelles, dans la Vienne, propriété de son pianiste Max d'Yresne qui lui enseigne des notions de solfège, quelques galas en Suisse, au casino de Deauville, en Belgique, et une émission de radio au Grand Palais pour le Poste parisien.

Quand elle ne chante pas, elle cafarde. De sa retraite de Chenevelles où elle s'ennuie ferme, elle écrit de longues lettres à son Pygmalion. Elle lui dit ses inquiétudes à propos de la guerre qui menace, les prières qu'elle adresse au « petit Jésus », sa crainte de devoir interrompre sa carrière et ne pouvoir compter sur personne, ni parents, ni amis. À mots voilés, elle lui signifie l'ampleur de sa solitude, cette solitude qu'elle exècre au-delà de tout et dont elle se sent prisonnière par sa faute, lui qui s'est acharné à la mobiliser tout entière à ses exigences, faisant le vide autour d'elle, la soumettant à une discipline implacable, l'enchaînant à un amour exclusif, possessif, jusqu'à en devenir oppressant. Elle rumine ces pensées, mais se garde de faire un procès à son correspondant. Elle sait qu'elle a encore besoin de lui. Alors, plutôt que de l'accabler de reproches, elle se fustige elle-même. « Je suis bête, je te l'ai toujours dit, c'est toi qui as voulu me convaincre que j'étais intelligente », écrit-elle. Puis : « La terre n'est remplie que de saletés comme moi. C'est pour cela qu'il y a des guerres. »

À son retour à Paris, l'accueille Suzanne Flon, une jeune vendeuse-interprète aux magasins du Printemps qui ambitionne une carrière au théâtre et que Raymond Asso vient d'embaucher en qualité de secrétaire. Oh, le terme de secrétaire n'est pas tout à fait approprié à l'emploi occupé ! En réalité, il ne sert qu'à justifier un salaire alloué pour veiller sur la chanteuse et apporter jeunesse et joie de vivre à l'ambiance besogneuse de ses journées.

Suzanne Flon gardera le souvenir exquis d'une complicité joyeuse avec Édith Piaf pour qui elle avouera avoir eu un vrai coup de foudre. La réciproque est vraie. « Comme nous étions aussi jeunes l'une que l'autre, on pensait plutôt à rire qu'à taper des chansons », plaisantera Édith lors d'une émission de télévision[1] où les deux jeunes femmes, l'une devenue star de la chanson, l'autre une brillante comédienne de théâtre et de cinéma, prendront un plaisir éloquent à se retrouver.

De cette période d'apprentissage de Piaf, sous la férule d'Asso, Suzanne Flon rapportera longtemps après un témoignage précieux, confirmant s'il en était besoin l'assiduité au travail de la chanteuse et une règle de conduite exemplaire : « Le matin j'arrivais à dix heures. Elle faisait sa toilette, puis sa culture physique. Comme elle chantait l'après-midi

---

[1]. *La Joie de vivre*, 3 avril 1954. Archives INA.

et le soir, elle avait une discipline de vie, une vie très sage[1] », racontera la comédienne.

Pas d'alcool, donc, ni d'excès d'aucune sorte. Pas de mauvaise fréquentation non plus. Suzanne Flon entendra parler de Simone Berteaut, mais elle ne la rencontrera pas. Elle attestera aussi de la fidélité d'Édith sur le plan amoureux, à ce moment-là. Sauf les parties de franche rigolade qu'elles se payent toutes deux, Suzanne se souviendra d'une Piaf studieuse, répétant inlassablement ses chansons chez elle ou chez Marguerite Monnot, au 206, boulevard Raspail, à l'angle de la rue Huyghens, dans le quatorzième arrondissement.

La future actrice remplit alors sa fonction de secrétaire en tapant (avec deux doigts) des départs de chansons – « Un coin tout bleu », par exemple, que Piaf enregistrera en 1942 date de ce temps-là – et le début d'un roman, vite abandonné. Elle lui enseigne également quelques rudiments d'anglais. Mais Suzanne Flon occupe l'essentiel de son temps à suivre Édith Piaf de gala en gala.

« C'était du délire, affirmera-t-elle. Elle était adorée des gens. L'admiration et l'amour. L'amour, vraiment. Les gens étaient émus par elle, par sa présence, par ce qu'elle chantait, par ce qu'elle avait été, par tous les malheurs qu'on connaissait d'elle, ça la rapprochait du public[2]. »

---

[1]. *Le Roman d'une vie*, émission de Claude-Jean Philippe, Arte, 31 janvier 1993.
[2]. *Ibid.*

À cause de rapports litigieux avec Mitty Goldin, Raymond Asso engage Daniel Marouani comme nouvel agent artistique d'Édith Piaf. Celui-ci lui établit le planning de sa rentrée parisienne.

Pour la première fois, Piaf se produit en vedette au music-hall, d'abord à l'Européen du 21 au 27 octobre, puis la semaine suivante à Bobino. Elle y est accompagnée respectivement par les orchestres d'Henri Poussigue et Maurice Boulais, avec Louis Maitrier au piano, en remplacement de Max d'Yresne, dont le départ a été brutalement suscité par le manque de diplomatie de la chanteuse qui, trouvant l'une de ses musiques pas du tout à son goût, au point d'en gâter le beau texte de son Cyrano sur le thème hugoesque d'un poulbot nommé Pierrot, le lui aurait lancé tout net au visage. Ce « Pierrot » demeurera donc inédit et ne figurera point parmi les douze titres de son récital cent pour cent Asso. Au rayon nouveautés, deux chansons ont été gravées dans la cire en début de mois : « Le Grand Voyage du pauvre nègre », créée pendant l'été à Tulle, et « C'est lui que mon cœur a choisi », dernière composition de Max d'Yresne avant cessation d'activité au service de la star. Une fable humoristique intitulée « Le Lapin et les Chameaux », mise en musique par Robert Juel, restera inédite.

« Ça ne marchait pas très fort, rapportera Suzanne Flon. Alors elle me disait : allez dans la salle et marrez-vous[1] ! »

Blagueuse et fêtarde dans la vie, Piaf comprend alors que seul son talent de tragédienne a l'heur de séduire le public. Elle en prend ombrage, mais aussi bonne note. Elle ne sera jamais Marie Dubas, elle sera Piaf. « Avec son allure de môme battue et de gosse qui a trop réfléchi », ainsi que l'écrira Louis-Léon Martin dans *Paris Midi* après son deuxième passage en vedette à l'Européen en avril 1939. Et c'est précisément cela qui séduit le critique musical, ce naturel qui ne peut se gommer, la simplicité, la sensibilité, un talent inné à peine altéré par une technique rigoureusement apprise. « Nulle adresse en elle, dit-il, des dons et, les développant, une intelligence alertée, un instinct dans la direction qu'il faut. » La maladresse de Piaf ? « Cela n'a aucune importance parce qu'elle est une artiste et que l'art n'a rien à voir avec l'habileté. »

Piaf termine 1938 en chantant au Coliséum pour l'émission radiophonique *La Chanson de Paris*, au Gaumont-Palace, au Casino Montparnasse, au Concert Mayol, puis au cinéma Cluny-Palace du boulevard Saint-Germain où elle célèbre l'année nouvelle que chacun espère clémente, en dépit de la menace qui gronde. Pas trop le temps pour elle de se soucier des conflits mondiaux, elle s'en va répandre son chant d'amour dans le sud de la France

---

[1]. *Ibid.*

du 7 janvier au 22 mars. Aix-en Provence, Avignon, Nîmes, Béziers, Hyères, Nice, Cannes, Perpignan et Bordeaux lui font fête. En avril, elle retrouve le public parisien de l'Européen. Puis, en alternance avec quelques périodes de repos et de répétitions, elle participe au gala des vedettes organisé par Radio Cité à la salle Wagram, se produit pendant la première semaine de mai au cinéma Le Palace à Liège, regagne Paris où elle réinvestit la scène de Bobino, avant de triompher au casino de Deauville.

Fin mai, elle enrichit son répertoire de quatre chansons nouvelles écrites par Asso, deux composées par Marguerite Monnot (« Le Petit Monsieur triste » et « Je n'en connais pas la fin » – qu'elle interprète en scène, son index battant la mesure tout près de son oreille), les deux autres par son nouveau pianiste Louis Maitrier (« Elle fréquentait la rue Pigalle ») et Charles Borel-Clerc (« Les Deux Copains »).

En juin, la voilà repartie pour Marseille où elle occupe la scène de l'Odéon pendant une semaine. Le gala des Gosses de Paris, organisé au Gaumont-Palace le premier dimanche d'été, précède un contrat au casino de Deauville où Léo Poll l'accompagne au piano. Elle y reviendra fin août, après une série de galas en Belgique.

Le 1er septembre 1939, les troupes de l'armée allemande envahissent la Pologne, bientôt rejointes par l'Armée rouge. Liés depuis février 1921 au gouvernement polonais par un traité d'assistance, la

France et l'Angleterre adressent un ultimatum à Berlin. Devant le refus d'Hitler d'obtempérer, les deux alliés déclarent la guerre à l'Allemagne nazie le 3 septembre – l'Angleterre à onze heures, la France à dix-sept heures. Piaf apprend la nouvelle alors qu'elle s'apprête à donner son dernier gala à Deauville. Asso reçoit un ordre de mobilisation et rejoint un régiment de territoriaux à Digne. La « drôle de guerre » commence, qui n'a de drôle que le nom qu'on lui prête. Une page se tourne dans l'histoire du monde. Un nouveau chapitre va s'écrire, peuplé de crimes barbares, entaché de sang et de larmes, qui trouvera son épilogue sur des champs de ruines et l'émergence de deux superpuissances : les USA et l'URSS.

Édith Piaf rentre seule à Paris où elle retrouve sa chambre de l'hôtel Alsina, sur la Butte Montmartre. Le départ au front de son Cyrano signe la fin d'une époque de sa carrière, de sa vie, anticipant une rupture déjà envisagée et lui en épargnant l'initiative. Les longs discours d'adieux, ce n'est pas le genre de l'ancienne chanteuse de rues, abandonnée plus souvent qu'à son tour. Elle est alors une grande vedette. Le public et les critiques ne cessent de le lui confirmer. Asso lui a appris ce qu'elle devait savoir de ce métier, mais leur collaboration commençait à s'essouffler. Piaf se sent désormais capable de voler de ses propres ailes. Elle ne laissera plus jamais personne décider à sa place.

La revoilà libre, enfin.

– 7 –

Du 30 septembre au 15 décembre 1939, Édith Piaf se produit au Night-Club, un cabaret sélect situé au 6 de la rue Arsène-Houssaye[1], près des Champs-Élysées. Elle y interprète les chansons de Raymond Asso, « simples mais pénétrantes, parce qu'elles ont un réalisme de vie tourmentée, de solitude, de destin vagabond et sans protection », selon l'appréciation du critique espagnol Salvador Reyes, envoûté par la voix « pleine d'une gravité qui se fait profonde » de la chanteuse, sous le charme de « ses grands yeux clairs où brûle un feu endolori et passionnel[2]. »

De l'autre côté de la rue, au numéro 4, un autre cabaret nommé l'Amiral (ancien Chapeau Rouge) joue la concurrence en programmant à partir du 20 octobre Germaine Sablon, sœur de Jean Sablon (le chanteur ayant imposé le micro sur scène), emprunteuse de « Mon légionnaire » en juin 1937 et future créatrice du « Chant des partisans ». En ouverture de spectacle, un ancien garçon de bonne famille, passé de l'emploi de clerc de notaire à celui

---

[1]. À cette adresse se trouve aujourd'hui le restaurant gastronomique Citrus Étoile.
[2]. *La Hora*, 5 novembre 1939.

de *boy* dans les revues du Trianon, fait ses débuts de chanteur fantaisiste. Son nom – qui brillera plus tard sur les frontons des cinémas : Paul Meurisse. À cette période, il partage avec Édith Piaf le même imprésario, Pierre Bourgeois[1], futur directeur général de Pathé-Marconi.

Un soir, venu écouter Piaf au Night-Club, le futur *diabolique* de Clouzot se dit très impressionné par le silence d'église qui règne dans la salle pendant sa prestation : « Pas un mot, pas un bruit de bouteilles, pas de maître d'hôtel allant de table en table pour remplir les verres. Piaf chantait. Avec toute la puissance vocale de ses vingt-quatre ans[2]. »

Son tour de chant achevé, il la retrouve au bar La Caravelle, en tête à tête avec un cognac. Édith se souviendra de la rencontre en ces termes : « Un grand garçon mince très brun aux yeux luisants comme des souliers vernis, surgit brusquement devant moi et sourit, d'un sourire blanc comme de la gouache[3]. »

– Quand on a votre talent, on n'a pas le droit de boire de l'alcool ! lui lance-t-il sur le ton pince-sans-rire qui lui est coutumier.

---

[1]. Pierre Bourgeois sera l'imprésario de Piaf, en remplacement de Daniel Marouani, de septembre 1939 à juin 1940.

[2]. Paul Meurisse, *Les Éperons de la liberté*, Robert Laffont, 1979.

[3]. *Notre Cœur*, 28 octobre 1940.

– Ah ? Et vous, qu'est-ce que vous êtes en train de faire ? réplique-t-elle du tac au tac tandis que le barman dépose devant lui un verre d'armagnac.

La glace ainsi rompue, il la complimente en des termes un tantinet ampoulés qu'elle entend comme : « C'est gentillet tout plein ce que vous fabriquez là. »

Il n'empêche qu'elle le trouve plutôt séduisant, le bougre, et accepte de le suivre sans hésiter quand il la convie à finir la soirée au champagne dans sa garçonnière du 29, rue de Douai, près de la place Blanche. Le lendemain, elle se croit amoureuse. Elle a diablement besoin de ça, en ces temps agités. Raymond Asso parti à la guerre et Suzanne Flon ayant réussi le concours d'accès à une école de théâtre, elle commence à se sentir seule dans sa chambre d'hôtel de l'avenue Junot.

Cependant, la rupture avec Raymond Asso n'est pas consommée. Et lors de sa première permission, ce dernier revient frapper à la porte d'Édith.

– Qui est là ?

– C'est Raymond.

Panique à bord ! En un éclair, Meurisse se drape dans sa robe de chambre de soie et Piaf l'expédie dans une chambre communicante. Mais Asso n'est pas dupe. Il la connaît par cœur sa Didou, elle n'est pas très douée pour le mensonge. Pour dissimuler son malaise, la voilà qui se met à asticoter âprement le visiteur importun qui, après l'avoir quittée et laissée seule, livrée à son triste sort, a l'outrecuidance de revenir sans avoir pris la peine d'écrire un mot pour signaler le jour et l'heure de son arrivée. Et, tandis qu'elle vide son sac avec une mauvaise foi truculente, l'œil du permissionnaire est attiré par un cendrier garni de mégots. Inutile de lui faire un dessin. Asso repart comme il est venu, sans causer d'esclandre, malheureux comme les pierres. Le soir même, il ne peut résister au plaisir d'aller applaudir son ancienne protégée au Night-Club. Plus tard, au bar La Caravelle, il remarque son air énamouré quand elle observe le chanteur fantaisiste de l'Amiral. Asso note également que ce dernier fume des Lucky. Tout comme le mystérieux convive de l'hôtel Alsina.

« La vie d'Édith, en dehors de son métier, n'était pas un modèle d'ordre, écrira Simone Berteaut, rappelée par Édith aussitôt après le départ d'Asso. Tout se mélangeait : ses amitiés, ses passions, ses passades et surtout ses amours. Elle n'en avait pas fini avec un qu'elle en commençait déjà un autre. Tant que le nouveau n'était pas prêt à s'installer chez elle, elle ne disait rien, elle gardait l'ancien. Il lui fallait un homme à la maison. » La théorie de Piaf, selon Momone : « Une femme qui se laisse plaquer, c'est une pauvre cloche. Les hommes, ça ne manque pas, il y en a plein les rues. Seulement, c'est pas après qu'il faut se trouver un remplaçant, c'est avant. Après, c'est toi qui es cocue ; avant, c'est lui. Ça fait une sacrée différence ! »

La légende fera d'Édith Piaf une « mangeuse d'hommes », ce que Raymond Asso a réfuté : « Elle a cherché l'amour mais sans le trouver, ce qui

explique les écarts dont certains ont profité[1]. »
Henri Contet, futur auteur et amant de Piaf, confirmera : « Elle a passé sa vie à rêver d'un grand amour. Le miracle, c'est qu'il lui suffisait de changer de rêve pour changer d'amour. »

Cependant, l'ancien spahi accepte douloureusement la trahison de celle qu'il considèrera jusqu'à la fin de sa vie[2] comme « sa création ». Pendant des années, il exprimera dans des témoignages à la presse son amour déçu mais infiniment présent, son chagrin inconsolable, amplifié d'une blessure évidente d'amour-propre ainsi que de regrets. Jamais, toutefois, il ne l'accablera de reproches, préférant les réserver à celles ou ceux qui ont vécu à ses crochets et profité de ses faiblesses. Par exemple, un an après la mort de la chanteuse, il aura ces mots d'une violence rare : « Avec moi, au moins, elle aurait eu une fin tranquille et plus douce que celle qui, selon toutes les apparences, a été la sienne. Car on l'a tuée, ma Didou ! De cela j'en suis certain maintenant ! Il y a tant de façons de tuer les gens et elle était si facile à entraîner[3]. »

À ceux-là auxquels Raymond Asso fait allusion, on associe fatalement Simone Berteaut qu'il n'a jamais portée dans son cœur. Momone avait quitté une chanteuse débutante vivant cahin-caha, elle retrouve fin 1939 une star évoluant dans une

---

[1]. *France Soir*, octobre 1963.
[2]. Raymond Asso mourra en 1968, soit cinq ans après Édith Piaf.
[3]. *Bonnes Soirées, op. cit.*

chambre d'hôtel luxueux, équipée d'une véritable salle de bains. Elle en est tout éblouie, forcément, et on comprend qu'elle ne souhaite guère être renvoyée à son statut d'ouvrière courbant l'échine pour quatre francs six sous. Pour Asso qui se vante d'avoir donné à sa Didou, à force de soins assidus, un bel équilibre et une santé solide, effaçant toutes les traces de sa vie passée, on imagine que le retour de la copine de beuveries constitue un revers aussi cuisant que l'arrivée de Paul Meurisse.

Et ce n'est pas tout : à la peine conjointe de l'amant trahi et du Pygmalion évincé va se greffer le crève-cœur de l'auteur de ne plus être chanté par son interprète exclusive – ce qui n'est pas tout à fait vrai, du reste, car Piaf gardera ses chansons à son répertoire pendant quelques années encore.

Par la suite, leur relation devient amicale, même s'ils ne se voient plus que de loin en loin. Asso reparti au front, ils échangent quelques lettres. Ainsi, le 17 décembre 1939, trois jours après sa première à l'Étoile-Palace (anciennes Folies-Wagram et futur théâtre de l'Étoile), Piaf lui fait partager son succès : « Ça marche très fort. "Je n'en connais pas la fin" dépasse tout ce que tu as fait jusque-là. Ce sera mon gros boum ! »

Des années plus tard, à la journaliste Paule Corday-Marguy qui lui demandera quel est l'homme qui, ayant joué un rôle dans son existence, lui a laissé l'impression la plus forte, Piaf citera le nom d'Asso. « C'est lui qui m'a tout appris et le plus donné, argumentera-t-elle[1]. Certes, à l'époque, j'étais prête à me laisser modeler comme une cire, mais tout ce qu'il m'a suggéré, enseigné, comment l'aurais-je deviné ? De qui l'aurais-je accepté, retenu ? Cette force, cette unité vibrante qui est devenue ma deuxième force naturelle, c'est l'héritage des autres... de ceux qui savaient avant nous. »

Sa plus belle déclaration d'amour, Raymond Asso ne tarde pas à la lui faire en chanson. Ce sera son chef-d'œuvre à lui, magnifié par sa voix à elle :

« Sur les mots que tu disais :
Amour, serment, toujours, jamais,
On danse...
Et sur ton sourire vainqueur,
Sur ton regard un peu moqueur,
Et sur la peine de mon cœur,
On danse[2]... »

Entre-temps, en alternance avec le Night-Club, Édith Piaf a triomphé à l'Européen. Une seule nouvelle chanson à ce récital, qui demeurera inédite sur disque : « Sans faire de phrase », composée par Alberto de Pierlas sur un texte du journaliste René Rouzaud, déjà parolier pour Damia et Lys Gauty, et qui écrira plusieurs succès pour Piaf à partir des années cinquante.

---

[1]. *Mon film*, 1958.
[2]. « On danse sur ma chanson » (Raymond Asso/Léo Poll), éditions Coquelicot. © Polydor, 1940.

Lors d'un gala de charité donné le 29 octobre à la salle des Tennis, avenue de Versailles, la chanteuse unit son nom à ceux de Charles Trenet et Noël-Noël pour apporter soutien aux premiers prisonniers français de la guerre, capturés pendant l'offensive en Sarre, avant le repli des troupes derrière la ligne Maginot en réaction à l'effondrement de la Pologne.

À l'Étoile-Palace, en décembre, Piaf reprend « Embrasse-moi », créée en avril 1935 par Marianne Oswald. Il s'agit d'un très beau texte de Jacques Prévert, mis en musique par Wal-Berg, qui dépeint l'éternel hiver vécu par les enfants pauvres dans les quartiers de la Ville lumière où poussent les usines et où seul l'amour leur donne un sentiment d'éternité.

« Ici, on crève de tout
De chaud, de froid
On gèle, on étouffe
On n'a pas d'air...
Si tu cessais de m'embrasser
Il me semble bien que je mourrais étouffée[1]... »

« Le texte est dans une chanson ce qui m'intéresse d'abord. Créer une chanson, c'est faire vivre un personnage », explique Édith Piaf, sans pour autant minimiser l'importance de la musique.

---

[1]. Éditions Coda. © Polydor, 1940.

« Une chanson c'est aussi "un air". Tout bêtement », ajoute-t-elle. Et de préciser ce qu'est « un air », s'appropriant la définition du compositeur et pianiste Jean Wiener : « C'est "une ligne mélodique, simple, symétrique, logique, constante, accessible, et qu'on retient à peu près immédiatement[1]." » Or, trouver de bons auteurs n'est pas chose facile, surtout en temps de guerre où la plupart des hommes sont mobilisés. Depuis le départ d'Asso, Piaf n'a pas encore eu un vrai coup de foudre pour un auteur, pour une chanson. Aussi s'est-elle mise à l'écriture et, avec la complicité de sa fidèle amie Marguerite Monnot qui enjolive ses mots d'arpèges noirs et blancs, la voilà qui crée le premier tandem féminin de la chanson.

« La main tremble (legs éthylique de son père, Louis Gassion), le porte-plume dérape brutalement, griffe le papier, écriront Hervé Hamon et Patrick Rotman, les biographes d'Yves Montand. C'est en fait une sorte de grâce sauvage qui la meut. Elle trouve ses mots comme elle trouve ses gestes, apparemment sans chercher, d'un coup d'un seul ; elle ne paraît pas prisonnière d'une rumination lancinante[2]. »

D'abord peu satisfaite de sa prose, elle en confie l'interprétation à des camarades de métier : « Il y a des amours » par la chanteuse et actrice Mona Goya, qui joue avec Paul Meurisse dans le film

---

[1]. *Au bal de la chance*, op. cit.
[2]. *Tu vois, je n'ai pas oublié*. Le Seuil/Fayard, 1990.

Vingt-quatre heures de perm' de Maurice Cloche, « Y en a un de trop » par Line Viala, « Le Vagabond » par Jeanne Héricard et « Mon amour vient de finir » par Damia. En décembre 1939, un jeune soldat de la « drôle de guerre », auteur-compositeur de métier, tombe malade et se retrouve convalescent au lycée Lakanal de Sceaux converti en hôpital militaire. Il s'appelle Michel Émer[1]. Un soir, il écoute sur les ondes de Radio Cité la retransmission du récital d'Édith Piaf à l'Étoile-Palace. Envoûté par son chant magistral, il passe la nuit à tourner dans sa tête l'air obsédant de « Je n'en connais pas la fin » puis, inspiré, se met à élaborer une mélodie pareillement lancinante sur laquelle des paroles surgissent bientôt. Au matin, la chanson est imprimée dans son esprit, il n'a plus qu'à la transcrire et lui donner un nom : « La fille de joie est triste ».

---

[1]. Michel Émer (Rosenstein, pour l'état civil) est né à Saint-Pétersbourg (Russie) en 1906. Pianiste de formation, il quitte le foyer familial à l'âge de dix-sept ans pour se produire dans différents cabarets où il joue du jazz. Il officie bientôt en qualité de chef d'orchestre, il produit des émissions radiophoniques puis, dans les années trente, se lance dans l'écriture de chansons. Il connaît ses premiers succès grâce à Jean Sablon, Lys Gauty, Adrien Adrius, Fred Adison. Il écrira aussi pour Ray Ventura, Maurice Chevalier, et bien d'autres artistes de cette époque. Jusqu'à sa rencontre déterminante avec Édith Piaf qui lui apportera dès 1940 la consécration. En 1953, il épousera la comédienne Jacqueline Maillan. De 1967 jusqu'à sa mort, le 23 novembre 1984, il sera le vice-président de l'Association « Les Amis d'Édith Piaf ».

Sorti de l'hôpital militaire, il téléphone chez Piaf, se présente et demande l'autorisation de venir lui soumettre sa chanson, insistant sur le fait qu'il l'a écrite spécialement pour elle. Michel Émer ? Bien sûr, elle se souvient de l'avoir croisé avant la guerre dans les couloirs de Radio Cité. Elle ne doute pas de ses intentions, l'homme lui paraît charmant, courtois, intelligent. De ses qualités d'auteur-compositeur ? Il semble plutôt efficace quand il s'agit d'écrire pour des interprètes tels que Jean Sablon ou Lys Gauty. Des choses gentillettes comme « Quand un petit oiseau », « Béguin-béguine ».

– Je n'ai pas le temps, je suis en pleine répétition, tranche-t-elle. Rappelez-moi plus tard, dans un mois.

Il insiste :

– Je suis un caporal en permission, madame. Je regagne le front demain. Je dois prendre le train de minuit à la gare de l'Est.

– Ah, désolé… En ce cas, venez ce soir à sept heures. Je vous attends.

Piaf vit alors dans un grand appartement en location, au premier étage du 10 *bis*, rue Anatole-de-la-Forge, près de la place de l'Étoile. Paul Meurisse l'a convaincue, si elle voulait se mettre en ménage avec lui, d'adopter un mode de vie proche du sien et de cesser de « camper » à l'hôtel. « J'aurais aimé qu'elle remarquât le bouquet de fleurs que j'avais disposé dans un vase sur le grand piano noir[1] », écrira-t-il. Mais Piaf, bien sûr, ne voit que le piano. « Ce n'est plus moi qui irai chez les compositeurs, ce sont eux qui viendront chez moi », se réjouit-elle.

Michel Émer est ponctuel au rendez-vous, dans son uniforme de militaire, accueilli par ces mots :
– Vous avez dix minutes, caporal Émer, pour me jouer votre p'tit truc !
À vos ordres, chef ! Le visiteur un peu fébrile, tant par l'invective de la dame que par l'importance de l'enjeu, s'installe au piano et interprète avec toute la foi du monde l'histoire triste de la fille de joie de la rue Labat qui s'étourdit au son de la java pour oublier celui qu'elle aime, un accordéoniste que la guerre a définitivement emporté loin d'elle.

« Ça lui rentre dans la peau
Par le bas, par le haut
Elle a envie de gueuler
C'est physique[2]... »

À la dernière note, Michel Émer relève la tête, il découvre le visage blême et recueilli de son auditrice qui, au fil de la chanson, s'est approchée tout près du piano.
– C'est toi qui as fait ça, p'tit caporal ?

---

[1]. *Les Éperons de la liberté*, op. cit.
[2]. « L'Accordéoniste », paroles et musique de Michel Émer, éditions Méridian. © Polydor, 1940.

Ajouté à l'air admiratif qui l'habite tout entière, le tutoiement révèle un pacte de complicité scellé par la chanteuse.
– Oui, madame.
– Tu veux bien recommencer ?
L'auteur-compositeur ne se fait pas prier. Il sait qu'il vient d'atteindre son but, celui de toucher le cœur de la grande Piaf. Il ne s'agit plus de jouer « un p'tit truc », à présent, mais de mettre au point ce qui constituera le clou d'un prochain spectacle.
– Ta chanson est magnifique, caporal Émer. Cet air on le retient tout de suite, comme si on l'avait déjà entendu errer dans toutes les rues.
La séance d'audition se mue en répétition. Piaf s'approprie la chanson, la reprend phrase par phrase avec son auteur, puis la chante seule, vingt fois, trente fois, inventant la gestuelle qui va l'illustrer. Trois heures passent et elle la chante encore, ses doigts courant sur un accordéon imaginaire.
« À six heures du matin j'étais encore là, racontera Émer. Nous nous roulions par terre, rongeant un os de gigot, et elle riait, elle riait. J'étais, en quelques heures, devenu un de ses amis[1]. »
Et l'amitié, dans la bouche de Piaf, n'est pas un vain mot. Michel Émer, comme tous les hommes qui séduiront la chanteuse par leur talent sans échouer dans son lit, comptera parmi ses intimes jusqu'à son dernier souffle.

---

[1]. *France Soir*, 5-6 octobre 1969.

– C'est décidé : je chante ta chanson dès demain à l'Amiral et elle fera un triomphe lors de ma rentrée à Bobino ! s'enthousiasme Piaf le lundi matin, en raccompagnant à la porte son nouvel ami. Il vient l'applaudir dans son habit militaire : « J'étais dans la salle, enfoui dans mon fauteuil. Je n'en menais pas large… À la fin de la chanson, ce fut du délire. Elle fit monter sur scène le "soldat qui allait partir sur le front" et m'embrassa. Deuxième tonnerre d'applaudissements[1]. »

Le 5 avril, accompagnée par Albert Lasry au piano, Gus Viseur à l'accordéon, sous la direction musicale de Wal-Berg, Piaf enregistre une première version de « L'Accordéoniste », sous son titre initial : « La fille de joie est triste », demeurée à l'état de matrice[2]. Le mois suivant, lors des répétitions pour son second passage de l'année à Bobino, elle en donne une interprétation différente, sur un tempo plus soutenu, et surtout trouve le *gimmick* final qui par sa puissance dramatique va imposer la chanson auprès du public. Au lieu de laisser s'éterniser l'air de java, la trouvaille géniale de Piaf est d'ordonner le silence à l'orchestre, d'un cri exaspéré : « arrêtez ! », puis de finir *a cappella* et

---

[1]. *Opinions publiques*, op. cit.
[2]. Exhumée des archives de la Bibliothèque nationale de France en 2003 par Éric Didi, consultant indépendant spécialisé dans les rééditions patrimoniales, la matrice de « La fille de joie est triste » sera éditée après restauration dans l'intégrale CD d'Édith Piaf en forme d'accordéon, parue à l'occasion du trentième anniversaire de sa mort.

au bord des larmes : « arrêtez la musique ! » Sur scène, elle joint le geste aux paroles, levant le bras et se cachant la tête dans le coude, comme pour parer un coup ou pour pleurer[1]. Cette version définitive de « L'Accordéoniste », gravée dans la cire le 27 mai, sera l'un des standards d'Édith Piaf et ne quittera pas son répertoire pendant vingt ans.

Mais revenons à ce début de 1940 où, nouvellement amoureuse, la chanteuse se soumet de bonne grâce aux exigences de Paul Meurisse, au point de le suivre partout, à la ville comme à la scène. Du Night-Club à l'Amiral, il n'y a qu'une rue à traverser pour unir sur l'affiche son nom à celui du chanteur fantaisiste qui la séduit beaucoup, moins par ses créations artistiques que par son physique de beau ténébreux et son allure de lord anglais, ainsi qu'elle le révèle bientôt dans la presse : « J'adorai ce visage de Benjamin qui n'avait rien de commun avec ma conception de l'homme idéal de naguère et qui m'entrouvrait les portes d'un monde raffiné, insoupçonné de mon ignorance, de ma naïveté et de ma pauvreté[2]. »

Le monde raffiné selon Meurisse n'excédant pas les pointes du Triangle d'Or, le premier acte de sa vie commune avec Piaf consiste donc à l'éloigner

---

[1]. Ce geste, Édith Piaf l'aurait emprunté à Marie Dubas, laquelle l'utilisait à la fin de « Mon légionnaire ». Lors, Dubas préférera changer sa mise en scène du « Légionnaire » afin qu'on ne lui fasse pas procès de copier Piaf !

[2]. *Notre Cœur*, *op. cit.*

de la Butte Montmartre et des néons clinquants de Pigalle afin de l'installer dans un appartement « digne de son rang de grande vedette » où elle bénéficie des services d'un cuisinier indochinois, nommé Tchang, et d'une nouvelle secrétaire en la personne d'Andrée Bigard. Précédemment en poste chez le duc de Mirepoix, cette dernière pénètre dans l'univers de son imprévisible patronne à reculons. Toujours prompte de son côté à se méfier des bourgeois et de leurs belles manières, Piaf l'accueille d'un air mi-figue, mi-raisin. Une période d'adaptation va s'avérer profitable aux deux femmes avant qu'elles ne partagent de beaux moments de complicité. À charge pour la secrétaire de lâcher du lest au niveau des convenances et de s'accoutumer à une certaine liberté langagière, tandis que la chanteuse, encouragée par son compagnon, consentira volontiers – du moins, dans les premiers temps – à appliquer quelques règles fondamentales de savoir-vivre.

« Ce n'est pas le savoir-vivre qui s'imposa à elle, c'est elle qui s'imposa au savoir-vivre, écrira Paul Meurisse. Avec, parfois, d'énormes bourdes qui nous mettaient en joie, surtout quand, par la suite, elle le faisait exprès, comme ça, pour l'amusement[1]. »

En revanche, les impétuosités de sa sauvageonne de partenaire – exprès ou pas exprès – ne rendent pas forcément l'homme joyeux, même si la sachant

---

[1]. *Les Éperons de la liberté*, op. cit.

taquine et adepte de la provocation, il prétend y opposer une imperturbabilité absolue, réaction qui a précisément pour effet d'attiser son exaspération. Ainsi, un soir, sans doute décidée à dégommer son flegme insolent, histoire de voir à quoi ça ressemble la colère d'un « monsieur très distingué », Piaf va déployer des talents exceptionnels de teigneuse jusqu'à excéder le seuil de l'insupportable. Les hostilités démarrent au bar de l'Amiral, en fin de soirée. La chanteuse vient de quitter la scène et trouve l'élu de son cœur en grande conversation avec une charmante inconnue. Elle s'avance, le toise un instant du haut de son mètre quarante-sept avant de lancer, glaciale, sans un regard pour la demoiselle :

– Si cette pute veut bien avoir l'obligeance de se pousser, j'apprécierais beaucoup de boire un verre moi aussi.

Évidemment, nul ne songe à créer d'esclandre. On laisse passer la grande Piaf et, tandis que celle-ci boit son verre en ruminant sa rage, Meurisse donne le change, impeccable de placidité. Dans la voiture qui les conduit ensuite rue Anatole-de-la-Forge, Piaf rue dans les brancards, déversant son fiel dans « un langage merveilleusement imagé », selon les souvenirs de celui qui en apprécie alors la gravité et l'amplitude. Nos protagonistes enfin rendus à l'intimité de leur appartement, un épilogue explosif clôture cette pièce en trois actes, composée d'un long monologue rageur, exclusivement féminin : Meurisse, excédé, se venge en brisant une soupière, sur quoi Piaf riposte en réservant le même sort à tout le reste de la vaisselle et reçoit pour récompense « une baffe à lui dévisser la tête ».

Quelques jours plus tard, au rayon des arts de la table d'un grand magasin, le couple rabiboché hésite sur le choix d'un service d'assiettes, Piaf ayant jeté son dévolu sur le plus luxueux et forcément le plus cher.

– Réfléchis, ma chérie, avant de dépenser une fortune pour cette chose-là, lui suggère Meurisse. Pense à ce que tu vas en faire !

– Tu as raison, ça me gâcherait le plaisir !

Cette union insolite, semblable à celle de la carpe et du lapin, inspire bientôt Jean Cocteau. Le poète fait la connaissance du couple en février 1940 lors d'un dîner organisé par « la Marquise » Rachel Breton. C'est Cocteau lui-même, après que son amie comédienne Yvonne de Bray lui a vanté la rareté de l'art d'Édith Piaf, qui aurait sollicité cette rencontre. À la fois flattée et impressionnée, peu aguerrie aux usages mondains, complexée par son manque d'à-propos, son inculture, l'ancienne chanteuse des rues est aussitôt rassurée par l'affabilité et la simplicité de l'homme de lettres, aussi ému qu'elle de l'avoir à sa table. Le soir même, venu l'écouter chanter au cabaret de l'Amiral, il en ressort conquis.

« Regardez cette petite personne dont les mains sont celles du lézard des ruines, écrit-il. Regardez son front de Bonaparte, ses yeux d'aveugle qui vient de retrouver la vue… Elle se dépasse, elle dépasse ses chansons, elle en dépasse la musique et les paroles. Elle nous dépasse… Ce n'est plus Madame Édith Piaf qui chante : c'est la pluie qui tombe, c'est le vent qui souffle, c'est le clair de lune qui met sa nappe[1]. »

Dès lors, entre les deux artistes naît une grande amitié, faite de fascination mutuelle. Naturellement, la première demande d'Édith à Jean est de lui écrire une chanson. Écrire pour Piaf ? L'idée lui trotte dans la tête. Mais, quoiqu'il apprécie les artistes de music-hall, la chanson n'est pas l'affaire de Cocteau. Il veut bien faire autre chose pour elle, au-delà de ses espérances. Il croit en ses talents de comédienne, sachant pour l'avoir vue sur scène qu'elle est une chanteuse qui joue, qui interprète au sens strict du terme, pas de celles qui se contentent d'articuler des mots sur le rythme de la musique. Il a également pu juger lors de conversations privées qu'elle était une instinctive, une réactive, pas une raisonneuse. Et le voilà qui l'imagine dans une nouvelle version de *La Voix humaine*, cette pièce en un acte qu'il écrivit en 1930 pour Berthe Bovy, élève de Sarah Bernhardt à la Comédie Française : le monologue d'une femme au téléphone, tentant désespérément de retenir son amant qui l'a déjà quittée pour une autre et qui écoute sa mélopée sans mot dire. Argumentant autour de cette pièce, Cocteau disait alors : « Dans le temps, on se voyait.

---

[1]. Critique de Jean Cocteau, parue en avril 1940 dans *Paris-Midi* et reproduite dans le recueil *Le Foyer des artistes*, en 1947.

On pouvait perdre la tête, oublier ses promesses, risquer l'impossible, convaincre ceux qu'on adorait en les embrassant, en s'accrochant à eux. Un regard pouvait changer tout. Mais avec cet appareil, ce qui est fini est fini. » Et sans « cet appareil », les amours défaillantes peuvent-elles être sauvées, ainsi que se le figurait le poète dramaturge ? C'est précisément le thème du nouveau solo verbal qu'il destine à Piaf. L'amoureuse trahie va s'adresser directement à son amant (le rôle a été pensé pour Paul Meurisse) et se heurter au mur de Chine d'un journal derrière lequel il se retranche.

En quarante-huit heures, au mois de mars 1940, *Le Bel Indifférent* est écrit. Cocteau invite Piaf à une lecture, dans la chambre de l'Hôtel Beaujolais où il habite provisoirement pendant la durée des travaux d'aménagement de l'appartement qu'il vient d'acquérir à l'entresol du Palais Royal, au 36 de la rue Montpensier. Sont présents la comédienne Yvonne de Bray, le décorateur Christian Bérard (dit « Bébé »), le journaliste Robert Trébor et l'acteur et compagnon de l'écrivain Jean Marais.

– Merde… s'exclame Piaf à la fin de la lecture. Tu me fais un splendide cadeau, Jean. Je ne sais si je réussirai à interpréter ton acte comme tu le souhaites, mais j'y mettrai tout mon cœur, toute mon âme, toute ma foi !

En attendant, c'est la chanteuse que le public retrouve avec un égal bonheur sur la scène de l'Européen en avril (avec Paul Meurisse en vedette américaine), après une courte prestation au théâtre de Marigny lors d'un gala de bienfaisance organisé par La Versaillaise. Depuis le 18 mars, elle enregistre de nouvelles chansons dans les studios Technisonor, 60, rue François 1er, Paris 8e, sous la direction technique de Robert Sergent : « C'est la moindre des choses » et « Sur une colline » (écrites paroles et musique par Paul Misraki, ancien « Collégien » de Ray Ventura), « On danse sur ma chanson » (de Raymond Asso et Léo Poll), « Jimmy c'est lui » (de George Kamke et du compositeur et directeur musical Wal-Berg), « Escale » (écrite en 1938 pour Suzy Solidor par Jean Marèze, frère du poète et romancier Francis Carco, sur une musique de Marguerite Monnot). D'autres resteront à l'état de projet, répétées par la chanteuse, puis abandonnées : « Histoire d'un nuage » (du chansonnier et revuiste Lucien Boyer, père du cinéaste Jean Boyer) et « J'entends » (de Louis Sauvat sur une musique de Tom Waltham).

Piaf n'arrête pas : elle continue de chanter, tout en répétant au théâtre *Le Bel Indifférent*, un exercice qui lui demande des efforts qu'elle n'avait pas soupçonnés en acceptant l'enjeu. « Elle se sentait mal à l'aise sur un plateau de théâtre, se souviendra Jean Marais, elle avait l'impression de ne plus savoir marcher sur scène, elle redoutait de parler faux, elle en pleurait... Il avait fallu qu'Yvonne de Bray lui mâche le texte phrase après phrase, lui redonne confiance et lui "apprenne" la comédie[1]. »

Pour se rassurer, elle tient à avoir pour partenaire Paul Meurisse, au moins lors des premières représentations. Or, celui-ci vient de recevoir son ordre de mobilisation. Piaf ne fait ni une ni deux : de sa plus belle plume elle écrit à Édouard Daladier, ministre de la Guerre, afin de requérir un sursis pour son compagnon et partenaire de théâtre. « À remettre en mains propres à monsieur le ministre de la Guerre, de la part d'Édith Piaf », inscrit-elle sur la missive. Elle obtient gain de cause : quelques jours supplémentaires sont accordés au soldat Paul Meurisse. Du 20 au 25 avril, dans une mise en scène d'André Brûlé et les décors de Christian Bérard, il sera donc *le Bel Indifférent* – soit « un magnifique gigolo au bord de ne plus l'être », selon le raccourci de l'auteur – sur la scène du théâtre des Bouffes Parisiens, avant de céder la place à Jean Marconi, habitué aux rôles de gigolo et de souteneur au cinéma. La pièce, très courte, est jouée en seconde partie de programme après *Les Monstres sacrés*, du même Jean Cocteau, avec Yvonne de Bray et Madeleine Robinson. Et Piaf, magistrale, suscite l'enthousiasme de la critique et de l'auteur.

« Elle joue comme on meurt, peut-être sans savoir qu'elle le fait bien », lit-on dans *Comœdia*.

---

[1]. *Télérama* hors-série, *Piaf, sacrée môme, op. cit.*

« Si Monsieur Cocteau, qui aime les exploits, a voulu nous démontrer qu'une artiste les plus instinctives de la chanson peut devenir une excellente comédienne, il peut être satisfait ! approuve Jean Barreye dans *Le Jour*. Mademoiselle Édith Piaf, tragédienne de la ruelle et du taudis, chanteuse qui porte sur le visage les pathétiques marques des privations et possède dans un corps faible la voix du peuple, a joué parfaitement cet acte que le grand poète a écrit pour elle »

Et le grand poète d'enchérir bientôt, glorifiant à la fois son interprète et son décorateur : « Piaf mérite les plus nobles partenaires et le décor de Bérard où elle habite, une chambre nocturne d'hôtel, éclairée par les tics de lumière de la rue Pigalle. C'est dans ce mystérieux bleu, dans cette laideur médiocre que Bérard hausse jusqu'à la plus belle peinture que Piaf souffre, s'agite, se brise, nous émeut et nous oblige à éclater de rire. Parler seule en scène une demi-heure est un vrai tour de force. Elle l'exécute avec l'aisance des acrobates qui changent de trapèze en plein vol... L'étrange débutante ! "On lui donne un franc et elle vous en rend mille" me disait André Brûlé après le travail[1]. »

Édith Piaf joue au théâtre jusqu'au 14 mai, tout en poursuivant ses activités de chanteuse. Ainsi, elle retrouve la scène de l'Amiral du 19 avril au 16 mai, puis celle de Bobino, d'abord le 9 mai, avec Marie Dubas et Maurice Chevalier lors d'un gala au profit

---

[1]. *Paris-Midi* et *Le Foyer des artistes*, *op. cit.*

des œuvres de la Croix Rouge pour les soldats au front, ensuite en vedette du 17 au 23 mai, accompagnée par l'orchestre de Maurice Boulais.

De mai à juin 1940, les troupes allemandes envahissent les Pays-Bas, le Luxembourg, la Belgique et la France. Finie la « drôle de guerre ». L'Italie, alliée de l'Allemagne, déclare la guerre à la France le 10 juin. Sept jours plus tard, le vieux maréchal Philippe Pétain, successeur de Paul Reynaud à la présidence du Conseil, sollicite l'armistice qui sera ratifié le 22 aux conditions du IIIe *Reich*. Ainsi, le Régime de Vichy naît de la débâcle. Les Allemands occupent Paris, « ville ouverte ». La France est scindée en une zone occupée et une zone libre.
Édith Piaf quitte Paris pour quelques mois.

– 8 –

Piaf subit la guerre, comme ses compatriotes. C'est-à-dire qu'elle est amenée à conjuguer avec les événements. Toutefois, elle fait partie de ces privilégiés qui vivent dans un monde à part, celui du spectacle. Protégée dans cette bulle où tout n'est que chansons, sollicitée par l'occupant qui ne demande qu'à se divertir, elle traverse ces années de plomb de façon moins douloureuse que d'autres. Et puis, après la débâcle et l'exode de 1940, il faut bien gagner sa vie ! « Mon boulot c'est de chanter, dit-elle. De chanter quoi qu'il arrive. » À la fin du printemps et pendant tout l'été, elle préfère chanter en zone libre – ou zone « nono » (non occupée), comme on dit. Pour éviter d'entendre le bruit des bottes et de voir la vie en vert-de-gris.

Après une semaine de repos chez la comtesse Lily Pastré au château de Montredon, Édith Piaf se produit du 6 au 12 juin au Capitole de Marseille. Prévenue que le régiment de Paul Meurisse, parti d'Angers, se trouve cantonné à la caserne Caffarelli de Toulouse, elle part le rejoindre et s'installe avec lui à l'hôtel Capoul, place Wilson, où ils savourent le plaisir des retrouvailles jusqu'à la mi-juillet. C'est là qu'ils entendent sur les ondes de la TSF, le 17 juin, le discours de Pétain qui réclame la fin des hostilités, et apprennent avec soulagement la signature de l'armistice cinq jours plus tard, sans savoir que le 18 juin, depuis Londres, un certain général de Gaulle appelait le peuple français à la résistance face à l'Allemagne.

En ces premiers mois de l'Occupation, le tout-Paris ayant migré vers le Sud, Édith Piaf et Paul Meurisse rencontrent Jacques Canetti dans la Ville Rose et, plutôt à sec côté finances, lui demandent de leur organiser une tournée. Les voici donc à l'affiche du Trianon, un cinéma de Toulouse qui rouvre exceptionnellement du 18 au 24 juillet, avant un passage au Castellet de Perpignan, où les hasards de l'exode leur permettent de retrouver Jean Cocteau, en villégiature chez un médecin, ami de Rachel et Raoul Breton, le docteur Nicoleau. Autre rencontre en ce lieu : le pianiste Louiguy, de son vrai nom Louis Guillaume Guglielmi, qui avait satisfait à l'épreuve délicate d'accompagnateur intérimaire lors du premier spectacle en vedette de Piaf à Bobino et obtiendra dès septembre le poste à temps plein, en remplacement de Charles Lassus, avant de convaincre la chanteuse de ses talents de compositeur.

D'autres villes du Midi accueillent le couple Piaf-Meurisse pendant tout le mois d'août : Montpellier, Toulon, Nîmes, Béziers et Narbonne. Quelques jours de repos leur sont profitables avant la clôture de la tournée estivale, du 13 au 15 septembre, au cinéma Splendid de Brive-la-Gaillarde.

Sans le concours d'un nouvel imprésario, un certain Monsieur Arnaud, Édith Piaf et Paul Meurisse seraient volontiers restés en zone « nono », mais plusieurs contrats décrochés dans la capitale les obligent à franchir la ligne de démarcation. Du 21 septembre au 3 octobre, après avoir soumis les textes de leurs chansons à l'appréciation des officiers allemands de la Propaganda Staffel, on les retrouve donc à l'affiche du cabaret L'Aiglon, ex-Swing Club, situé au 11, rue de Berri, Paris 8e, l'un des premiers établissements parisiens à rouvrir au début de l'Occupation. « Il y règne une curieuse ambiance et s'y côtoient les plus authentiques trafiquants du marché noir et les collaborateurs les plus arrogants », écrira le chef d'orchestre de jazz Fred Adison[1]. Propos confirmés par l'écrivain et historien breton Hervé Le Boterf : « Les adversaires de la Collaboration évitent l'Aiglon où les uniformes verts champignonnent[2]. »

Mais Piaf se contente de faire « son boulot » : elle chante. Et la critique applaudit : « Une fois par siècle se révèle un instrument parfait traducteur de la poésie populaire. Édith Piaf est cela[3]. »

Le samedi 28 septembre, en complément de son spectacle de l'Aiglon, la chanteuse s'offre l'une des plus belles frousses de sa vie d'artiste en livrant un

---

[1]. *Dans ma vie y a d'la musique*, Clancier-Guénaud, 1983.
[2]. *La Vie parisienne sous l'Occupation*, France-Empire, 1978.
[3]. Robert Bré, *Aujourd'hui*, 22 septembre 1940.

récital unique à la sacro-sainte salle Pleyel, communément réservée aux grands noms de la musique classique. Une gageure, certes, mais aussi une belle revanche pour l'ancienne goualeuse des faubourgs ! Au programme : seize chansons, revisitées par l'orchestre de jazz de Jacques Météhen, toutes de la plume de son cher Raymond Asso, à l'exception de « L'Accordéoniste » et « Corrèqu' et reguyer », auxquelles elle ajoute à la demande du public « Le Fanion de la légion » qui lui vaut une ovation de plusieurs minutes. Sortie de scène, elle savoure sa victoire sans modération et exprime l'envie de revivre bientôt pareille expérience : « J'échangerais volontiers mon actuelle béatitude contre les inoubliables secondes qui précédèrent mon fameux récital, puisque la partie est jouée, finie et que le prix de la victoire me semble d'autant plus rare qu'il me paraissait indécrochable[1]. »

Piaf poursuit sa route avec Meurisse, une route essentiellement jalonnée de spectacles : l'ABC pour deux semaines – l'ancien patron Mitty Goldin, inquiété par les premières lois antisémites, a fui la capitale, cédant la place à une direction d'occupation –, l'Aiglon pour un nouveau contrat de trois semaines, suivi de trois jours au Concert Pacra, puis aux Folies-Belleville – le « music-hall du rire et de la chanson », selon le slogan de son directeur Robert Dorfeuil –, avant de rejoindre la troupe

---

[1]. *Notre Cœur*, *op. cit.*

d'artistes de la Grande Revue de l'ABC où le couple célèbrera le passage de 1940 à 1941. Lors du dernier spectacle de l'année, proposé par Michel Duran et Jean Boyer, Piaf donne la réplique au fantaisiste Mauricet dans un sketch intitulé « Dans la nature », avant de présenter un récital traditionnel, agrémenté de nouvelles chansons qui resteront inédites sur disque, l'une empruntée à Marie Dubas, « Monsieur est parti en voyage » (de Jacques Larue et Mickael Carr), deux composées par son pianiste Louiguy et respectivement écrites par Roméo Carlès et Jacques Larue, « On s'aimera quelques jours » et « L'Apôtre », ainsi qu'une composition de la fidèle Marguerite Monnot sur un texte de Jean-Marie Huard, « Sans savoir comment ».

Le 6 décembre, soir de la première, le public se souviendra avec quelle audace la chanteuse a fait montre de son sens du patriotisme. En colère après le chansonnier fantaisiste Marc Hély (auteur de « Corrèqu' et reguyer » et « Il n'est pas distingué »), qui s'est livré dans son numéro à quelques basses flatteries à l'égard de l'occupant, notamment *via* une critique sévère de l'Angleterre, alliée de la France, Piaf riposte au final en « déployant » son célèbre « Fanion de la légion » qu'elle envoie à plein gosier, la tête haute, à la face des officiers de la Wehrmacht installés dans la loge d'avant-scène. Un acte de bravoure qui lui vaut de comparaître dès le lendemain dans les bureaux de la Kommandantur où on lui conseille courtoisement de retirer la chanson de son programme. Puisqu'il s'agit d'un « conseil », elle estime ne pas être forcée de l'appliquer. Si ces messieurs souhaitent obtenir gain de cause, ils n'ont qu'à interdire carrément la chanson. Que les choses soient claires !

En février 1941, c'est à Bobino que Piaf et Meurisse partagent pour la dernière fois l'affiche d'un music-hall parisien. Leur histoire touche à sa fin, même s'ils continuent à vivre ensemble et à nourrir des projets professionnels communs. Le 11 mars, la ville de Bordeaux réserve un accueil de star à la chanteuse venue seule au cocktail organisé en son honneur au bar Le Splendid, la veille de son passage au théâtre Olympia où elle tient l'affiche toute une semaine. De retour à Paris, elle ne quitte quasiment pas la scène d'avril à juillet, chantant tour à tour au Gaumont-Palace, au Music-hall de l'Avenue, à l'Européen, à l'Alhambra, avant d'inscrire pour sept semaines son nom de vedette au fronton de l'Amiral. Son passage à l'Avenue, ancien théâtre transformé en music-hall en 1940 par Henry Lartigue, occasionne à nouveau l'arbitrage de la censure allemande. Point de « Fanion » cette fois, mais une marche patriotique écrite pour la musique par Marguerite Monnot et dont le texte, de la plume même d'Édith Piaf, est un vibrant hommage rendu aux soldats français partis à la guerre : « Où sont-ils mes petits copains ? »

« Où sont-ils, tous mes copains
Qui sont partis un matin

Faire la guerre ?
Où sont-ils, tous mes p'tits gars
Qui chantaient : "On en r'viendra,
Faut pas s'en faire[1]." »

Ce n'est pas tant la chanson elle-même qui chiffonne l'occupant, que la mise en scène finale. Le dernier couplet est le suivant : « Les voilà mes p'tits copains/ Qui sont partis un matin/ Faire la guerre. » Puis, tandis que Piaf s'écrie : « Les voilà ! », une lumière tricolore envahit lentement la scène jusqu'à former un immense drapeau français. À ce moment-là, invariablement installés aux bonnes places, les officiers de la Wehrmacht manquent de s'étrangler ! Le lendemain, on somme la chanteuse patriote d'alléger son « tableau ».

La critique, cependant, n'évolue guère à son sujet mais n'en demeure pas moins élogieuse. On en revient toujours à cette image émouvante de la môme des rues qui lui colle à la peau. Robert Bré écrit : « Sa vérité, elle l'a elle-même exprimée avant tous quand elle a choisi son nom : Piaf. Elle sera toujours, même au creux de la célébrité et du confort, très "oiseau tombé du nid", et le geste qu'elle a parfois de protéger du bras levé sa figure pâle fait irrésistiblement songer à de petites ailes cassées qui essaieraient de battre, courageusement[2]. » Et, ajoutée à ce personnage qu'elle incarne, il y a cette voix

---

[1]. Éditions Beuscher. © Polydor, 1941.
[2]. *Aujourd'hui*, 13 avril 1941.

miraculeuse qui émane de ce corps chétif et envoûte le public. Un public que le journaliste Pierre Heuze définit comme « une communion de fidèles », expliquant ainsi le phénomène : « Édith Piaf, c'est le cas rare, celle qui fait sortir les êtres d'eux-mêmes, ou plutôt les force à rentrer en eux par un procédé bien voisin de l'état de transes[1]. »

Son répertoire, Piaf en a conscience, nécessite une inspiration nouvelle, essentiellement au niveau des textes. Trouver un auteur de la qualité et de la trempe de Raymond Asso n'est pas chose facile. En espérant retrouver bientôt Michel Émer, dont elle ne se lasse pas de chanter « L'Accordéoniste » et que les menaces antisémites ont éloigné de Paris, Piaf pioche parmi les propositions qui lui sont faites, essayant même de nouvelles chansons écrites par son ancien Pygmalion, sans vraiment trouver son bonheur. Elle répète également « Papa pique et maman coud », offerte par l'ami Charles Trenet, mais la trouve trop compliquée à interpréter et l'abandonne à son auteur. Au besoin, elle alimente elle-même son répertoire, avec l'aide de Guite ou de Louiguy, ses compositeurs attitrés. Naissent ainsi : « C'était un jour de fête », qui rencontre un joli succès, ou « C'est un monsieur très distingué », dont on supposera qu'elle est autobiographique et évoque sa liaison avec Paul Meurisse.

---

[1]. *Paris Midi*, 27 avril 1941.

« C'est un monsieur très distingué...
Ce Monsieur-là peut tout acheter,
Même l'illusion d'être aimé,
Il est de la haute société
C'est c'qu'on appelle un homme du monde[1]... »

Un autre « monsieur distingué » vient cependant d'entrer dans la vie d'Édith Piaf, il s'appelle Henri Contet[2]. Leur première rencontre date d'octobre 1940, lors des répétitions de la chanteuse à l'ABC :

---

[1]. « C'est un monsieur très distingué » (Édith Piaf/ Louiguy), éditions Beuscher. © Polydor, 1941.
[2]. Henri Contet est né à Anost (Saône et Loire) le 8 mai 1904. À dix-neuf ans, il obtient un diplôme d'ingénieur en électricité qui lui permet d'entrer à la Compagnie Thompson-Houston. Il s'y ennuie très vite et cherche à s'orienter dans le monde du spectacle. En 1936, il cosigne avec Pierre Bayle et Jacques Simonot la chanson « Traversée », créée par Lucienne Boyer. Sans succès. Il se tourne alors vers le cinéma, comme technicien d'abord, puis acteur figurant, notamment dans *Katia* où il donne un baiser mémorable à Danielle Darrieux ou encore *Les Cinq Sous de Lavarède* avec Fernandel, lequel lui conseille de renouer avec l'écriture. Juste avant la seconde guerre mondiale, Contet commence une carrière de journaliste à *Paris Midi* et *Cinémondial*, avant de rencontrer Piaf pour qui il écrira trente-deux chansons. Il sera également chanté par Yves Montand, Lucienne Delyle, Jacqueline François, Tino Rossi et bien d'autres. En 1956, il sera décoré des insignes de la Légion d'honneur. Producteur de radio dans les années soixante, il deviendra administrateur à la SACEM, avant d'y être élu président la décennie suivante. Il y restera président d'honneur jusqu'à la fin de sa vie (Cf. Site internet henricontet.com).

elle voit venir à elle un homme d'une trentaine d'années, au physique plutôt agréable, qui se présente poliment en retirant son chapeau et découvrant des cheveux blond argenté :
– Bonjour, madame. Je suis journaliste à *Paris Midi*, attaché à la rubrique des spectacles. Je suis chargé d'écrire un papier sur vous. Me feriez-vous l'honneur d'accepter ma présence pendant quelques jours ?
Piaf l'observe, souriante, puis de son air le plus enjôleur lui lance :
– Dites, ça vous ennuierait de remettre votre "bada" ? Vous êtes tellement chouette avec ça sur la tête !
L'échange s'annonce pour le moins chaleureux, mais suffisamment équivoque pour déstabiliser le journaliste.
« Paul [Meurisse] et moi étions très copains, racontera-t-il près de six décennies après. En revanche, j'étais terrorisé, tétanisé, absolument ahuri d'avoir à côté de moi Madame Piaf, de l'accompagner comme un reporter chez son coiffeur, ses costumiers, son maquilleur[1]... »
Tétanisé, Henri Contet le sera de moins en moins, notamment après l'été 1941 et les semaines passées en compagnie de la chanteuse-comédienne sur le tournage de *Montmartre-sur-Seine*, un film de Georges Lacombe, d'après un scénario d'André

---

[1]. *Platine*, n° 43, août-septembre 1997 (il s'agit là de la dernière interview d'Henri Contet, décédé le 14 avril 1998.)

Cayatte. Cette fois, c'est la revue *Cinémondial* qui l'envoie pour couvrir l'événement.

Il s'agit du premier grand rôle de Piaf au cinéma, largement inspiré de sa propre histoire. Elle y incarne Lily, une petite marchande de fleurs qui chante en battant le pavé de la Butte Montmartre et dont la voix attire bientôt l'attention d'un cabaretier, campé par Paul Meurisse. Ses autres partenaires s'appellent Jean-Louis Barrault, nouveau sociétaire de la Comédie-Française, et Henri Vidal, un jeune premier tout en muscles, élu en 1939 « Apollon de l'année », qui, involontairement, va être à l'origine d'une violente scène de jalousie au sein du couple Piaf-Meurisse – sans doute le « feu d'artifice final » de leur liaison tumultueuse. En fait, c'est Piaf elle-même qui, séduite par le regard bleu et l'allure virile du jeune homme, l'aurait fait engager dans le rôle de Maurice, un ouvrier miroitier joueur d'accordéon, son amoureux dans le film. Or, si Meurisse a quelque raison légitime de se montrer jaloux et de chapitrer sa compagne sur sa façon indélicate de rouler des « yeux de merlan frit » (*sic*) à son beau partenaire, il manque quelque peu de perspicacité. Car cet Henri-là n'est pas celui dont il faut se méfier !

Pendant ce temps, en effet, le journaliste Henri Contet mène une cour discrète à la vedette du film, en lui offrant régulièrement des petits bouquets de fleurs. Piaf est-elle déjà amoureuse ? Il ne semble pas. Charmée, sans doute, par l'affabilité de cet homme que d'aucuns s'accordent à qualifier d'« aristocrate du cœur », mais pas encore admirative pour succomber – l'admiration étant pour Piaf le déclencheur de la passion amoureuse. Ça ne saurait toutefois tarder. À la lecture de l'article qui paraît bientôt dans *Cinémondial* et qui vaut à son auteur le prix du meilleur reportage, Piaf lui reconnaît une qualité de plume sensible, poétique, et elle entrevoit la possibilité d'un partenariat utile à l'avenir de sa carrière de chanteuse. Elle sollicite alors une nouvelle rencontre.

– Henri, vous avez une façon très personnelle d'écrire, unique. Vous ne pourriez pas me faire une chanson ?

« Je suis resté raide au garde-à-vous, se rappellera Contet. En mon for intérieur, je n'y croyais pas et j'ai accepté[1]. »

Mais contrairement à ce qu'il prétendra dans plusieurs entretiens, il ne satisfait pas à la demande de façon immédiate (trois ou huit jours après, selon les sources). En attestent la date d'enregistrement de la première chanson de Piaf signée Contet (15 décembre 1942) et les signes d'impatience manifestés par la quémandeuse, plus tard exprimés en ces termes : « Il a fallu que je le tanne, le Henri, pour obtenir ma chanson ! »

En attendant, Édith reprend sa plume et signe, sur des musiques de Guite, les quatre chansons de *Montmartre-sur-Seine* qu'elle enregistre à Courbevoie, dans les studios Phonosonor, accompagnée par le

---

[1]. *Platine*, n° 43, *op. cit.*

Jazz de Paris, sous la direction d'Alix Combelle : « Tu es partout », « L'Homme des bars », « Un coin tout bleu » et « J'ai dansé avec l'amour », en écho au texte désespéré de Raymond Asso « On danse sur ma chanson ».

« J'ai dansé avec l'amour
J'ai fait des tours et des tours...
Partout l'amour, partout la fièvre
Et nos corps frissonnants...
Partout ses yeux, partout ses lèvres
Et puis mon cœur hurlant[1]. »

Le film, qui sort dans les salles le 9 novembre, n'obtient pas le succès escompté. Mais il vaut à Piaf une remarquable critique du poète et dramaturge Jacques Audiberti : « Le démon du cinéma s'écarte poliment pour laisser passer la merveille qui n'est pas de la famille, la cadence villonienne de cette porteuse de pain orphique, de cette marchande de ronces, de cette femme de ménage. Édith Piaf qui sait faire brûler la ténèbre du peuple[2]. »

Septembre 1941. Piaf chante en zone libre. Daniel Marouani, qui reprend du service à ses côtés, lui présente le pianiste et compositeur Norbert Glanzberg[3]. Elle l'engage sur-le-champ en

---

[1]. Éditions Micro. © Polydor, 1941.
[2]. *Comœdia*, n° 24, 29 novembre 1941.
[3]. Norbert Glanzberg est né en Galicie (Pologne) en 1910. L'année suivante, sa famille s'installe en Bavière. Dès l'âge de douze ans, il entre au conservatoire de Würzburg. À dix-huit

remplacement de Louiguy, retenu à Paris pour des motifs familiaux, comme accompagnateur de la tournée que l'imprésario a organisée en zone libre et qui démarre le premier jour d'octobre à Lyon, sur la scène du cabaret-restaurant Les Ambassadeurs, place des Célestins.

Glanzberg sera l'amant de Piaf. Une liaison orageuse, dit-on, alternant fâcheries et réconciliations. L'amitié leur ira mieux. L'Histoire retiendra surtout leur belle association artistique. Il dira de Piaf : « Elle était à la fois insupportable et terriblement attirante, monstrueuse dans l'ignominie comme dans la générosité. Dans les deux cas, on sentait l'être génial, comme avec Baudelaire ou Ferré[1]. »

---

ans, il débute comme chef de chœur à l'Opéra de Berlin, où il rencontre Belà Bartòk et Richard Strauss. Deux ans plus tard, il compose des musiques de films pour Max Ophuls et Billy Wilder. En février 1933, au moment de l'accession au pouvoir d'Hitler, il se retrouve listé parmi les artistes juifs présentés par Goebbels comme « responsables de l'art dégénéré » et s'exile à Paris. Il y passe cinq ans à côtoyer la misère, jouant de l'accordéon dans la rue ou du piano dans les bals de Clichy et Barbès. En 1938, il compose « Le bonheur est entré dans mon cœur » pour Lys Gauty qui sera sa première interprète. L'Occupation l'oblige à migrer en zone libre, avec de faux papiers. Après la guerre, il connaîtra des années prolifiques en composant pour bon nombre d'artistes : Piaf, Montand, Tino Rossi, Lucienne Delyle... Lors des décennies soixante et soixante-dix, il composera pour Dalida, Petula Clark, Mireille Mathieu. Puis, il se consacrera à la musique de films et à la composition d'œuvres classiques. Norbert Glanzberg mourra en 2001.

[1]. Cf. *Télérama* hors-série, *Sacrée môme, op. cit.*

Du 30 octobre au 10 novembre, Paul Meurisse partage pour la dernière fois l'affiche avec Édith Piaf sur les scènes du grand théâtre municipal de Toulon, du cinéma Majestic de Nîmes et du théâtre des Variétés à Marseille.

« Finalement, écrira Édith Piaf, c'est notre métier qui nous a séparés, et non pas nos disputes, nos batailles[1]. » Et Paul Meurisse d'ajouter : « Cela s'est fait comme ça, sans heurt pour une fois, en copains. Je ne pense pas qu'Édith ait été très amoureuse de moi. Elle le fut bien plus de Cerdan, par exemple. Avec moi, elle montait d'un échelon dans la classe sociale et savait combien cela lui était indispensable... Très intelligente, elle se servait de tout ce qu'on pouvait lui apprendre. Il fallait un certain temps d'assimilation mais elle ne cessait d'y penser et, un jour ou l'autre, elle en faisait bon usage[2]. »

Escortée par Norbert Glanzberg et Andrée Bigard, la chanteuse repart ensuite pour Nice où on la retrouve successivement sur les scènes du casino de la Jetée-Promenade et du cabaret Le Perroquet, entre le 13 novembre et le 4 décembre. Les casinos d'Aix-en-Provence et de Beausoleil sont les deux autres étapes de ce périple sur la Côte d'Azur, avant un long séjour en Suisse, alternant périodes de repos et une série de galas à Genève et en Haute-

---

[1]. *Ma vie*, par *Édith Piaf*, op. cit.
[2]. *Opinions publiques*, op. cit.

Savoie. Paris peut attendre, se dit Piaf. Elle n'y a aucun projet immédiat ni personne qui l'attend. Son pianiste et amant ne pouvant quitter la zone libre, elle choisit de rester en sa compagnie, même si elle ne lui consacre pas l'exclusivité de ses nuits. Seule Andrée Bigard franchit parfois la ligne de démarcation et ramène des nouvelles de la capitale. Le planning d'Édith Piaf, dûment établi par Daniel Marouani, la promène donc de janvier à avril le long du littoral azuréen.

Pendant son séjour à Monte-Carlo, la chanteuse reçoit la visite d'Henri Contet qu'elle accueille chaleureusement dans sa chambre luxueuse de l'Hôtel de Paris, où Paul Meurisse prétendra avoir vécu la même scène vaudevillesque que le pauvre Raymond Asso quelques années plus tôt.

« On aurait cru une blague, écrira-t-il. Ce qu'elle avait fait à Asso, elle me le refaisait à mon tour. Elle était d'une logique déconcertante[1]. »

Est-ce que cela amuse Meurisse de jouer les conjoints outragés ? En tout cas, à l'époque décrite, il fréquente déjà celle qui va devenir sa future épouse, la comédienne Michèle Alfa – une belle blonde, pour changer ! Dont acte.

En ce qui concerne l'attitude de Piaf, passant allègrement des bras de son pianiste à ceux de son futur parolier, elle bénéficie d'une double excuse : ni l'un ni l'autre ne lui a juré le grand amour, pas

---

[1]. *Les Éperons de la liberté*, op. cit.

même Contet dont les délicatesses à son égard n'excèderont jamais les limites du raisonnable, à savoir que le monsieur est marié et qu'il n'a nullement l'intention de quitter son épouse, la chanteuse Charlotte Dauvia, pour les beaux yeux d'Édith. « J'ai joué le jeu de l'amoureux avec elle, plus que je ne l'ai été vraiment, avouera-t-il sans honte six ans après la mort de Piaf. On ne pouvait ni la conseiller ni la défendre si on ne laissait pas flotter un air passionnel. » Et de se dédouaner en ces termes : « On ne faisait pas semblant de façon sordide, car elle était attirante, intéressante, et elle vous aidait à en remettre[1]. »

Pour l'heure, c'est sur scène que Piaf « en remet », à Nice, Marseille, Cannes, puis elle revient à Monte-Carlo où son passage au théâtre des Beaux-Arts est ponctué par les compliments de Léo Ferré, alors pigiste au journal *Le Petit Niçois* : « Tragédienne, Édith Piaf l'est sans conteste. Son art, qu'elle tire du plus profond de son cœur, participe de l'humain. À sa voix sombre et volontairement cassée dans le médium, sublime et étrangement triste dans l'aigu, elle ajoute le geste sûr et unique. »

Piaf et Ferré ne se rencontreront qu'en 1945, c'est elle qui l'encouragera à tenter sa chance à Paris. Le poète libertaire lui adressera un hommage posthume en 1967 *via* une chanson pamphlétaire, alors censurée par son éditeur Eddie Barclay à cause de l'attaque allusive faite à la jeune Mireille

---

[1]. *France Soir*, 5-6 octobre 1969.

Mathieu, autre artiste-maison, et surtout à son mentor Johnny Stark : « T'avais un nom d'oiseau et tu chantais comme cent/ Comme cent mille oiseaux/ Qu'avaient la gorge en sang…/ On t'a pas remplacée bien qu'on ait mis l'paquet/ Le pognon et ton ombre[1]. »

Mais revenons à 1942. D'avril à octobre se poursuit la longue tournée en zone « nono » : une quinzaine de jours dans la région lyonnaise – Piaf y découvre les gratte-ciels de Villeurbanne, autour de la future avenue Henri-Barbusse, et son passé de chanteuse de rues lui fait s'exclamer : « La vache ! Qu'est-ce qu'on doit se faire comme pognon par ici ! », puis, se tournant vers Andrée Bigard : « C'est une adresse à retenir, ma Dé, si un jour nous sommes fauchées ! » –, un crochet d'un mois par Alger et Oran, une nouvelle halte à Lyon – Piaf propose un double spectacle à la salle Rameau, composé d'un récital et d'une représentation exclusive du *Bel Indifférent*, avec Jean Marconi –, une escapade en Suisse et en Haute-Savoie, avant de sillonner à nouveau le Midi, depuis la baie des Anges jusqu'au Languedoc-Roussillon.

Fin juillet, alors que Piaf chante au théâtre de l'Odéon à Marseille, Andrée Bigard, impliquée de façon active au sein d'un important réseau de résistance, lui présente un jeune journaliste nommé Marcel Blistène, que les origines juives condamnent

---

[1]. « À une chanteuse morte ». © Barclay, 1967.

à demeurer en zone Sud. Rendez-vous est pris au Grand Hôtel de Noailles, sur la Canebière. Au cours de la conversation, il lui confie son désir d'être réalisateur de cinéma.
— Il voudra, il voudra…, répond-elle, évasive.
— Euh… qui donc ?
— Dieu, bien sûr[1] !
Puis, de façon plus rationnelle, elle lui conseille de commencer par écrire un scénario.
— Oui, mais pour qui ?
— Bah, je te remercie ! fait-elle. Pour moi, pardi[2] !
Il tiendra parole. Le film s'appellera *Étoile sans lumière* et se tournera à la fin de la guerre. En attendant, Édith aide son nouvel ami à se cacher en lieu sûr, avant de reprendre la route.

Trois étapes à Pau, Limoges et Tarbes précèdent une période de repos amplement mérité du 24 août au 15 septembre, date d'un gala au profit des étudiants prisonniers dans le Parc de Belledonne, près de Grenoble, dont le succès éclatant est salué par l'envoyé spécial du *Petit Dauphinois*. Le périple s'achève là où il a commencé, sur la Côte d'Azur, par deux galas, l'un au Sporting Club de Cannes, l'autre au Pathé-Palace de Marseille où Édith Piaf partage l'affiche avec Charles Trenet, Mistinguett, Lucienne Boyer, Fernandel, et retrouve pour un

---

[1]. Dialogue reconstitué à partir du témoignage de Marcel Blistène dans *Il y a dix ans Édith Piaf*, archives radio INA, 1973.
[2]. *Opinions publiques*, *op. cit.*

sketch commun René Goupil, dit O'Dett, ancien camarade des débuts.

Durant l'été, la chanteuse a occupé ses périodes de repos à préparer de nouvelles chansons en compagnie de son ami Michel Émer, réfugié sur ses conseils chez la comtesse Lily Pastré, au château de Montredon. L'auteur-compositeur vient alors d'offrir la chanson « De l'autre côté de la rue » à Renée Lebas et en a réservé deux autres pour Piaf, « Moi aussi » et « Le Disque usé ». Elle reprendra la première l'année suivante, après en avoir demandé la permission à sa créatrice (pouvait-on refuser quelque chose à Piaf ?), et répète les deux autres en prévision de sa rentrée parisienne. Finalement, elle n'en gardera qu'une, « Le Disque usé », car elle a trouvé le « geste » qui image, au final, l'aiguille du phono, coincée entre deux sillons. Sachant son ami en difficulté financière, Piaf contacte Roger Seiller, directeur des éditions Beuscher, et le convainc à lui octroyer une avance de droits d'auteur.

« Sa bonté à mon égard fut à la hauteur de sa réputation[1] », reconnaîtra Michel Émer.

C'est sa façon à elle de faire de la résistance : aider ses amis juifs.

D'autant que le 11 novembre 1942, par réaction au débarquement anglo-américain en Afrique du Nord, l'armée allemande sous les ordres d'Hitler franchit la ligne de démarcation. La France entière est occupée. Michel Émer prend le maquis. Andrée

---

[1]. *Ibid.*

Bigard, qui possède une ferme dans le Var, y installe Marcel Blistène. Bientôt, Édith Piaf apprend l'arrestation à Nice de Norbert Glanzberg. Elle monnaye sa libération et demande à un ami écrivain de l'héberger.

– 9 –

Au cœur de la tourmente, bravant la folie des hommes, Piaf chante.

« Tant qu'y a d'la vie, y a d'l'espoir
Vos désirs, vos rêves
Seront exaucés un soir
Avant que votre vie s'achève,
Le bonheur viendra vous voir
Il faut l'attendre sans trêve
Chasser les papillons noirs[1]... »

Paris l'attendait de pied ferme après cette longue absence. C'est à l'ABC qu'elle fait sa rentrée, du 17 octobre au 13 novembre. Elle y présente un répertoire en partie renouvelé : outre « Le Disque usé » du maquisard Émer, elle crée « Simple comme bonjour », de Roméo Carlès sur une musique de Louiguy, et « Je ne veux plus laver la vaisselle », qu'elle a écrite elle-même avec la complicité de Guite, s'approprie « La Légende du swing » de Georges Tabet (du duo Pills et Tabet) et ose « Le Lapin et les Chameaux » de 1936. La critique

---

[1]. « Le Disque usé » (Michel Émer), éditions Beuscher. © Polydor, 1943.

salue l'événement, appréciant l'expérience acquise, « la souplesse et la solidité d'un talent dirigé par l'intelligence, qui ne doit plus tout à la nature, qui sait désormais bien ce qu'il veut et où il va[1] », tout en louant le « genre unique[2] » de l'interprète, « l'espèce de noblesse, la pureté de l'élan, l'ampleur, la sobriété qui font le "style Piaf[3]". »

Ce retour dans la capitale réclame des changements notoires, tant sur le plan professionnel que privé. Pour commencer, la chanteuse décide de quitter l'appartement de la rue Anatole-de-la-Forge, tirant un trait définitif sur son époque Meurisse, et trouve un pied-à-terre au 5, rue de Villejust – plus tard rebaptisée rue Paul-Valéry –, entre l'Étoile et le Trocadéro. L'immeuble, un ancien hôtel particulier, a pour enseigne l'Étoile de Kléber, « maison » tenue par une madame Billy qui y reçoit la fine fleur du Paris occupé, et offre des commodités rares en ces temps de pénurie, comme le chauffage permanent et une table bien garnie – commodités facilitées par la fréquentation régulière des officiers de la Wehrmacht. Piaf et ses secrétaires, Andrée Bigard et un intendant nommé Rudy Heydel, nouvellement embauché pour ses compétences linguistiques et sa faculté à servir d'interprète entre sa

---

[1]. Gustave Fréjaville, *Comœdia*, 31 octobre 1942.
[2]. Louis Terrentrov, *L'Auto*, 30 octobre 1942.
[3]. Françoise Holbane, *Paris-Midi*, octobre 1942.

patronne et les Allemands, occuperont tout le troisième étage jusqu'au printemps 1944. Amoureuse d'un courant d'air, la chanteuse comble la solitude en faisant régulièrement bombance avec ses amis de métier, parmi lesquels sont toujours les bienvenus Jean Cocteau, Michel Simon, Marie Bell, Jean Chevrier, Madeleine Robinson et son mari Robert Dalban... On y revoit aussi l'intrépide Momone qui, en l'absence d'un « monsieur » officiel, s'autorise une promiscuité jusqu'alors prohibée par Asso et épisodiquement tolérée par Meurisse.

« L'appartement était rempli de meubles dépareillés, amenés là visiblement par hasard, rapportera Pierre Hiégel. Édith n'a jamais attaché d'importance aux objets. Du moment qu'il y avait un piano, un tourne-disque et sa grande malle-armoire de cuir toujours ouverte et surmontée d'une "sainte Thérèse" en émail bleu, Édith était satisfaite[1]. »

Au piano, justement, elle cherche un remplaçant à Louiguy, devenu pendant sa longue échappée en zone Sud l'accompagnateur attitré de sa rivale Léo Marjane. Elle recrute d'abord Daniel White, qui lui soumet une chanson de sa composition, « Elle avait son sourire[2] », puis, à partir de janvier 1943, Georges Bartholé, pianiste au Concert Pacra.

Côté répertoire, Henri Contet se décide enfin à lui apporter la chanson promise depuis des mois :

---

[1]. *Pierre Hiégel présente Édith Piaf*, op. cit.
[2]. Édith Piaf enregistrera « Elle avait son sourire » le 9 février 1943, mais la chanson restera inédite jusqu'en 2003.

« C'était une histoire d'amour », sur une musique de Jean Jal, le pianiste de son épouse Charlotte Dauvia.

> « C'était une histoire d'amour
> C'était comme un beau jour de fête
> Plein de soleil et de guinguettes
> Où le printemps m'faisait la cour
> Mais quand les histoires sont trop jolies
> Ça ne peut pas durer toujours[1]... »

Immédiatement conquise, Piaf l'enregistre le 15 décembre dans les nouveaux studios Polydor, rue Jenner (Paris 13e), accompagnée par la formation, orchestre et chœurs, de Claude Normand, avant de l'offrir au public du Perroquet au Nid, un cabaret de la rue de Ponthieu qui inaugure avec elle son nouveau cadre. La chanson obtient un gros succès – il se vendra près de quatre cent mille « petits formats » –, ce qui, ajouté aux compliments de Piaf, encourage Contet à persévérer. Sa relation compliquée avec la chanteuse lui inspire bientôt « Le Brun et le Blond », à l'issue tragique, que Marguerite Monnot s'empresse de mettre en musique. Dans la chanson, le blond apparaît comme un cynique qui se moque des sentiments de son amante et le brun comme un garçon sincère, au beau visage grave et triste et à la voix qui chante. Dans la vie, le blond c'est Henri Contet, l'homme marié à qui Piaf reproche d'envisager leur relation comme un passe-

---

[1]. Éditions Beuscher. © Polydor, 1945.

temps ; le brun s'appelle Yvon Jeanclaude, c'est un jeune débutant dont on entend la belle voix de basse dans « C'était une histoire d'amour » et qui, partenaire de la chanteuse au cabaret Le Perroquet au Nid, l'est devenu aussi de façon intermittente dans son lit. Si Piaf note le clin d'œil amusant de Contet, elle apprécie surtout son aptitude à lui écrire des blues magnifiques.

« Piaf était une muse d'une qualité exceptionnelle, confessera le parolier plus de trente ans après. Voyant mes chansons, elle clama à tous ses amis : "Fantastique ! C'est tout à la fois Verlaine et Baudelaire !" C'était ça, la nature de Piaf. Cela m'a beaucoup touché et beaucoup aidé. J'ai été d'un seul coup débarrassé de tous les complexes du débutant et je me suis mis à "écrire comme un maître", comme quelqu'un qui dominait la situation[1]. » La chanteuse ne lui impose pas moins des consignes qu'il s'applique à respecter.

– Parlons sérieusement, Henri, lui dit-elle un jour en aparté. Je veux du neuf. La Môme Piaf, c'est fini. Plus question pour moi de chanter Pigalle, le Vieux Montmartre, les maquereaux, tout ça. C'est démodé. Je te demande donc une chose : ne cherche jamais à imiter Asso. J'adore Raymond, je lui dois tout, mais je dois tourner la page.

L'ancien Pygmalion de Piaf n'a donc pas de scrupule à autoriser Mary Marquet, sociétaire de la

---

[1]. *Le Morvandiau de Paris*, juillet-août 1976.

Comédie-Française, à interpréter certains de ses textes lors d'un récital poétique donné à la salle Chopin-Pleyel le 16 décembre. Édith, furieuse de ne pas avoir été tenue informée du projet, se rend l'après-midi aux répétitions et s'installe dans le fond de la salle, sans être vue. Profitant d'un silence, elle lance d'une voix tonitruante qui paralyse d'effroi les quelques personnes présentes :
— Est-ce que je vais dire une tirade de *Phèdre* à la Comédie-Française, moi ?
On préfère ignorer l'invective et la répétition suit son cours. À la fin, c'est une Piaf louangeuse qui se précipite sur scène pour embrasser la comédienne.

« Comme elle était toute petite et moi gigantesque, cela devait donner l'impression d'un ouistiti grimpant dans un cocotier », écrit Mary Marquet dans ses Mémoires[1] — elle y raconte en outre avec quelle générosité la chanteuse lui démontrera par la suite son amitié, notamment au moment de la perte de son fils François, mort à la guerre.

Du 30 janvier au 12 février 1943, en alternance avec le cabaret de la rue de Ponthieu, Piaf chante aux Folies-Belleville où elle impose « Le Brun et le Blond » — on notera le geste sobre pour exprimer les larmes au final : la chanteuse porte la main à ses yeux — et « De l'autre côté de la rue », deux titres qui surprennent dans son répertoire mais dont le critique de *Comœdia*, Gustave Fréjaville, apprécie les

---

[1]. *Tout n'est peut-être pas dit*, Jacques Grancher, 1977.

« nuances de sensibilité un peu moins simples » et la « poésie visionnaire, aux suggestions mystérieuses, presque magiques ».

C'est alors que lui vient la proposition d'Henri Varna, directeur du Casino de Paris, de se produire sur la scène mythique où triomphe habituellement Mistinguett et toutes les illustres emplumées du music-hall. L'invitation paraît si incongrue que Piaf l'accepte. Naturellement, dans cette nouvelle *Revue des chansons*, à l'affiche du 15 au 28 février, on ne demande pas à la vedette à la petite robe noire et aux chansons tragiques de descendre le grand escalier en levant la jambe. Fidèle à son style habituel, elle intervient entre deux tableaux pour un mini récital, illustré – et c'est là la nouveauté – d'un décor champêtre au milieu duquel coule une rivière, lequel décor parfaitement superflu s'anime en arrière-plan selon une machinerie ingénieuse. Un soir, toutefois, tandis que de sa voix lourde, chargée d'émotion, Piaf interprète l'un des drames en trois actes de son répertoire, des rires inopinés fusent dans la salle. Déconcertée, elle s'interrompt, puis découvre d'une volte-face le décor qui s'anime en sens inverse, la rivière remontant à sa source, à contre-courant. Henri Contet, qui rapporte l'anecdote[1], ne dit pas si les machinistes ont pallié l'incident avant la fin du récital, mais il décrit une Piaf furibarde incendiant tout le monde en coulisses, du petit personnel au directeur. Contet ne précise pas

---

[1]. *Opinions publiques, op. cit.*

davantage si ce litige est à l'origine du désistement de la chanteuse – elle sera bientôt remplacée dans la même revue par Suzy Solidor – ou si, comme il sera dit et attesté en haut lieu, la chanteuse aurait été interdite de scène par la censure allemande pour avoir refusé d'ôter de son répertoire un titre prohibé par l'occupant, à savoir « L'Accordéoniste », écrite par un auteur-compositeur juif. En tout cas, c'est après un long intermède de vacances forcées que Piaf va retrouver la scène du Casino du 5 avril au 6 juin dans une nouvelle revue intitulée *Succès de Paris*, avec un récital épuré des chansons de l'ami Michel Émer – on imagine sans peine que cette décision ne s'est pas prise de gaieté de cœur[1].

À partir du 8 mai, en alternance avec le Casino de Paris, Piaf investit la petite scène du cabaret La Vie en Rose, rue Pigalle, un endroit intime où, écrit le critique Georges Dallain, « les fanatiques préfèrent l'entendre », ayant « l'impression qu'elle chante pour chacun d'eux, en amie, sans se faire prier, à la demande de la société[2] ». Vedette d'un programme dont la première partie est assurée par son protégé Yvon Jeanclaude et un fantaisiste débutant nommé Francis Blanche avec qui elle sympathise, Piaf présente un répertoire entièrement composé de chansons récentes, datant toutes de la période post-

---

[1]. Michel Émer prétendra que, faisant fi de la censure allemande, Piaf continuera par la suite à chanter certaines de ses compositions, en les attribuant à Michel Méry.
[2]. *Le Petit Parisien*, 16 mai 1943.

Asso, dont quelques inédites : « C'était la première fois », écrite paroles et musique par Roger Luchesi, la nostalgique « Valse de Paris », de Georges et André Tabet, ou encore le jazzy « Ses mains », de René Bacley et Jacqueline Batell. Mais c'est Henri Contet, auteur poétique et prolifique, qui tire son épingle du jeu en inscrivant pas moins de cinq de ses œuvres au répertoire de sa muse. Le public, qui connaît déjà « C'était une histoire d'amour » et « Le Brun et le Blond », découvre « Chanson d'amour » (que Piaf abandonne bientôt) et surtout, respectivement mises en musique par Marguerite Monnot et le Suisse Johnny Hess (ancien partenaire de Charles Trenet), « Histoire de cœur » et « Monsieur Saint-Pierre ».

« Regardez-moi bien
Je suis si pauvre
Regardez mes mains
Des mains de pauvre
Et regardez tous mes péchés
Et mon vieux cœur las de tricher[1]... »

On retrouve ses nouvelles créations à l'ABC où, accompagnée par l'orchestre de Claude Normand, Édith Piaf succède à Léo Marjane du 11 juin au 8 juillet, avant d'investir la scène de Bobino du 23 juillet au 3 août. La parolière Piaf, quoique fraîchement recalée aux épreuves d'admission à la

---

[1]. Éditions Beuscher. © Polydor, 1945.

SACEM, s'octroie également « J'ai qu'à le regarder », sur une musique d'Alec Siniavine, et offre à Tino Rossi « Ce matin même », chanson du film *Le Chant de l'exilé*.

Le 13 août, avec Charles Trenet et l'orchestre de Fred Adison, Piaf honore de sa présence un gala donné au Gaumont-Palace au profit des prisonniers français en Allemagne – elle y chante, entre autres, « Monsieur Saint-Pierre » – et, dès le lendemain matin, la même troupe augmentée d'Andrée Bigard et du pianiste Georges Bartholé, mais privée de Trenet qui partira ultérieurement, embarque gare de l'Est pour une tournée de sept semaines en terre ennemie. L'objectif consiste à donner du baume au cœur aux soldats français emprisonnés dans les camps de regroupement (stalags) et aux travailleurs réquisitionnés dans les usines par le STO (service du travail obligatoire, imposé par le gouvernement collaborateur de Vichy).

« Je compte leur chanter des chansons nouvelles que j'ai préparées à leur intention[1] », déclare-t-elle avant son départ.

Au journaliste qui s'étonne de ce choix, estimant que ces hommes exilés de leur pays préfèreraient entendre des refrains connus, évocateurs de souvenirs heureux, elle objecte : « Je voudrais qu'en m'écoutant, ils pensent moins à la vie qu'ils ont quittée qu'à celle qu'ils retrouveront un jour. » Ce

---

[1]. *Paris Midi*, 9 août 1943.

choix répond en outre à l'impossibilité pour elle d'interpréter d'anciens succès comme « Le Fanion de la légion », « L'Accordéoniste » ou « Mon légionnaire », interdits par la Propaganga Staffel.

Dès leur arrivée à Berlin le 15 août, un raid aérien contraint Piaf et sa troupe d'accompagnateurs à descendre urgemment aux abris, à peine les bagages posés à l'hôtel Aldon. Deux jours de repos et de répétitions précèdent la première représentation, suivie d'une réception donnée par les autorités du Troisième Reich. Le 9 septembre, les prisonniers du camp de Braunschweig remettent un drapeau français à Édith, honorée du titre de marraine du Stalag III D. Andrée Bigard, que l'emploi de secrétaire n'appelait pas nécessairement en Allemagne, témoignera d'actes de résistance qu'elle aurait alors échafaudés en étroite connivence avec la chanteuse, témoignages souvent discutés voire invalidés par divers biographes de Piaf, par manque de preuves officielles et de révélations de l'artiste à ce sujet. La mission étant de permettre l'évasion de prisonniers, on agirait de la sorte : Piaf demanderait au colonel du camp la permission d'être photographiée entourée de « ses hommes », puis on agrandirait à Paris les visages les plus nets au format de photos d'identité qui serviraient ensuite à la confection de faux papiers, lesquels seraient glissés avec une boussole et un plan de la région dans des boîtes de conserve remises aux soldats lors de la tournée suivante. Selon une autre version, Piaf aurait de façon plus radicale ramené en France des prisonniers en les associant à sa troupe de musiciens. Andrée Bigard dénombrera ainsi plusieurs dizaines de jeunes hommes dont elle aurait favorisé l'évasion avec le concours efficace de sa célèbre complice.

Dans son livre de souvenirs[1], Fred Adison rapportera une anecdote amusante qui reflète le tempérament frondeur et facétieux de Piaf : apprenant qu'une chanson dissidente, écrite par un prisonnier, circulait dans les camps – « Dans l'cul, dans l'cul/ Ils auront la victoire/ Ils ont perdu toute espérance de gloire/ Ils sont foutus/ Et le monde en allégresse/ Répète avec joie sans cesse/ Ils l'ont dans l'cul/ Dans l'cul ! » –, elle se la serait appropriée bien volontiers et lors de son dernier « tour », en guise de rappel, après avoir remercié les officiers allemands de l'avoir si chaleureusement accueillie, elle aurait annoncé une nouvelle chanson dont elle ne se souvenait que de la musique. Et de fredonner l'air de « Dans l'cul... », aussitôt soutenue par le chœur des prisonniers, réjouis.

« Les prisonniers, ils sont comme ça ! », lance-t-elle, pouce levé, aux journalistes venus l'accueillir à son retour en France.

S'ensuit un mois de repos, tout juste amputé de deux participations au Grand Palais, l'une avec Tino Rossi et Suzy Solidor pour le gala de l'Exposition du Commerce et de l'Industrie, l'autre avec Fernandel pour le gala des Gloires du music-hall.

---

[1]. *Dans ma vie y a d'la musique*, op. cit.

L'essentiel de son mois de novembre se passe à Bruxelles pour un contrat de deux semaines et demie au cabaret-restaurant Sa Majesté, doublé par trois prestations au Palais des Beaux-Arts où elle est accompagnée par l'orchestre d'Émile Deltour. Les estimations de la critique belge, séduite par un répertoire qui, quoique toujours inspiré du « genre réaliste », « l'a extrait des bas-fonds où il s'enlisait[1] », conforte l'artiste dans son choix d'évolution de carrière.

Deux chansons, qu'elle enregistre sitôt rentrée à Paris sous la direction du chef d'orchestre Guy Luypaerts, viennent enrichir ce répertoire ; elles émanent de la plume prolixe d'Henri Contet, l'une mise en musique par Henri Bourtayre : « Le Chasseur de l'hôtel », l'autre par Louiguy : « Coup de grisou ». La seconde fait grande impression, certains critiques n'hésitant pas à la qualifier de chef-d'œuvre. L'idée originelle en revient à Piaf qui, s'adressant un jour à son auteur fétiche, lui dit :
— Tu m'as sorti de l'univers des putains et des maquereaux, c'est bien. Mais depuis, je ne chante plus que des histoires de personnages tendres et fragiles. Tu ne pourrais pas m'écrire une chanson sur quelqu'un de dur ? Un terrassier, par exemple.
— Un mineur, ça t'irait ? propose Contet.
— Qu'est-ce que tu vas lui faire faire ?

---

[1]. *Le Soir*, novembre 1943.

– Laisse-moi réfléchir... Comme il est toujours dans la mine, je vais écrire l'histoire d'un type qui ne voit jamais le soleil, le soleil lui fait mal aux yeux. On l'appellera « Coup d'grisou ». Et ça se terminera justement par un coup de grisou... il meurt... on le remonte du puits...

> « Et quand on l'a sorti du puits
> La lumière se moquait de lui
> Le soleil donnait un gala
> Pour l'embêter un' dernièr' fois
> Mais Coup d'grisou était guéri :
> Il avait épousé la nuit[1]... »

Sur les derniers mots, Piaf trouve « le geste » de scène : la main qui se baisse en visière sur ses yeux et remonte très vite, avant le noir final. Elle teste l'effet sur le public de province, au théâtre de l'Odéon à Marseille, aux Nouveautés à Toulouse, à la salle Rameau de Lyon, au Knickercocker à Monte-Carlo et à L'Écrin de Nice, le cabaret de Fred Adison, où son planning la conduit de décembre 1943 jusqu'aux premiers jours de 1944.

Lors de son passage à Marseille, Piaf retrouve l'ami Michel Émer qui, pour la remercier des droits d'auteur perçus pour « Le Disque usé » et « De l'autre côté de la rue », l'invite à dîner au restaurant « Chez Mémère », réputé pour sa table copieuse et onéreuse, marché noir oblige.

---

[1]. Éditions Salabert. © Polydor, 1944.

– Vous tombez mal, annonce pourtant la patronne. Ce soir, je n'ai pas grand-chose à vous proposer. Juste un peu de fenouil et de la cancoillotte.

Émer est déçu, d'autant que Piaf lui lance à la sortie :
– Eh bien merci ! Pour une fois que tu invites, on peut dire qu'on bouffe bien !
Quelques jours passent et l'auteur-compositeur revoit la patronne du restaurant. Elle lui apprend que c'est Piaf elle-même qui avait donné pour consigne que le repas soit « léger » et ne coûte pas trop cher.
– Elle doit vous aimer beaucoup, Édith Piaf ! ajoute la dame.

Janvier 1944. Édith se présente à son deuxième examen d'admission à la SACEM, rue Chaptal, en tant que parolière. Le thème imposé : « Ma chanson c'est ma vie ». Elle se lance : « Ma chanson c'est ma vie/ Et parfois le Bon Dieu/ Y met sa fantaisie/ À grands coups de ciel bleu… » Verdict : elle est reçue ! La bonne nouvelle lui parvient le mois suivant, alors qu'elle termine une série de spectacles au Doyen, un cabaret-restaurant dans les jardins de l'Élysée, conjuguée avec une participation à la revue du Moncey, un music-hall de l'avenue de Clichy.
Elle laisse toutefois le soin à d'autres auteurs de bonifier son répertoire : ainsi, Paul Lechanois – qui ne fera qu'une brève incursion dans l'univers Piaf – signe le surréaliste « Un monsieur me suit dans la

rue », sur une musique d'inspiration américaine de Jacques Besse, tandis qu'Henri Contet persiste et signe dans la poésie populaire avec « C'est toujours la même histoire », magnifiée par la musique d'inspiration classique du pianiste Daniel White.

Le 14 février, escortée de sa secrétaire Andrée Bigard, de l'ami comédien Robert Dalban, du pianiste Georges Bartholé et de la troupe de musiciens de Claude Normand, Édith Piaf reprend le train en direction de l'Allemagne pour une seconde tournée de trois semaines dans les stalags – elle refuse cette fois de chanter dans les usines. Interrogée par les journalistes une semaine avant son départ, elle déclare être l'initiatrice de ce nouveau périple, avec pour seul but d'apporter un soutien moral aux prisonniers, négligente de retombées annexes qui lui seront reprochées après la Libération, à savoir une coopération profitable à la propagande allemande. Pourquoi ne pas croire à l'histoire des faux papiers à remettre aux soldats afin de favoriser leur évasion ? Témoin de l'époque et incrédule à ce sujet, Henri Contet avouera cependant : « Il y avait des messes basses avec Andrée Bigard. Elles préparaient des trucs, elles ne voulaient pas que je sois dans la confidence. L'idée d'Édith était d'essayer des coups, de jouer des tours aux Boches. Elle se faisait du théâtre. Dédée jouait son jeu. C'est tout ce que je sais[1]. » Mais, au fond, était-il nécessaire

---

[1]. Cf. *Piaf, biographie, op. cit.*

qu'il en sache davantage ? Peu avant sa mort, il confiera toutefois : « Édith travaillait beaucoup pour les prisonniers, pour les forces de la Résistance. Pas très adroitement, ce qui m'effrayait. Mais elle s'en tirait fort bien parce que, avec sa gouaille parisienne, elle faisait tout passer auprès des Allemands. Elle était très maligne et tutoyait même Goebbels[1]. » Les propos de la romancière et scénariste Monique Lange, auteur d'une biographie de Piaf, complètent ceux de Contet : « Piaf – comme dans tout ce qu'elle entreprend – court après l'enfance qu'elle n'a pas eue. Faire évader des prisonniers, c'est une façon de jouer à cache-cache[2]. »

Son enfance se rappelle à elle de façon brutale, dès son retour à Paris. Louis Gassion, soixante-trois ans, vient de mourir dans son appartement de la rue Rébeval où il vivait de façon confortable grâce à la pension mensuelle versée par sa fille, assisté, les derniers temps, par un valet de chambre que cette dernière avait embauché à sa demande, dans le seul but d'épater les copains. Édith Piaf a le cœur gros. Au chagrin éprouvé par la disparition de ce père qu'elle n'a jamais cessé d'aimer en dépit d'une éducation acyclique, menée à la dure, s'ajoute le remords de n'avoir pu assister à ses derniers instants : l'ancien contorsionniste-antipodiste s'est éteint le 3 mars, au moment où elle s'apprêtait à

---

[1]. *Platine*, n° 43, *op. cit.*
[2]. Monique Lange, *Histoire de Piaf*, Ramsay, 1979.

rentrer d'Allemagne. Aussi, à peine arrivée à Paris, s'empresse-t-elle d'acheter une concession à perpétuité au Père-Lachaise et d'organiser pour son père d'honorables funérailles. Après une cérémonie religieuse en l'église Saint-Jean-Baptiste de Belleville, le corps de Louis Gassion est inhumé dans un caveau provisoire, dans l'attente de la finalisation du caveau familial où seront également transférés les restes de la petite Marcelle Dupont.

Et le spectacle continue. Du 11 au 23 mars, Piaf sillonne la Belgique : Bruxelles, Verviers, Liège, Mons, La Louvière, Huy, Namur, Mouscron. Un crochet par Paris, le temps d'un gala à la Comédie-Française au profit des œuvres sociales des cheminots – elle y fait la connaissance des Compagnons de la Chanson dont elle apprécie les qualités vocales –, puis elle repart à la rencontre de son public de province, de Lille à Quimper, en passant par Lyon, Le Mans, Nantes, Rennes et Bruxelles. Annoncée pour une semaine au théâtre des Variétés de Marseille, la chanteuse annule les représentations, préférant rentrer à Paris et se consacrer avec l'orchestre de Georges Bartholé aux répétitions de la revue *Album d'images* dont elle est la vedette au Moulin de la Galette, du 26 mai au 18 juin. Elle y crée « Y'a pas de printemps », qu'Henri Contet prétendra avoir écrite en 1943, suite à un pari lancé par son interprète :

– Tu n'es pas capable, Rirou, de m'écrire une chanson en trente minutes, le temps que dure mon tour de chant !

Pari relevé… et gagné !

« Y'a pas d'printemps le long d'ma vie
Je n'crois pas aux calendriers,
J'ai beau fair' des économies
L'printemps je n'peux pas me l'payer[1]… »

Seule la phrase finale titille Piaf. Contet a écrit : « P't'être que j'suis pas assez jolie… »

– Dis donc, Ducon ! lui lance-t-elle. J'suis quand même pas si tarte ! Faut m'changer ça vite fait !

Contet hésite, il n'a pas l'intention de modifier quoi que ce soit à son texte. Mais finalement, il propose : « P't'être que j'suis pas jolie, jolie… »

– Bah tu vois, ça change tout ! fait Piaf.

Et c'est Guite qui en écrit la musique, tandis qu'Henri Bourtayre signe « Les Deux Rengaines », une valse hésitante entre joie et tristesse.

Des sentiments contraires d'une autre ampleur, où l'espoir d'un pays enfin libéré va se heurter aux doutes, à l'angoisse et à la douleur de tragédies à venir, animent le peuple français à partir du 6 juin 1944, après le débarquement des forces alliées sur les plages normandes et l'hécatombe de trente mille soldats et plus de vingt mille civils. Par pur instinct

---

[1]. Éditions Beuscher. © Polydor, 1944.

de vengeance, les nazis se livrent dans les jours qui suivent à d'atroces massacres dans le Limousin, terre de résistance et maquis communiste, décimant impunément une centaine d'hommes à Tulle, par pendaison, et détruisant le paisible village d'Oradour-sur-Glane, après avoir brûlé vifs femmes et enfants enfermés dans l'église.

Cependant, Piaf apprend que le Stalag III D dont elle est la marraine de cœur, a été bombardé : cinquante prisonniers sont morts. Elle chante alors au cabaret Le Beaulieu, à Paris, et décide d'y organiser une soirée spéciale au profit des familles des défunts et des autres soldats en captivité en Allemagne. Afin de créer l'événement et escompter une importante recette, elle réclame le parrainage du maître Sacha Guitry, symbole de l'esprit parisien du moment, qui, d'abord réticent, finit par se laisser émouvoir par la générosité de cœur de la chanteuse. Il a l'idée d'une grande vente aux enchères, sollicitant la coopération massive du public présent ce soir-là, soit le Tout-Paris des arts et des lettres, et soumettant lui-même à la magnanimité de ce public un portefeuille contenant deux lettres, l'une de l'écrivain Octave Mirbeau, l'autre de son père Lucien Guitry, célèbre comédien de théâtre, ainsi qu'une photographie prise à Saint-Pétersbourg en 1890, réunissant le père et le fils, tout jeune.

« Debout dans la coulisse, heureuse et au bord des larmes, j'assistais à ces dernières enchères en mordillant mon mouchoir, se souviendra Édith

Piaf. Une main se posa sur mon épaule. Je tournai la tête. Sacha Guitry me souriait[1].

– Quand Jean Weber *[comédien et animateur du spectacle]* aura fini, me dit-il, nous monterons tous sur la scène, vous avancerez jusqu'à la rampe et vous direz, en nous montrant : "Nous avons fait ce que nous avons pu." Puis, désignant le public du geste, vous ajouterez : "Mais vous, vous avez fait deux millions ! Bravo et merci !" »

Le 22 juillet, accompagnée par le grand orchestre de Guy Luypaerts, Piaf donne un récital unique à la salle Pleyel. C'est Pierre Hiégel, directeur artistique chez Polydor, qui la présente selon un rituel établi depuis les années Asso et inventé par l'animatrice de spectacles Lisette Boulin : « Et maintenant un seul nom, et dans ce nom toute la chanson : Édith Piaf ! » Le lendemain, Georges Ricou écrit dans *Cœmedia* : « La voix âpre, charriant la souffrance, vibrant d'une émotion étrange, s'écoule comme une plainte, monte, descend, s'affaiblit, sanglote, gémit et s'enfle, à peine soulignée par des gestes de résignation, de désespoir... Ses mains livides, posées sur sa jupe noire, bougent rarement. Et quand sa voix se tait, la tête penchée, immobile, on la croit crucifiée à l'image du Christ. »

Le critique du *Soir* n'est pas moins admiratif, mais il émet un bémol : « Ne pourrait-on, de temps en temps, lui donner à chanter le soleil, l'air pur,

---

[1]. *Au bal de la chance, op. cit.*

l'amour heureux ? Vingt chansons sur la misère, le vice et la mort... c'est beaucoup en ces temps de misère et de mort... »

Un avis que partage alors le joyeux Ivo Livi, tout droit débarqué de Marseille à la conquête de Paris avec pour bagages un physique de séducteur, des chansons de cow-boy et un nom de scène prometteur : Yves Montand.

– 10 –

Édifié en 1889 au bas de la Butte Montmartre, à l'emplacement de l'ancien Bal de la Reine Blanche, le Moulin Rouge est l'un des rares vestiges de la Belle Époque, immortalisé par les tableaux du peintre Henri de Toulouse-Lautrec et les célèbres danseuses de *french cancan* comme la Goulue, Grille d'Égout, Nini Pattes-en-l'Air, la Môme Fromage, Rayon d'Or... Détruit dans un incendie en 1914, il ne fut reconstruit qu'après la guerre et devint sous l'impulsion du revuiste Jacques-Charles l'un des plus illustres music-halls au monde, accueillant sous ses ailes Mistinguett, Maurice Chevalier et Josephine Baker. Transformé en cinéma durant l'Occupation, ce haut lieu des plaisirs de la vie parisienne va regagner ses lettres de noblesse à partir de l'été 1944, en retrouvant sa vocation de temple de la chanson et du spectacle.

La direction a choisi une vedette à la hauteur de l'événement, Édith Piaf. L'inauguration est fixée au vendredi 29 juillet, mais le spectacle s'interrompt deux jours plus tard, en raison du désistement de sa « vedette américaine », le fantaisiste Roger Dann. Il faut lui trouver impérativement un remplaçant et différer la prochaine représentation au 5 août, palliant le report par un programme alternatif, avec les duettistes Charpini et Brancato. Un nom circule pour remplacer le lâcheur au pied levé, celui d'Yves Montand.

Né Ivo Livi le 13 octobre 1921, ce fils d'émigrés italiens a grandi dans le quartier nord de Marseille. Très jeune, il commence à travailler dans une usine de pâtes alimentaires, avant de passer un CAP de coiffure, sous l'impulsion de sa sœur aînée Lydia qui l'embauche dans son salon comme shampouineur. Mais Ivo, fasciné par les grandes stars des comédies musicales hollywoodiennes, ne rêve que de chansons, de danse, de scène. Un imprésario local, Francis Trottobas, connu des Marseillais sous le surnom de Berlingot, lui permet de faire ses armes en « trépidant fantaisiste », imitateur de Trenet et Chevalier. Il devient Yves Montand, par héritage maternel, adaptant le cri de Giuseppina : « Ivo ! montaaaa ! », qu'elle lançait depuis la fenêtre pour que son petit garçon rentre au bercail plutôt que de traîner avec les autres fils d'immigrés dans le quartier des Crottes, puis l'impasse des Mûriers de la Cabucelle.

L'Alcazar lui ouvre ses portes et un passeport pour la gloire, mais la guerre vient briser cet élan : Montand est incorporé dans les Chantiers de Provence. Sa carrière reprise en main par Émile Audiffred, le chanteur néophyte retrouve la scène en 1941, il enchaîne les galas, se forge un enviable statut de gloire locale, puis quitte Marseille pour conquérir Paris où, en février 1944, il entre par la petite porte à l'ABC, en « lever de torchon ». Si l'on se moque de son allure dégingandée et de sa tenue de zazou – la fameuse veste à carreaux jaunes, à la Cab Calloway ! –, le public n'est pas moins réceptif à ce grand gaillard dynamique qui chante publiquement à la gloire de l'Amérique. Et, lors de son passage à Bobino en juillet, en première partie de la truculente Georgette Plana, la critique lui prédit un bel avenir : « Que de possibilités – et qui sont loin d'être toutes exprimées – dans cette longue silhouette à la fois athlétique et démontable, dans cette cocasserie nonchalante, solide et légère ! Il a la voix belle, par surcroît, et le sens de la scène, une présence, le don du geste heureux et personnel... Le plus évident de nos "espoirs" derniers-nés[1]. »

Un avis que va partager Édith Piaf qui, avant d'accepter le jeune Méridional dans son programme, demande à l'écouter. Autant dire qu'avant cette audition l'illustre dame en noir se montre peu emballée à la perspective d'engager ce chanteur fantaisiste, en dépit des « bons papiers » dont il a fait l'objet. Piaf a une conception précise et obtuse du music-hall marseillais : le genre « comique à pointe d'ail », c'est tout ce qu'elle déteste. Réciproquement, Montand ne goûte guère le répertoire à tendance « réaliste » ; le côté « broyeuse de cafard », très peu pour lui ! Mais il a conscience de l'opportunité qui s'offre à lui. Passer dans le programme de

---

[1]. Françoise Holbane, *Paris-Midi*, 29 juillet 1944.

Madame Piaf ne se refuse pas, faut-il pour cela se rabaisser à l'épreuve d'une audition devant cette « emmerdeuse de première ». Une audition que Montand obtient à l'arraché, à la faveur d'un conseilleur qui aurait lancé à la chanteuse :
— Surtout ne prends pas Montand ! S'il passe avant toi, il va te tuer !
— Ah oui ? fait-elle, à la fois amusée et intriguée. Eh bien, faites-le venir, ce type qui va me tuer !

Il se présente un matin, à dix heures, flanqué de Raoul André, un apprenti réalisateur de cinéma qui l'héberge chez lui, rue Chalgrin. Piaf l'attend, avec sa secrétaire Andrée Bigard.

« Elle était assise, là, charmante dans sa robe à fleurs, très jolie, très fine, avec sa raie de côté[1] », se souviendra Montand.

Il lui tend la main.
— Bonjour, madame.
— Mademoiselle, corrige Andrée Bigard.
— Bonjour, mademoiselle, rectifie-t-il calmement, ravalant une bouffée d'agacement.
— Alors comme ça, c'est vous, Yves Montand !

« Elle avait une façon particulière d'étendre la main, pouce rentré. J'ai retrouvé ce même geste, qui transforme les mains en oiseaux voletants, chez Marilyn et chez Isabelle Adjani », dira-t-il.

---

[1]. *Tu vois, je n'ai pas oublié*, *op. cit.* (Sauf indication contraire, les citations d'Yves Montand reproduites ici proviennent de cet ouvrage).

– Montrez-moi donc ce que vous savez faire.

Et Montand, accompagné par l'orchestre de Claude Normand, interprète les chansons qui lui ont valu un début de notoriété : « Dans les plaines du Far West », « Je m'en fous je m'en contrefous » et « Je vends des hot-dogs à Madison ».

Piaf se lève et s'approche de la scène.

« Je me reverrai toujours, toute petite et comme écrasée par la haute silhouette de ce grand garçon tout en longueur, vers lequel je levais un visage qui se trouvait à peu près à la hauteur de ses chevilles[1]. »

– C'est très bien, bravo !

Inutile, pour l'heure, de se répandre en longs discours et d'émettre des réserves sur le talent du jeune homme. Comme la « première » approche, il reste peu de temps pour les répétitions.

– Bon. Est-ce que vous m'avez déjà entendue chanter ? demande-t-elle.

– Non.

– Eh bien, ça va être mon tour. Profitez de l'occasion.

La prétendue « broyeuse de cafard » connaît son métier. Calé dans son fauteuil, Montand l'écoute et l'observe attentivement. Mais une répétition, aussi minutieuse soit-elle, ne dévoile jamais qu'une esquisse du talent d'un artiste, lequel s'accomplit pleinement face au public.

---

[1]. *Au bal de la chance*, op. cit.

Le 5 août, la « première » a lieu à quinze heures trente. Le toit ouvert du Moulin Rouge laisse entrer la lumière du jour. Montand reçoit les applaudissements nourris du public. Piaf le cueille en coulisses et rend son verdict de professionnelle.

— Bravo, vous avez remporté un joli succès. Mais écoutez bien ceci : pour l'instant, on vous applaudit parce qu'on a les Allemands sur le dos et qu'on attend les Américains. Méfiez-vous, ça ne durera qu'un temps. Ce qu'il vous faut, ce sont de bonnes chansons bien françaises. Ne vous inquiétez pas, on vous les écrira.

Et sans lui laisser le temps de répliquer :
— Bon, maintenant, ça va être à moi. On se voit après ? On ira manger quelque chose.

Montand s'installe au balcon pour profiter du spectacle. Ses préjugés s'effondrent dès l'entrée en scène de Piaf. La voici qui arrive lentement, elle met un temps infini à venir jusqu'au micro. Le jeune Marseillais, lui, impatient et fougueux, a pour habitude de sauter depuis les coulisses pour se retrouver en un clin d'œil au centre du plateau, prêt à envoyer sa première chanson.

— Pourquoi cours-tu ? lui dira-t-elle. Le public est venu pour toi, il ne va pas se sauver. Prends le temps d'aller vers lui, laisse-lui le plaisir de t'accueillir. Profite des applaudissements. Savoure-les.

Face au micro, Piaf se positionne, les pieds rivés au sol. Elle démarre son récital en douceur par « Y'a pas de printemps » et « De l'autre côté de la rue », poursuit avec « Le Brun et le Blond », avant de créer « Il riait », que vient de lui écrire Henri Contet sur une musique du pianiste Georges Bartholé.

« C'était un gars que la déveine
Avait un jour pris par le bras
Pour l'emmener dormir à Fresnes
Et c'est des trucs qu'on n'oublie pas…
Et il riait[1]… »

« Ses chansons étaient des *blues* extraordinaires, des valses ou des *blues*, ou les deux. » Ce répertoire que Montand découvre un soir d'août 1944, il se le remémorera avec beaucoup d'émotion plus de quarante ans après, lors d'une émission de télévision en hommage à celle à qui il doit beaucoup. Son témoignage, entrecoupé de couplets chantés, s'achèvera par ces mots : « À "L'Accordéoniste" j'ai craqué, je la regardais, subjugué. Je n'avais pas envie de pleurer mais en même temps je pleurais, parce que c'était fantastique. Évidemment j'étais K.O.[2] »

Au dîner fastueux qui s'ensuit, dans un restaurant montmartrois derrière le Moulin de la Galette, Piaf a également convié Henri Contet, le premier auteur sollicité à bonifier le répertoire de Montand. Bien entendu, on parle métier. Mais Piaf s'emploie surtout à faire parler son partenaire de scène, pour qui elle a déjà le béguin. Qui est-il ? D'où vient-il ? Quels sont ses centres d'intérêt ? Devenue à son

---

[1]. Éditions Beuscher. © Polydor, 1945.
[2]. *Piaf pour toujours*, TF1, octobre 1988.

tour « pygmalionne », elle exploite les enseignements de Raymond Asso, le procédé basique qui consiste à percer la vraie nature du personnage et en extraire la matière brute qui va nourrir l'artiste. « On ne chante bien que ce qu'on a dans les tripes, ce qui vous a fait mal ou vous a fait rêver », estime Piaf. Au-delà des origines sociales et familiales, l'ancienne chanteuse de rues se trouve bon nombre de points communs avec le fils d'ouvrier communiste. À travers lui, elle se revoit telle qu'elle était quelques années auparavant, privée de repères dans certaines circonstances. Henri Contet témoignera de l'attitude de Montand à ce dîner : « Il était la proie d'une extraordinaire timidité, accumulait lapsus et maladresses. Il cherchait ses mots, renversait son verre[1]. » Comme Piaf qui, autrefois, ne savait comment se tenir à table, ni quoi faire des différents couverts à sa disposition, confondait rince-doigts et trou normand. Les deux artistes souffrent pareillement d'un manque de culture que Piaf s'applique peu à peu à combler avec des amis érudits comme Jacques Bourgeat ou Jean Cocteau.

– Tu dois intéresser aussi bien le populo que Guitry ou Cocteau, dit-elle à Montand. Et il faut, pour cela, que tu connaisses les écrivains, les poètes.

Ces deux-là ont aussi en commun le goût d'apprendre et la volonté acharnée de s'en sortir, d'être les meilleurs dans leur discipline.

---

[1]. *Tu vois, je n'ai pas oublié*, op. cit.

Piaf et Montand vont vivre ensemble la Libération de Paris. La chanteuse habite au 71, avenue Marceau. Nouvel amour, nouveau logis. L'œil aux fenêtres, le couple se trouve au cœur des événements. Place de l'Étoile, les chars de la Deuxième Division Blindée du général Leclerc arrivent depuis l'avenue Foch, cerclés par une foule en liesse, hurlant, chantant, déployant des drapeaux, le tricolore et celui étoilé des alliés. Mais la guerre est-elle vraiment finie ? Des balles sifflent au-dessus des têtes, des grenades explosent sur des toits d'immeubles. Avenue Marceau, une colonne de camions allemands s'apprête à lever le camp. Un ami de Piaf, porteur du brassard FFI, va pour dégoupiller une grenade. Elle lui saisit le bras, le stoppe dans son mouvement :

– Fais pas l'con, tu vois bien qu'ils s'en vont !

Le général de Gaulle quitte l'Arc de Triomphe où il vient de ranimer la flamme du Soldat inconnu et descend les Champs-Élysées à pied, suscitant un formidable soulèvement populaire qui le consacre chef de la France libre.

Dès le départ des forces occupantes, on règle des comptes plus ou moins légitimes. Les suspects de collaboration sont jugés par des tribunaux populaires ou lynchés par la foule. Piaf est convoquée par le « Comité d'épuration des professions d'artistes dramatiques, lyriques et des musiciens exécutants ». Son nom figure sur une « liste noire » de gens du spectacle soupçonnés d'avoir entretenu des rapports ambigus avec l'occupant nazi. Sont aussi inquiétés Arletty, Maurice Chevalier, Charles Trenet, Suzy Solidor, Fréhel, Léo Marjane, André Claveau, Jean Cocteau... On reproche à Édith Piaf les visites rendues aux prisonniers dans les camps en Allemagne et, indirectement, son énorme succès durant ces années d'oppression. La chanteuse et sa secrétaire Andrée Bigard parviendront à légitimer leurs actions résistantes et sortiront acquittées avec les félicitations du Comité.

Les théâtres parisiens, provisoirement fermés, rouvrent leurs portes. Et commence pour Yves Montand une longue période d'initiation artistique, sous la férule d'une Piaf amoureuse mais pas moins déterminée dans sa nouvelle fonction d'instructrice.

– Ça t'emmerde, hein, d'être commandé par une femme ? lui lance-t-elle, piquante, histoire d'attiser le macho rital qui sommeille en lui.

Montand ravale sa fierté, s'en remet aux jugements des « sages », ne rechigne point. Et bosse comme un forcené. Henri Contet confirme : « Yves n'a jamais discuté un "ordre" d'Édith – car les "conseils" d'Édith se transformaient vite en ordres. Il absorbait tout avec une voracité et une efficacité confondantes. Et elle s'émerveillait à son tour de tant de dons et de volonté réunis[1]. » Car, si les conseils de Piaf s'apparentent à des ordres, ses enthousiasmes sont des panégyriques. « Édith était

---

[1]. *Ibid.*

quelqu'un qui te faisait croire que tu étais Dieu, que tu étais irremplaçable », confirmera Montand.

Première mission d'Édith : trouver des chansons à son protégé. Tous les auteurs et compositeurs, proches et moins proches, sont sur le coup : Michel Émer, Norbert Glanzberg, Marguerite Monnot, Jean Guigo, Loulou Gasté… L'ambition de Piaf étant d'imposer Montand comme la grande vedette de l'après-guerre, le symbole d'un nouveau style, Henri Contet reçoit la consigne suivante :

– Il faut le débarrasser de ses « américanades », sa veste de zazou, ses chapeaux de cow-boy, tout ce cirque. Tu vas lui écrire des chansons « expérimentales », des trucs difficiles qui nécessitent une mise en scène, des choses un peu théâtrales qui lui permettront d'exploiter ses talents de comédien.

Contet écrit alors « Ce monsieur-là » et « Gilet rayé », deux saynètes de plus de cinq minutes. D'autres composent des chansons plus « rondes », afin de ne pas trop déboussoler le public. Peu à peu nanti de ce nouveau matériel, Montand travaille d'arrache-pied sous le regard vigilant de Piaf qui ne lui passe rien.

– Tu mets quatre accents circonflexes sur tes « o » ! Vire-moi ce tic ! L'accent marseillais, ça fait marrer. Laisse ça à ceux qui n'ont rien d'autre !

Elle lui enjoint de réciter ses textes avec un crayon entre les dents.

– Ta gestuelle, ça ne va pas. Tu en fais trop. N'oublie pas une chose : si tu lances ton bras en

direction du public, il faut ensuite que tu le ramènes et ça n'est pas toujours joli. Tout doit être pensé.
— Tu m'emmerdes ! lui dit parfois Montand.
Mais il obéit. Il épure sa gestuelle et répète son tour de chant pendant des semaines devant la glace, « au cordeau ». Simone Berteaut, qui aurait assisté à l'une des répétitions de la chanson « Battling Joe », où Montand est supposé camper un boxeur, reconstituera de mémoire ce conseil de Piaf qui démontre son sens aigu du métier : « C'est pas parce que t'envoies des coups de poing dans le vide que t'es un boxeur. Un seul coup suffit, et le public voit tout le match. »

Piaf travaille aussi le « look » du chanteur : pas de débraillé, ni de veste claire sur pantalon foncé, ça le « casserait en deux », mais, au contraire, afin de souligner sa taille longiligne, un ensemble de même ton, sombre de préférence pour mettre en valeur le visage et les mains, la fameuse tenue « tête de nègre » – chemise ouverte et pantalon – à laquelle il demeurera fidèle.

— Tu as de belles mains, lui dit Piaf. Ces mains, elles viennent du peuple. Il faut qu'il le sache.

Et elle lui écrit « La Grande Cité ».

« Je suis né dans la cité
Qui enfante les usines
Là où les hommes turbinent
Toute une vie sans s'arrêter[1]... »

---

[1]. Éditions Beuscher. © Odéon, 1945.

Montand devient le « prolo chantant », sur les conseils de Piaf. « Le public populaire, Montand l'avait, parce qu'il est par définition un chanteur populaire, écrira plus tard Simone Signoret. Les chanteurs populaires sortent du populo, très rarement de la rue d'Ulm. » De l'apport indéniable de Piaf, l'immortelle *Casque d'Or* dira ceci : « Elle ne lui a pas tout appris, parce qu'il y a des choses que personne ne peut apprendre à personne, on les a en soi[1]. »

Piaf écrit encore pour Montand « Le Balayeur », « Sophie », « Il fait des… ».

Un jour, Henri Contet soumet à l'appréciation de la chanteuse un texte qui débute ainsi :

« Ma môme, ma p'tite gosse
On va faire la noce,
J't'emmène en carrosse
Jusqu'à Robinson,
Vas-y, fais-toi belle,
Sors tes ribambelles
De blanches dentelles
En point d'Alençon[2]… »

– C'est magnifique. T'as écrit ça pour qui ?
– Maurice Chevalier.

---

[1]. *La nostalgie n'est plus ce qu'elle était*, Le Seuil, 1975.
[2]. « Ma môme, ma p'tite gosse » (Henri Contet/Marguerite Monnot, éditions Beuscher. © Odéon, 1947.

— Oh, non ! Rirou, s'il te plaît, fais-moi plaisir. Garde-là pour Yves, garde-là pour Yves !

Yves… Rien n'est trop beau pour Yves… Henri Contet n'est pas idiot. Même si la liaison n'est pas officielle, il a déjà tout compris. Cette ardeur folâtre dans la voix d'Édith, ce regard langoureux qu'elle porte à l'être aimé dont le parolier et amant bafoué dira qu'il « vous étendait par terre d'un coup d'un seul[1] », autant de signes révélateurs d'un amour naissant, lequel entraîne selon une logique implacable la fin d'un autre. Cependant, Contet ne peut considérer cette disgrâce comme une trahison de la part de Piaf : « Il y avait entre Édith et moi une sorte de convention. Elle m'avait dit qu'elle était amoureuse de moi, mais que tant que je resterais marié, elle ne me prendrait pas au sérieux. Et moi je ne voulais absolument pas divorcer[2] ».

Sa passion pour Montand, Piaf va l'exprimer en chansons. Elle écrit des mots d'amour que son bel amant n'égrènera rien que pour elle.

Déclaration folingue :

« Mais qu'est-ce que j'ai à tant l'aimer ?
Que ça m'en donne envie de crier
Sur tous les toits : "Elle est à moi"[3]… »

---

[1]. *Tu vois, je n'ai rien oublié*, op. cit.
[2]. *Platine*, n° 44, octobre 1997.
[3]. « Mais qu'est-ce que j'ai », éditions Beuscher. © Odéon, 1947.

Déclaration sensuelle :

« Elle a des yeux
C'est merveilleux
Et puis des mains
Pour mes matins[1]... »

À la même période, sur la nappe en papier d'une table de restaurant, elle brosse en quelques lignes le « portrait sans retouche » de Montand :

« Des yeux qui font baisser les miens,
Un rire qui se perd sur sa bouche... »

Ces mots seront d'abord chantés par Marianne Michel qui l'avait récemment accueillie à Marseille dans son cabaret « Musique légère », rue Sénac. La jeune chanteuse, à la fin d'un déjeuner, sollicite la parolière Piaf :
– Tu n'aurais pas une chanson pour moi, par hasard ?
Piquée au jeu, Édith invente immédiatement un refrain : « Quand il me prend sans ses bras/ Qu'il me parle tout bas/ Je vois les choses en rose... »
– « Les choses en rose », ce n'est pas joli, objecte son amie. Que dirais-tu de « la vie en rose » ?
– Oui, tu as raison. C'est très bien. Et ce sera le titre : « La Vie en rose ».
Et l'air lui vient, spontanément.

---
[1]. « Elle a... », éditions Beuscher. © Odéon, 1945.

« C'était une musicienne née, attestera le compositeur et ami Norbert Glanzberg. Elle faisait tout à l'oreille, sans connaître une note de musique, de même qu'elle écrivait des lettres splendides pleines de fautes d'orthographe. La musique de "La Vie en rose" est d'elle, de la première à la dernière note[1]. » Toutefois, quand elle lui demande de signer la musique de son nom – Piaf n'est pas encore inscrite à la SACEM au registre des compositeurs –, Glanzberg décline la proposition.

– Tu ne vas quand même pas chanter une idiotie pareille ! s'exclame Guite, à son tour mise à contribution.

Piaf sollicite d'autres compositeurs, dont Robert Chauvigny, musicien de formation classique qui l'accompagnera bientôt, lequel refuse expressément d'endosser la paternité d'un « saucisson ». Plus perspicace, Louiguy accepte l'offre. Il prétendra par la suite avoir réellement composé « La Vie en rose », en octobre 1944, le jour du baptême de sa fille Jeanine, tandis que Piaf en inventait les paroles[2]. Quoi qu'il en soit, à la faveur de cette chansonnette qui fera le tour du monde, traduite dans diverses langues, l'heureux signataire bénéficiera de royalties qui lui permettront de vivre confortablement jusqu'à la fin de ses jours[3].

---

[1]. *Télérama* hors-série, *Piaf, sacrée môme*, *op. cit.*
[2]. *Paris Match* n° 759, *op. cit.*
[3]. « La Vie en rose » (éditions Beuscher), créée par Marianne Michel et gravée chez Odéon en novembre 1945, devient d'abord un succès radiophonique. Piaf l'enregistre

Au lendemain de la Libération, Édith Piaf et Yves Montand vont partager le même programme – elle en vedette, lui en fin de première partie –, tournant d'abord dans les cinémas de la banlieue parisienne, participant à divers galas de charité en faveur des familles de prisonniers, des victimes FFI, des déportés, puis sillonnant les villes du Midi. En province, tandis que Piaf remporte un franc succès, Montand découvre que son nouveau style passe mal auprès de son ancien public, en particulier chez lui, à Marseille. Une vague de protestations s'élève dans la salle le soir de la première, on lui réclame « Les Plaines du Far West », on siffle, on jette des pièces d'un centime sur la scène. Son récital achevé, il regagne furieux les coulisses, lançant à l'adresse de Piaf et Contet :

– Je vous l'avais bien dit qu'ici ça ne passerait pas !

– Ici, ça passera comme ailleurs ! réplique Piaf, intraitable. Il faudra bien qu'ils t'encaissent comme les autres.

Le lendemain, préoccupée par le désarroi du chanteur, elle l'invite à la modération.

– Écoute, Yves, tu n'as qu'à leur donner ce qu'ils aiment. Après tout, c'est normal que les gens soient

---

ensuite en 1947 chez Columbia et le succès dépasse les frontières et les océans.

un peu perdus, tu alignes trop de chansons nouvelles. Vas-y en douceur. Envoie un coup de "Far West" entre deux nouveautés.

Cette fois, c'est Montand qui tient bon.

– Non ! Je m'en fous, c'est moi qui les aurai. La prochaine fois que je reviendrai ici, ils me porteront en triomphe et ils en redemanderont, tu verras !

En attendant, oubliant un peu les aléas de la scène, l'enfant du pays se fait une joie immense de présenter sa chère Édith à la famille Livi réunie au complet. L'arrivée de la limousine transportant les deux vedettes suscite un branle-bas de combat à la Cabucelle où tous les enfants du quartier sont sortis pour les accueillir. Quel événement pour Giovanni et Giuseppina ! Pensez ! Accueillir dans leur modeste demeure la plus illustre des chanteuses françaises, de surcroît la « fiancée » de leur Ivo (même si rien d'officiel n'a été envisagé) ! Édith, qui a souffert du manque d'amour familial, est touchée au cœur par l'hospitalité de ces gens. Entre elle et Lydia, une amitié naît spontanément qui résistera au temps, à la distance et à l'union Piaf-Montand. « Elle était un peu sidérée par notre jovialité bruyante, paraissait surprise que nous parlions tant et si fort, se souviendra la sœur aînée de Montand. Mais elle était aussi attirée par l'atmosphère familiale chaleureuse. Ça lui plaisait beaucoup[1]. » Au point de rabrouer son compagnon :

---

[1]. *Tu vois, je n'ai pas oublié*, op. cit.

– Et tu te plaignais, tu te plaignais ! Avoir une famille comme ça !

La famille... Le terme même paraît tellement abstrait à Édith Piaf... Le 6 février 1945, on retrouve sa mère, Annetta Maillard dite Line Marsa, agonisante sur un trottoir, près d'une poubelle. Un jeune toxicomane avec qui elle logeait dans un bouge de Pigalle l'a trouvée inerte sur son lit et, par crainte d'ennuis avec la police, s'est empressé de se débarrasser du corps. Transférée à l'hôpital Bichat, on la déclare morte d'une overdose de morphine. Édith enterre sa mère au cimetière de Thiais. L'impossibilité d'amour entre les deux femmes – « Ma mère est morte quand elle m'a abandonnée », dit Piaf – n'empêchait pas la fille de verser une pension mensuelle à sa mère, tout en sachant que l'argent serait dilapidé dans la drogue et la boisson. « Si Line Marsa avait été raisonnable, avec l'argent que sa fille lui remettait, elle aurait pu vivre décemment[1] », écrira Danielle Bonel dans un livre-vérité, avec preuves à l'appui. La foi de Piaf ignorera toutefois la notion de pardon. Le corps de Line Marsa ne sera jamais transféré dans le caveau familial du Père-Lachaise.

Est-ce l'enterrement de leur mère qui rapproche Édith et son frère Herbert en cette année 1945 ? Si oui, ces retrouvailles ne sont pas vécues dans la

---

[1]. *Édith Piaf, le temps d'une vie*, op. cit.

souffrance, car l'enfance d'Herbert Gassion fut pareillement à celle de sa sœur privée d'amour : dix années d'orphelinat, avant un exil au Maroc par engagement dans les spahis. La sœur et le frère s'étaient déjà rencontrés une première fois en 1939. Piaf vivait alors à l'hôtel Alsina avec Paul Meurisse. « T'es mon frère, t'es ma sœur, c'est à peu près tout ce qu'on a trouvé à se dire. Que voulez-vous, on ne se connaissait pas ! dira Herbert Gassion. Je l'ai revue deux ou trois fois à l'époque. Il y a même eu un repas de famille avec elle, les parents et notre demi-sœur Denise. Mais c'était la guerre, j'ai été fait prisonnier et on s'est reperdus de vue[1]. »

En juin 1945, Piaf embauchera son frère à son service. Un emploi d'homme à tout faire qu'il occupera six mois. Il n'en gardera pas un mauvais souvenir, malgré quelques disputes. « Édith avait son caractère, moi le mien, et ils ne s'accordaient pas toujours... Elle m'a aidé, aussi souvent qu'elle a aidé Denise. Avec elle, il suffisait de demander pour être servi. Certains se sont même servis sans demander... Et elle le savait ! En scène, elle m'impressionnait mais dans la vie, pas du tout. J'avais plutôt envie de la protéger car, malgré son côté "patronne", c'était un être sensible et fragile[2]. »

Quatre ans plus tard, elle déboursera quatre cent mille francs pour que son frère puisse s'établir à Casablanca comme propriétaire d'une boîte de nuit.

---

[1]. Pierre Duclos et Georges Martin, *Piaf, biographie*, op. cit.
[2]. *Opinions publiques*, op. cit.

En février, la mort de Line Marsa coïncide avec un événement qui concentre toute l'énergie d'Édith Piaf : sa rentrée parisienne au théâtre de l'Étoile. Une double mission pour la chanteuse : présenter son nouveau spectacle – émaillé de créations : « Les Gars qui marchaient » et « Mariage », signées Henri Contet et Marguerite Monnot – et imposer son partenaire Yves Montand. À quelques jours de la première, elle charge son ami journaliste et futur cinéaste Marcel Blistène – provisoirement hébergé chez Piaf, il vient d'y achever le scénario d'un film intitulé *Étoile sans lumière* où elle aura le premier rôle féminin – d'organiser une réception en grandes pompes au Mayfair, un cabaret du boulevard Saint-Michel, afin de présenter à la presse celui qu'elle tient pour la plus grande révélation de l'après-guerre.

Le spectacle de l'Étoile connaît un gros succès, prolongé en mars au Casino de Montparnasse, puis en province jusqu'aux premiers jours de mai. Montand a imposé son nouveau répertoire. La critique reconnaît son talent et le public le porte en triomphe. Il est heureux, comme un môme :

– Qu'est-ce que j'ai eu comme rappels ! Tu te rends compte !

Son bonheur fait aussi celui de Piaf, mais parfois le succès remporté par son partenaire lui fait de l'ombre. Et son enthousiasme l'agace.

– Treize rappels, ce soir, Pupuce !

– Avec tes rappels, tu commences à nous faire chier !

Un soir, en coulisses, elle laisse échapper :
– Cette fois, c'est fini. Il n'a plus besoin de moi.

– 11 –

Édith Piaf écrit à son ami Jacques Bourgeat : « Il est chaque fois très difficile de trouver le bonheur. Peut-être demandais-je trop à la vie, trop aux êtres. Tu sais, je suis toujours sincère. Ce sont les autres qui changent. Pas moi. Ils n'ont jamais été tels que mon cœur les avait vus. »

Le Montand qui triomphe à l'Étoile est-il si différent du jeune provincial débarqué à Paris avec sa dégaine de cow-boy ? Le vedettariat transforme-t-il foncièrement quelqu'un ? Aux yeux de Piaf qui confond l'amour et le métier, sans doute. D'aucuns parlent de rivalité entre les deux artistes. C'est à la fois plus simple et plus complexe. Le triomphe de Montand ne peut pas déranger Piaf, puisqu'elle y a contribué. Mais, si elle s'en réjouit autant que lui, une affiche de music-hall à leurs deux noms s'avère désormais trop lourde. « Les grandes passions traversent toujours le moment crucial où les héros torturés se dressent l'un devant l'autre comme deux adversaires, tout en s'adorant[1] », écrit une chroniqueuse de la presse du cœur.

---

[1]. *Ève*, 5 juillet 1946.

Piaf revient à l'Étoile à la rentrée de septembre, et Montand lui succède en vedette le mois suivant. Dans la salle, elle mesure le travail accompli par son compagnon, versant quelques larmes de joie et de fierté. « C'est si bon de se dire qu'on a été le porte-bonheur de quelqu'un[1] ! », avoue-t-elle. Et elle se charge à nouveau de l'avenir artistique de Montand. Au cinéma, cette fois. Elle ne comprend pas son irrésistible penchant pour la comédie, lui qui brille déjà sur les scènes de music-hall. Le cinéma n'a jamais trop emballé Piaf, passionnée de chanson et du contact direct avec le public. Mais, puisque tel est son désir, elle va participer à l'accomplissement du rêve hollywoodien de l'ancien apprenti coiffeur de la Cabucelle, admirateur de Fred Astaire. Cela aussi lui paraît une chose qu'elle peut encore faire pour lui, avant de le quitter. Ce n'est certes pas elle qui l'expédie en Amérique dans les bras de Marilyn Monroe, mais elle le fait engager dans le film de Marcel Blistène, *Étoile sans lumière*, puis le recommande au tandem Carné/Prévert pour suppléer à Jean Gabin dans *Les Portes de la nuit*, un long métrage qui n'enthousiasmera ni la critique ni le public mais dont le thème musical – « Les Feuilles mortes » – fera le tour du monde.

Le film de Blistène se tourne pendant le bel été 1945, celui de la France libérée. Piaf y incarne une bonne de province dont la voix est exploitée, lors

---

[1]. *Au bal de la chance, op. cit.*

de l'avènement du cinéma parlant, pour la gloire d'une star du muet qui ne sait pas chanter, et Montand obtient un petit rôle d'ouvrier garagiste, fiancé de l'héroïne. La presse cinéphile apprécie l'âpreté dramatique de la chanteuse-comédienne et concède à son partenaire l'épithète de « sympathique ». Une séquence reste dans les mémoires, celle où Piaf chante en voiture, la tête contre l'épaule de Montand :

> « C'est merveilleux
> Quand on est amoureux
> Les beaux jours se réveillent
> C'est merveilleux
> La vie est peinte en bleu
> À grands coups de soleil[1]... »

Les autres chansons du film sont « Adieu mon cœur », « Le Chant du pirate » et « Mariage », que Piaf crée sur la scène du théâtre de l'Étoile. Elle peinera à l'imposer au public, en raison d'un thème déroutant (une femme jugée pour l'assassinat de son mari infidèle), appuyé par des carillons de cloche et la voix hurlante de la chanteuse. Marcel Blistène acclame « cette trouvaille inouïe de faire battre sa tête de droite à gauche dans un rythme de plus en plus accéléré, de plus en plus frénétique, au son des cloches qui [martèlent] son désespoir et sa

---

[1]. « C'est merveilleux » (Henri Contet/Marguerite Monnot), éditions Beuscher. © Columbia, 1946.

folie[1]. » La critique, cependant, rejoint l'avis du public populaire, contrarié par ce type de chansons nébuleuses et une mise en scène trop léchée.

« N'essayez pas, Mademoiselle Piaf, de trop vous élever, ni de vouloir chanter plus haut que votre culture, la met en garde le scénariste et parolier Serge Veber. Vous avez toute une foule de gens qui vous aiment parce que vous êtes simple, nature, et que vous avez eu des chansons aussi simples que vous, avec des mots que tout le monde pige[2]. »

Usant du même procédé de lettre ouverte à la chanteuse, le pianiste Jean Wiener, compositeur de « Quand même » au temps de la Môme Piaf, se désole de n'avoir pas été ému lors de son passage au théâtre de l'Étoile. La raison ? « Il y a chez vous une trop continue recherche de ce qu'on appelle "le moderne"… Or votre moderne, Édith, les œuvres que vous défendez – et avec quelle intensité, et quel talent – ne sont pas très fortes, ni très intéressantes ni très nouvelles. Et ce qui est certain, c'est qu'elles ne sont pas très définies… L'art de la chanson, plus encore que tout autre, ne s'adresse qu'aux masses. Si votre art de la chanson est sans définition, il ne peut toucher vraiment personne, ni la masse, ni l'élite, comme on dit[3]. » Un propos qui rejoint celui de Serge Veber : « Ce ne sont pas les petites chapelles qui remplissent les grands music-

---

[1]. Marcel Blistène, *Au revoir Édith*, éd. du Gerfaut, 1963.
[2]. *Pour Vous*, 15 février 1945.
[3]. *Spectateur*, 3 octobre 1945.

halls. » Et Yvon Novy, au sortir de l'Alhambra, de présager : « Le jour où ses chansons n'auront plus cette âpreté presque injurieuse à force de sincérité, nous aurons beaucoup perdu[1]. »

Sont clairement visées les dernières chansons écrites par Henri Contet, en particulier « Monsieur Saint-Pierre », avec intervention de chœurs superflus – Wiener estime qu'« il est difficile d'aller plus loin dans le prétentieux et dans le mauvais goût », préférant vanter le talent de Marguerite Monnot et les « charmantes choses » écrites par Michel Émer.

Quoique d'un naturel entêté qui la conduit généralement à défendre coûte que coûte une chanson si elle la juge valable – c'est le cas de « Mariage », l'une de ses chansons préférées parmi celles que lui a écrites Contet –, Piaf sait toutefois faire bon usage des avis externes, qu'ils proviennent de journalistes avertis ou du public, n'hésitant pas au besoin à rectifier le tir. Cela ne veut pas dire pour autant qu'elle consente à renier un auteur dont elle apprécie le talent, sous prétexte que ses textes sont mal perçus, ou qu'elle renonce à un choix artistique personnel parce que celui-ci n'est pas en adéquation avec ce que l'on attend d'elle. Piaf fait avant tout confiance à son instinct qui s'est toujours avéré pertinent, même s'il lui a fallu batailler pour obtenir gain de cause. Elle consent donc à un compromis, afin d'équilibrer son répertoire et répondre à l'attente du public sans donner l'impression de se désavouer.

---

[1]. *Le Jour*, novembre 1945.

Faisant appel à ses deux auteurs attitrés, Michel Émer et Henri Contet, elle répartit ainsi les tâches : à charge pour le premier, dont elle dit qu'il écrit des airs comme un pommier produit des pommes, de lui apporter des chansons d'inspiration et d'expression populaires, tandis que le second, qu'elle tient pour un grand poète, se voit confier les textes plus difficiles, à condition de glisser une perche dans le refrain pour ne pas désorienter son auditoire.

Revenu à Paris dès la Libération, Michel Émer dirige de main de maître l'orchestre swinguant du Club des Cinq, un cabaret à la mode, aménagé dans une vaste cave de la rue du Faubourg-Montmartre et inauguré par cinq anciens engagés volontaires de la Deuxième Division Blindée, dont Jo Longman, futur manager du boxeur Marcel Cerdan.

Édith Piaf étrennera cette nouvelle scène en fin d'année, conjointement à Bobino : elle y fêtera tout à la fois son trentième anniversaire, ses dix ans de carrière et le passage de 1945 à 1946. Heureux de la retrouver après de longues années d'isolement contraint dans le Sud, Émer se montre prolifique et écrit en un temps record : « Le Geste », « Si tu partais » et « Monsieur Ernest a réussi », trois chansons que Piaf crée sur scène, longtemps avant de les enregistrer (en 1947).

1945 est aussi l'année où la chanteuse s'entoure d'une équipe solide et définitive, à savoir trois hommes de talent et de confiance, inhérents à la période la plus glorieuse de sa carrière. Leurs noms : Robert Chauvigny, Marc Bonel et Louis Barrier. Le hasard, ou plutôt la providence (un terme qui sied mieux à une artiste à la foi légendaire) les conduit tous trois vers elle pratiquement de concert.

Georges Bartholé parti rejoindre l'orchestre d'Edward Chekler, Édith Piaf cherche un pianiste. Michel Émer lui recommande Robert Chauvigny, excellent musicien venu du classique – enfant prodige, il dirigeait à dix ans une formation symphonique –, qu'il a entendu jouer dans un piano-bar des Champs-Élysées. Chauvigny intègre l'orchestre de Piaf à l'Étoile, en septembre. La presse l'associe à son succès, le qualifiant de « virtuose » et le félicitant d'avoir donné à la chanson populaire française ses lettres de noblesse.

À quelques semaines de là, lors des répétitions du spectacle de l'Alhambra, c'est au tour de l'accordéoniste belge Rudy Wharton de disparaître dans la nature. Robert Chauvigny contacte aussitôt un nommé Marcel Boniface, ancien accompagnateur de Mistinguett dans la revue *Paris Paname*. Piaf hésite, peu emballée par ce choix : l'accordéoniste qu'on lui présente s'avère être un autodidacte qui ne sait pas lire la musique et joue de mémoire ; de plus, elle le trouve vilain.

– Si l'on te voit sur scène à côté de moi, tu fous ma chanson par terre ! lui dit-elle tout à trac.

Chauvigny, en qui elle a pleine confiance, réussit à la convaincre :

– Croyez-moi, Édith, c'est le musicien qu'il vous faut ! Il a un parcours similaire au vôtre. C'est un gosse de la rue qui a souffert, il joue avec son cœur, c'est tout l'accordéon nostalgique.
Exactement les mots qu'il fallait lui dire. Elle sympathise alors avec le nouvellement rebaptisé Marc Bonel, car elle n'a de cesse de moquer son nom, lui lançant à tout bout de champ :
– Allons Marcel, que veux-tu que la bonne y fasse !
Le troisième mousquetaire de Piaf c'est elle-même qui le sollicite en octobre, lors d'une tournée en Belgique où il accompagne le fantaisiste Marcel Dieudonné, en première partie de spectacle. Il se prénomme Louis, comme le père Gassion, comme le papa de la petite Marcelle, comme le découvreur de la Môme Piaf. Coïncidence ou signe du destin ? Piaf penche plutôt pour la seconde hypothèse. Louis Barrier, surnommé Loulou, a trente-six ans, c'est un grand garçon blond, élégant, discret, d'une patience infinie avec les artistes. Il a fait ses preuves comme organisateur de spectacles, dans l'agence parisienne d'Yves Bizos et de Fernand Lumbroso. Piaf le veut pour agent et homme de confiance. Dans un premier temps, il décline la proposition. Une fois à Paris, conscient de la chance qui s'offre à lui, il prend rendez-vous chez la chanteuse et s'y rend à bicyclette pour approuver son contrat. Entré officiellement dans la maison Piaf le 26 novembre 1945, Loulou Barrier y restera jusqu'à la fin.

« Il me fallait tout superviser, les finances, les contrats, le personnel, et mettre le holà quand Édith dépassait les bornes ! Et ce ne fut pas toujours facile[1] », témoignera-t-il.

Au printemps 1946, il négocie le contrat de la chanteuse auprès de sa nouvelle maison de disques, Pathé-Marconi, filiale de Columbia, après dix ans de bons et loyaux services chez Polydor. Si l'on en croit Jacques Canetti[2], la compagnie Polydor est alors en pleine réorganisation et Piaf demanderait d'enregistrer au Palais de Chaillot avec quatre-vingts musiciens des concerts Pasdeloup. On lui répond qu'il est impossible de trouver l'argent pour mener une telle opération.

– Eh bien il faut que vous trouviez, réplique la chanteuse, parce que moi je le fais cet enregistrement !

Elle refuse finalement de renouveler son contrat, sous prétexte qu'une autre société phonographique lui alloue le budget nécessaire à son projet. Et elle entraîne avec elle Pierre Bourgeois, qui devint directeur général de Pathé-Marconi, la firme à « la Voix de son Maître » qui vient également de signer Les Compagnons de la Chanson. Coïncidence ?

C'est au retour d'un périple en Suisse qu'Édith Piaf retrouve Les Compagnons de la Chanson, croisés en mars 1944 lors d'un gala de bienfaisance

---

[1]. *Opinions publiques*, op. cit.
[2]. Interview publiée dans *Platine*, n° 42, juin-juillet 1997.

au profit des cheminots, organisé par les comédiens Marie Bell et Louis Seigner. La troupe de boy-scouts, lancée pendant la guerre dans la pure tradition de l'art choral, compte alors huit membres : Fred Mella, le soliste à la belle voix de ténor, Guy Bourguignon, Marc Herrand, Jean Albert, Gérard Sabbat, Jo Frachon, Hubert Lancelot et Jean-Louis Jaubert. Neuvième affilié, Paul Buissonneau rejoint le groupe en septembre 1946. Entre-temps, Piaf se retrouve escortée par ses huit complices lors d'une tournée, organisée par le Théâtre aux armées, pour les troupes françaises stationnées dans l'Est du pays et en Allemagne. Dès lors, elle décide de prendre leur carrière en main, s'occupant en premier lieu de leur répertoire qu'elle juge trop folklorique et un brin poussiéreux.

– Vos « colchiques dans les prés », ça va cinq minutes ! leur dit-elle. Avec ça, vous ne ferez jamais carrière. Il vous faut des airs qui touchent le grand public, des refrains qui restent dans les mémoires et, naturellement, des chansons d'amour.

Justement, elle veut leur soumettre une chanson, entendue au Coup de soleil, le cabaret lausannien de Gilles (Jean Villard), de l'ex-duo Gilles et Julien. Elle s'appelle « Les Trois Cloches », Gilles l'a écrite en 1939 pour Radio-Lausanne, avant de la créer en duo avec sa partenaire Édith Burger et de la soumettre à Piaf lors de sa venue. L'idée du texte lui est venue en traversant le Jura français au volant de sa voiture et en apercevant, entre Champagnole et Lons-le-Saunier, le « village au fond de la vallée, comme égaré, presque ignoré » de Baume-les-Messieurs. Le décor planté, il a imaginé en trois couplets les étapes cruciales de la vie d'un nommé Jean-François Nicot : son baptême, son mariage, sa mort, chaque étape scandée par une cloche d'église, « obsédante et monotone ».

En entendant cet hymne admirablement conçu pour une communauté chorale, Piaf songe aussitôt aux Compagnons de la Chanson, mais elle se heurte à un refus poli quand elle leur fait entendre.

– Désolé, Édith, mais ce n'est pas pour nous !
– Vous avez tort ! Voilà une chanson qui peut vous apporter la gloire.
– Mais Édith, on ne cherche pas vraiment la gloire.
– Ah bon ? Alors, vous êtes des cons !

Puis, une idée lui vient :
– Dites voir. Cette chanson, si je la chantais avec vous ?

Alors là, ça change tout !

Créée au Club des Cinq en mai, puis enregistrée chez Pathé-Marconi deux mois après, « Les Trois Cloches » se vendra, petits formats et disques confondus, à plus d'un million d'exemplaires.

« Une cloche sonne, sonne
Sa voix d'écho en écho
Dit au monde qui s'étonne :
C'est pour Jean-François Nicot !
C'est pour accueillir une âme,

Une fleur qui s'ouvre au jour[1]... »

« Que pouvait-on attendre de ces deux solistes qui s'affrontent ? écrit Jean Cocteau. Car Madame Piaf est seule, seule au monde. Également seul au monde est le chœur de ces jeunes hommes, chœur dont il faut changer l'orthographe pour dire qu'ils ne forment qu'un seul cœur. Eh bien, il arrive ce miracle que ces solitudes s'épousent et composent un objet sonore par où la France s'exprime jusqu'à nous tirer des larmes[2]. »

Avec « Les Trois Cloches » et « La Vie en rose », qu'elle grave bientôt sur disque, on peut dire que Piaf fait une entrée en force chez Columbia (Pathé-Marconi). Par ailleurs, elle a changé de partenaire et de domicile. La voici locataire d'un vaste et luxueux appartement en rez-de-chaussée, situé au fond d'une cour ombragée, au 26, rue de Berri. La presse du bas ventre se moque de son récent patronage, on la surnomme « la chatte à neuf queues », insinuant de façon triviale qu'un seul homme à la fois ne lui suffit plus. Or, après une brève liaison avec le chanteur fantaisiste Luc Barney, rencontré au Club des Cinq puis parti avec elle en tournée, la chanteuse a fait son choix parmi sa chorale de boy-scouts : c'est Jean-Louis Jaubert, un Alsacien aux yeux bleus d'origine juive – il a changé son nom,

---

[1]. Éditions Méridian. © Columbia, 1947.
[2]. *Arts et Spectacles*, 24 mai 1946.

Louis-Lazare Jacob, durant l'occupation nazie –, qui a eu la préférence et qu'elle a désigné d'office comme chef de troupe.

« On était tous amoureux d'Édith mais à notre manière, déclare Fred Mella. Avec elle, on a beaucoup appris. C'était notre grande sœur. Elle nous donnait des conseils et nous engueulait[1]. »

Comme à son habitude, Édith Piaf a changé de partenaire sans prendre la peine de fournir des explications au précédent, jugeant qu'un changement d'adresse faisait sens. Elle laisse à Andrée Bigard la mission délicate d'informer Montand qu'il n'est plus le bienvenu. Simone Berteaut décrira une Piaf encore amoureuse, sanglotant dans son lit, tandis que le chanteur évincé sonne désespérément à la porte de l'appartement de la rue de Berri.

– Tu comprends, explique Édith à Lydia Livi, la sœur de Montand, il ne faut pas attendre la fin d'un amour, c'est affreux. Il faut avoir le cran de partir quand on s'aime encore. Autrement, on se déteste, ou on se garde par pitié. Il faut toujours partir. C'est ma revanche sur les belles femmes[2].

À l'animateur Henri Spade qui lui demande bientôt s'il n'est pas trop dur d'oublier Montand, Piaf répond :

---

[1]. *Mes maîtres enchanteurs*, Flammarion, 2006.
[2]. *Tu vois, je n'ai rien oublié*, op. cit.

– Que veux-tu, on ne peut pas garder le soleil pour soi[1] !

Pour Montand, l'addition est salée : « Édith avait des passions qui primaient toutes les autres : la chanson, la personnalité, le spectacle[2]. » Et de conclure : « Elle m'a aimé, elle m'a épaulé et m'a blessé avec tant de sincérité, de rires et de larmes qu'il m'a fallu plusieurs années pour guérir. »

Après les avoir intronisés révélations de l'année 1946 sur la scène aux tentures pourpres du Club des Cinq, Édith Piaf associe ses chers Compagnons à la soixantaine de musiciens et choristes qui l'accompagnent lors du récital événementiel qu'elle donne le 16 mai au Palais de Chaillot. « Ces gars-là, comme disait mon voisin, c'est quelqu'un ! écrit le fidèle Henri Contet, reprenant sa plume de journaliste. Ils sont à la fois un jaillissement, une harmonie, un hymne, une enfance, un éclat de rire. Ils ont les pieds dans la jeunesse, le cœur dans la poésie et la tête dans la chanson. » Et de réserver le compliment final, enluminé de lyrisme, à l'héroïne de la soirée : « J'écoute chanter cette enfant perdue, cette communiante en noir, cette petite femme qui rêve debout, et j'attends qu'elle veuille bien lever sa main, pour la voir attraper une étoile[3]. »

---

[1]. *Opinions publiques*, *op. cit.*
[2]. *Paris Match*, 11 octobre 1990.
[3]. *Toujours Paris*, 23-29 mai 1946.

À la même période, Piaf et les Compagnons enregistrent une série d'émissions pour la radio, *Neuf garçons et une fille chantaient*, et répètent plusieurs chansons empruntées au folklore français, dont trois seulement seront gravées dans la cire : « Dans les prisons de Nantes », « Le roi a fait battre tambour » et « Céline ».

Le 11 juillet, en guise de « dernière » au Club des Cinq dont elle occupe la scène depuis près d'un mois, Piaf organise un gala afin de réunir des fonds permettant à ses filleuls, enfants orphelins des anciens prisonniers du Stalag III D, de partir en colonie de vacances. Lors de cette soirée exceptionnelle qui réunit Marie Bizet, Mado Robin, André Claveau et quelques-uns de ses « hommes » : Yves Montand, Luc Barnay et les Compagnons de la Chanson, la chanteuse redevient comédienne, le temps d'une nouvelle interprétation du *Bel Indifférent* de Cocteau, avec pour partenaire Gérard Landry, remplaçant au pied levé Paul Meurisse initialement prévu, mais malencontreusement blessé lors du tournage de *Macadam* de Marcel Blistène. Après quoi, Piaf abandonne sa joyeuse troupe une bonne partie de l'été pour effectuer seule une tournée en Belgique et en Méditerranée.

À son retour d'Athènes – elle y a présenté le film *Étoile sans lumière* et honoré un contrat de trois semaines au Miami, un cabaret en plein air, en compagnie de son amie Irène de Trébert –, Piaf profite de quelques jours de repos à Paris, avant de repartir pour un nouveau périple en province avec les Compagnons, prélude à leur grande rentrée parisienne au théâtre de l'Étoile. Elle crée « Un refrain courait dans la rue », écrite de sa plume sur une musique de Robert Chauvigny, « Le Petit Homme », de Contet et Monnot, et un nouveau succès que lui a offert Michel Émer : « J'm'en fous pas mal ». Le clou de la soirée est bien entendu « Les Trois Cloches » : Piaf arbore une robe couleur ciel, s'unissant à ses huit choristes vêtus de leur uniforme habituel, chemise blanche à col ouvert sur pantalon bleu.

Le 5 janvier 1947, salle Washington, dans la rue éponyme près des Champs-Élysées, Édith Piaf et Charles Trenet participent à une émission de radio intitulée *Music-hall de Paris*. Ce n'est pas un hasard si les animateurs Pierre Cour et Francis Blanche ont réuni les deux plus grandes vedettes de la chanson du moment : l'un – Trenet – arrive d'Amérique où sa carrière vient de prendre un sérieux élan et on trouve intéressant qu'il veuille bien donner quelques conseils à l'autre – Piaf – qui s'apprête à s'y rendre pour la première fois. Au même programme, les duettistes Roche et Aznavour, qui écument depuis six ans les cabarets parisiens, chantent deux de leurs créations jazzy : « Départ express » et « Le Feutre taupé ». Trenet, qui apprécie beaucoup leur style, les félicite après leur prestation. Quant à Piaf, elle leur propose de finir la soirée chez elle, rue de Berri.

Dans le vaste salon où trônent un piano à queue noir, quelques sièges dépareillés, un pick-up, des piles de disques et de partitions, les intimes font cercle autour de la maîtresse de maison : Henri Contet, Michel Émer, Marcel Achard et son épouse Juliette, Marguerite Monnot, Robert Chauvigny et le « monsieur » du moment, Jean-Louis Jaubert. L'intrusion d'un nouvel invité suscite une excitation particulière, faite de curiosité amusée. Cible idéale, Charles Aznavour, moins à l'aise que son partenaire Pierre Roche, subit un taillage de costard dans les règles : on moque son physique, sa dégaine un peu « musette », ses rouflaquettes, sa veste à carreaux, ses chaussures pointues.

« J'avais l'impression de me trouver à la cour de Louis XIV, mis en joue par les courtisans[1] », écrira-t-il dans ses Mémoires.

Puis, comme chez Piaf la conversation s'oriente toujours vers la chanson, on en vient à s'intéresser à l'interprète et au parolier. Interrogé sur son parcours, Aznavour évoque ses origines arméniennes, la bohème de ses jeunes années dans une famille d'artistes vivant clopin-clopant, ses balbutiements de chanteur dans les rues d'Enghien et dans les bals-musettes parisiens.

« Là, la reine de la ruche imposa le silence : je venais de prononcer des mots d'une importance

---

[1]. Charles Aznavour, *Le Temps des avants*, Flammarion, 2003. (Sauf indication contraire, les citations de Charles Aznavour reproduites ici proviennent de cet ouvrage).

capitale à ses yeux. Elle gardait de son passé de la rue une belle nostalgie, et regrettait de ne plus fréquenter les bistrots populaires et les bals-musettes depuis fort longtemps. »

Et le chanteur de reconstituer de mémoire un dialogue empruntant au langage argotique adéquat :
– Alors, tu guinches le trois-temps ?
– Je veux, oui !
– À l'endroit, à l'envers ?
– Dans une assiette !
– Ben, mon salaud, on va voir ça !

Piaf s'extirpe de son fauteuil de cuir, demande à Contet et Émer de rouler *illico presto* le grand tapis rouge qui couvre le parquet, expédie Roche au piano – bientôt relayé par Guite –, puis se lance allègrement dans la danse, valse à l'envers et paso doble, avec son nouveau complice.

« C'est de là que tout est parti, affirme Aznavour. Elle s'est rendu compte que nous avions eu, à un moment de notre existence, le même cheminement. Nous étions tout d'un coup un îlot au milieu de gens du métier qui n'avaient pas connu cette vie-là[1]. »

Le lendemain, à la demande de la chanteuse, Aznavour et Roche rappliquent à nouveau rue de Berri. Cette fois, on parle sérieusement.
– Vous faites quoi la semaine prochaine ?
– Rien.

---

[1]. *Le Roman d'une vie*, Arte, *op. cit.*

– Parfait. En ce cas, vous partez avec moi en tournée. Vous passerez en lever de rideau, juste avant les Compagnons de la Chanson.
Puis, s'adressant à Aznavour :
– Et toi, après l'entracte, tu m'annonceras.
– Très bien. On va gagner combien ?
– Bougre de petits cons, va ! J'en connais qui paieraient pour partir en tournée avec moi ! lance-t-elle, vexée.
– C'est que... j'ai une famille à nourrir[1].
– Quand on veut faire ce métier, on reste célibataire ! Est-ce que je me marie, moi ? Bon, pour les ronds on verra.

La tournée sillonne l'Est et le Nord de la France, passant par la Suisse et la Belgique. Entre les deux guincheurs règne une complicité de joyeux drilles disposés hors scène à se payer de bonnes parties de fous rires, arrosées de bière – ce galapiat d'Aznavour réussit à faire circuler des canettes en catimini, malgré la vigilance de Jean-Louis Jaubert qui exhorte Piaf à ne pas boire d'alcool. La relation entre les deux anciens chanteurs de rues se résume pour l'heure à ce type de joyeusetés puériles. Le répertoire du tandem Roche-Aznavour, à l'écriture moderne, rythmée et colorée, un rien loufoque, s'avère trop éloigné du genre de Piaf. Lors, la grande prêtresse se montre avare de conseils,

---

[1]. En 1946, Charles Aznavour a épousé Micheline Rugel Fromentin, une chanteuse de cabaret, qui est alors enceinte de sa première fille, Seda.

préférant les prodiguer aux Compagnons de la Chanson qu'elle vient tout juste d'imposer en vedettes sur la scène parisienne de Bobino, à grand renfort de publicité – le parterre de célébrités réunies le soir de la première laisse rêveur : Jean Gabin, Marlene Dietrich, Mary Marquet, Marcel Achard, Marcel Blistène, Marie Bell, Pierre Blanchard, Robert Dalban…

Pour Roche et Aznavour, la tournée s'achève à Liège, après un gala au Palace. Cependant qu'ils regagnent Paris où ils s'attèlent à l'écriture de nouvelles chansons, Piaf et ses Compagnons partent à la conquête du public scandinave – souvenirs d'ennui mortel en dehors des galas, de leçons de solfège dispensées par Robert Chauvigny et de nourriture locale jugée « dégueulasse » par la chanteuse et remplacée par des sardines à l'huile, boîtes de conserve, pâtes au beurre et au fromage cuites sur un fourneau à pétrole –, avant de promener tout l'été leur spectacle à travers la France, la Belgique et les Pays-Bas. Malgré des réticences – « Pas question d'emmener vos gonzesses en tournée ! » –, Piaf accepte la présence de deux accompagnatrices, Mimi Lancelot, l'épouse d'Hubert, et Ginou Richer, la fiancée de Guy Bourguignon, avec lesquelles elle sympathise aussitôt.

Fred Mella gardera un souvenir joyeux de ce temps-là : « La période Piaf-Compagnons – nous avons fait presque trois ans de tournée avec elle – c'était une période de joie, c'était tous les jours un plaisir recommencé de se retrouver, de chanter, de faire des blagues, car nous faisions des tas de plaisanteries, c'était très amusant avec Édith[1]. »

En septembre, à l'invitation de Loulou Barrier, le producteur américain Clifford Fischer débarque à Paris. Il vient assister au spectacle d'Édith Piaf au théâtre de l'Étoile, afin de juger *in situ* du talent de l'artiste et valider ou non l'accord de principe passé avec son imprésario français en vue d'un engagement à New York. Assis aux premières loges, il voit défiler Roche et Aznavour, Luc Barney, Irène de Trébert, les clowns acrobates suédois George et Tim Dormond, les danseurs grecs Lyda Alma et Yanni Fleury, les Compagnons de la Chanson. Passé l'entracte, apparaît la plus grande chanteuse populaire française qui, outre sa participation aux « Trois Cloches », interprète neuf chansons en solo. Captivé par sa voix et sa puissance émotionnelle, Fisher hésite toutefois à précipiter sa venue à Broadway. Il craint que les Américains ne soient pas prêts à apprécier à sa juste valeur une artiste de cette dimension.

Dans les huit jours qui suivent, deux auditions privées chez la comtesse Pastré, dans un hôtel particulier du quai Conti, font céder son appréhension. Un contrat est signé : Piaf chantera au Playhouse Theater, 48th Street, du 30 octobre au 6 décembre, soit cinq semaines durant. D'après Fred Mella, c'est

---

[1]. Interview donnée à Joël Le Bigot dans l'émission *Pourquoi pas dimanche* sur Radio Canada, 17 décembre 2006.

elle qui aurait exigé la présence au programme des Compagnons de la Chanson, condition *sine qua non* à la ratification du contrat.

Il faut dire qu'elle ne les quitte plus, ses chers Compagnons ! Avant le grand départ pour l'Amérique, les voilà réunis au cinéma dans *Neuf garçons, un cœur*, un conte de Noël niaiseux, écrit et réalisé par Georges Friedland, ancien chef-monteur de Julien Duvivier. Piaf y campe une pauvre chanteuse qui, pour offrir un bon repas à ses copains désargentés, passe une audition dans une boîte de nuit. Elle s'y endort et rêve qu'elle est au paradis... Le seul intérêt de cette œuvre édifiante est, on l'aura compris, d'y entendre chanter Piaf, seule – « La Vie en rose » et « Sophie » – et avec les Compagnons – « C'est pour ça » et « Les Trois Cloches ».

« Trois cloches ? Neuf cloches ? La seule, la vraie, c'est le metteur en scène[1] », estime le critique Pierre Murat.

---

[1]. *Télérama* hors-série, *Le Guide du cinéma chez soi*, 2002.

– 12 –

L'Amérique ! Les Compagnons de la Chanson en rêvaient, sans oser y croire. Piaf avait promis de les y emmener et, devant leur scepticisme, elle avait ajouté la promesse d'une bonne paire de claques à chacun si le rêve se réalisait. Chose promise, chose due : le deuxième jour de la traversée à bord du Queen-Elizabeth, sous l'œil éberlué des passagers, chacun des neuf gaillards réunis sur le pont a essuyé son camouflet. Ça leur apprendra à douter ! Ce que Piaf veut…

Aux yeux de l'ancienne chanteuse des rues de Paname, New York est un modèle achevé de démesure : de trop hauts buildings qui donnent le vertige et des gens qui passent leur temps à courir. La visite de la ville ne lui use guère les semelles – Piaf et le tourisme, ça fait deux ! – et sa priorité, une fois installée à l'Ambassador Hotel, est d'entraîner tout son monde – Loulou Barrier, Robert Chauvigny, Marc Bonel, Michel Émer, les Compagnons et l'amie Irène de Trébert – du côté de Broadway, à la découverte du Playhouse Theater. Naturellement, elle se prête de bonne grâce et avec son humour habituel à la conférence de presse organisée par Clifford Fisher. La barrière de la langue lui posant problème, elle a confié à Jean-Louis Jaubert le rôle d'interprète. Première question : « Miss *Idiss* – elle se retient de rire à chaque fois qu'un Amerloque prononce son prénom –, qui souhaitez-vous rencontrer aux USA ? » Réponse : « Einstein ! » Elle s'est rappelé que Jacques Bourgeat lui avait prêté un livre sur la théorie de la relativité, en précisant que le savant vivait en Amérique. Et d'ajouter, espiègle : « D'ailleurs, je compte sur vous pour me donner son numéro de téléphone ! » Le trait d'humour fait son effet sur les journalistes et détonne sacrément avec l'image tragique qu'ils vont bientôt lui découvrir en scène.

À défaut d'Einstein, Édith Piaf rencontre à New York un homme qui va bouleverser sa vie : Marcel Cerdan.

Une première approche eut lieu au Club des Cinq, à Paris, le 7 juillet 1946. Le boxeur fêtait avec ses amis sa victoire contre Holman Williams, l'un des meilleurs poids moyens du monde. En même temps, il assistait pour la première fois à un récital de Piaf et était subjugué. À ce point que son conseiller Jo Longman prit l'initiative de la lui présenter. La conversation se résuma à un échange de compliments mutuels :

– Bravo, c'est bien ce que vous faites.
– Vous avez une voix magnifique.

Et ils trinquèrent sobrement au jus de tomate !

« Il était normal que, lorsque je la vis au Club des Cinq, je sympathise avec elle, confiera Cerdan dans

France Dimanche. Tandis qu'elle parlait, je rougissais, je souriais comme un collégien. Un sportif, quelle que soit sa notoriété, a toujours une sorte de complexe devant une grande vedette[1]. »

À ce moment-là, Édith Piaf était amoureuse de Jean-Louis Jaubert. Un amour qui, depuis la traversée de l'Atlantique, semble avoir fait long feu : la chanteuse partage sa suite d'hôtel avec son amie Irène, tandis que le chef des Compagnons a rejoint ses camarades.

En attendant d'entamer les répétitions pour le Playhouse, la chanteuse s'ennuie ferme dans son gratte-ciel. Un dimanche, elle accepte l'invitation à déjeuner d'un couple d'admirateurs français qui tient une auberge à Congers, dans le comté de Rockland, au nord-ouest de New York. Ça la changera des cours d'anglais de la vieille Miss Davidson, recrutée par Clifford Fischer et Loulou Barrier ! Une limousine passe la prendre à l'Ambassador, elle monte à bord avec Irène de Trébert. Les deux amies sont ravies de retrouver à leur table d'autres convives français, dont Jacques Pills, son épouse Lucienne Boyer et Marcel Cerdan. Cette fois, les échanges entre la chanteuse et le champion sportif s'avèrent moins banals. Chacun dans sa discipline s'apprête à relever le plus grand défi de sa carrière, l'une en espérant conquérir le public américain, l'autre en remportant la victoire face à l'Estonien

---

[1]. 2 janvier 1949.

Anton Raadik à Chicago, et dans les deux cas accéder au rang de star mondiale. Ensemble ils vont réaliser leur rêve de gloire. Pareillement déboussolés dans cette ville étrangère, ils vont se serrer les coudes, se rassurer, s'aimer. Cerdan n'a pas l'âme d'un mélomane mais la voix de Piaf lui fait monter les larmes aux yeux. Piaf, jusqu'alors, se fichait pas mal de la boxe, elle trouvait ce sport violent et vulgaire, mais elle est capable par amour de s'intéresser un jour à une discipline qu'elle exécrait la veille. D'autant que Cerdan ne ressemble pas au stéréotype du boxeur tel qu'elle se l'était figuré. C'est un tendre, un gentil, ça se voit tout de suite. Et Piaf se fie au premier regard qu'elle pose sur un homme.

Ils se revoient bientôt. Marcel invite Édith et Irène à dîner. Édith ira seule, son amie ayant préféré assister à une comédie musicale sur Broadway, avec Jacques Pills. Tout émoustillée à l'idée de cette soirée, elle s'y prépare avec un soin inaccoutumé : elle étrenne une nouvelle robe, se coiffe, se farde, se parfume. Elle veut que Cerdan la trouve belle et élégante, qu'il soit fier de l'avoir à sa table. En fait de table, Piaf se retrouve au comptoir d'un bouiboui, perchée sur un tabouret, devant une chose prétendument comestible appelée « pastrami », à base de bœuf séché et bouilli – « un truc à faire dégueuler les taulards de la Guyane » (*dixit* Momone, laquelle va profiter de la disgrâce de Jean-Louis Jaubert pour pointer à nouveau le bout de son nez) –, suivie d'un *ice-cream sundae* à la menthe pour faire passer le goût, le tout arrosé de bière. L'addition arrive : quarante cents. Et Piaf qui n'osait trop la ramener jusque-là, rongeant son frein en même temps qu'elle mâchait le cataplasme qu'on lui avait servi, finit par lâcher :

– Eh ben dites donc, quand vous sortez quelqu'un, vous ne vous fendez pas, vous !

Offensé, Cerdan entraîne aussitôt sa partenaire « Au Gourmet », le restaurant français le plus coté de New York. Dans le cadre intime de ce lieu, ils vont converser longuement et se sentir attirés l'un vers l'autre. Mais ils s'en tiennent pour l'instant à une relation amicale. Cerdan est marié à Marinette, une jolie blonde de dix ans sa cadette qui lui a donné deux fils : Marcel et René – un troisième, Paul, verra le jour deux ans plus tard. Il s'est fixé à Casablanca, avec sa famille. Jamais il ne pourrait quitter Marinette : sa tendresse pour elle et le respect des valeurs morales l'en empêcheraient.

Dès lors, pourtant, les destins de Piaf et Cerdan ne vont cesser de se croiser.

Playhouse Theater, le 30 octobre 1947. Le rideau se lève à vingt heures quarante-cinq sur les danseurs Lyda Alma et Yanni Fleury, ramenés d'Athènes par Piaf. S'ensuivent les clowns acrobates George et Tim Dormond, les haltérophiles italiens Canova et les Winter Sisters, autant d'attractions honorablement applaudies par le public. L'ambiance monte d'un cran avec les Compagnons de la Chanson :

leur jeunesse bon teint, leur truculence et le *french-country style* de leur répertoire suffisent à captiver l'auditoire et glaner de généreuses ovations. Puis, « Les Trois Cloches » viennent clôturer la première partie du spectacle et une petite femme vêtue de noir, la tête légèrement inclinée sur l'épaule, le visage crayeux, les mains le long du corps, arrive trotte-menu depuis les coulisses pour unir sa voix au chœur des joyeux garçons. Stupeur dans la salle : « *Is that the great Piaf ?!* » Des sifflets s'élèvent, qui couvrent le carillon de cloches bruité par les Compagnons. On a expliqué à Édith que c'est une pratique courante ici, en Amérique : on siffle pour exprimer son enthousiasme. Mais elle n'est pas dupe, elle sent le malaise : « On annonçait Édith Piaf ! Un frisson passait dans la salle, chauffée par les Compagnons. *Idiss* Piaf, c'était Paris, le *gay Paree* ! La Parisienne des magazines de luxe, coiffée par Antonio, visagée par un autre et équipée d'une robe "grand soir" de deux cent cinquante mille francs ! Et j'apparaissais avec ma petite robe noire[1] ! »

Après l'entracte, la voilà seule et si petite sur cette immense scène pour un récital entièrement en français. Un maître de cérémonie intervient avant chaque chanson pour en exposer le thème à l'assistance, ce qui a pour fâcheux effet de rompre le contact de l'artiste avec la salle, quand celui-ci a été laborieusement établi. Les sifflets qui retentissent par intermittence ne sont pondérés que par des

---

[1]. *Au bal de la chance*, op. cit.

applaudissements polis. Piaf encaisse le coup. Il lui faudra du temps et le recul nécessaire avant d'analyser cet écueil : « Mon répertoire manquait de gaieté. L'Américain mène une vie épuisante. Il l'accepte. Mais, sa tâche quotidienne terminée, il se veut détendu, relaxé. […] Pourquoi, alors qu'il croyait avoir déposé ses soucis au vestiaire, cette petite Française venait-elle lui rappeler qu'il y a sur terre des gens qui ont des raisons d'être malheureux[1] ? »

Le lendemain de la première d'Édith Piaf à New York, Marcel Cerdan mène à son tour un redoutable combat à Chicago. Mis à terre à trois reprises par son adversaire, le « Bombardier marocain » remporte le match *in extremis*, déclaré vainqueur aux points. Le moral en berne, l'esprit torturé de doutes, il éprouve le besoin de se confier à une personne apte à le comprendre, quelqu'un qui mesure le prix de la compétition et l'exigence du dépassement de soi, tout en ayant un œil extérieur à sa discipline. Lors, plutôt que de rejoindre sa femme, Cerdan s'en vient retrouver Piaf.

– Regarde donc les journaux et lis attentivement ce qu'on dit sur toi, lui intime-t-elle. *« Pour la première fois, après plus de cent combats, voici Cerdan couché. »* Tu ne crois pas que c'est le meilleur hommage qu'on t'ait jamais rendu ?

De son côté, Marcel, après avoir assisté au spectacle du Playhouse :

---

[1]. *Ibid.*

– Ce que tu fais, Édith, est meilleur que ce que je fais. Tu leur apportes le bonheur et l'amour, et ils ne s'en rendent même pas compte[1] !
Chacun se sépare ensuite, le cœur un peu plus léger. Ils ne se reverront pas avant quatre mois.

Ajouté aux compliments de son cher Marcel, l'hommage rendu par le compositeur et critique musical Virgil Thomson, sous forme de harangue adressée à ses compatriotes et lecteurs du *New York Herald Tribune* où il officie, redonne définitivement confiance à Piaf. À ceux-là qui n'ont rien compris à l'art de la chanteuse, il lance un appel comme une menace : « Si on la laisse repartir sur cet échec immérité, le public américain aura fait la preuve de son incompétence et de sa stupidité. »

L'article obtient un retentissement immédiat, tant sur le public qu'auprès des professionnels. Sans attendre la fin des représentations au Playhouse Theater qui se poursuivent cahin-caha, portées par le succès des Compagnons de la Chanson, Clifford Fischer s'en va trouver Nick Prounis et Arnold Rossfield, les directeurs du cabaret-restaurant Le Versailles, 151, East 15th Street, dans le quartier de Manhattan, afin de négocier un contrat exclusif pour Édith Piaf. D'emblée, il leur flanque le *New York Herald* sous le nez en arguant : « Quand les gens auront pris l'habitude de sa petite robe noire,

---

[1]. Cités par Dominique Grimault et Patrick Mahé, *Piaf-Cerdan, un hymne à l'amour*, Robert Laffont, Paris, 1983.

quand ils auront compris qu'une Parisienne sur scène, ce n'est pas forcément une *girl* avec des plumes sur la tête ou ailleurs et une robe à traîne, on se battra pour venir l'entendre, croyez-moi ! » Et l'agent américain, en accord avec Loulou Barrier, s'engage à verser une caution aux deux hommes à la signature du contrat et à combler les déficits de l'établissement si jamais le public ne suivait pas.

Prounis et Rossfield en prennent note et, après avoir apprécié le talent d'Édith Piaf au Playhouse, acceptent le compromis, sans encourir de gros risques : un engagement est conclu pour huit jours, renouvelable, à partir du 14 janvier. Compte tenu de la petite taille de l'artiste, on prend soin de surélever l'avant-scène d'une estrade. La publicité mise en place ne craint pas le dithyrambe : ici, on annonce « la formidable chanteuse française que les G.I.'s ont découverte à Paris pendant la Libération » et là, « la Sarah Bernhardt de la chanson ».

Cette fois, Piaf n'a pas droit à l'erreur. Premier impératif : se séparer des Compagnons.

– Il faut que vous soyez seule, *Idiss*, lui assure Clifford Fisher. Des journalistes ont dit que vous apparaissiez au milieu des Compagnons, et que vous étiez seulement une voix dans un chœur ! Ici, quand une femme vient sur scène avec des *boys*, elle danse, elle chante, elle est plus qu'eux. Ils sont là pour la servir. Vous, avec vos garçons, c'est le contraire. Ce n'est pas bon. Et quand ils ne sont plus là, vous faites misérable toute seule[1].

La séparation s'opère sans heurt. Les Compagnons ont décroché deux contrats, l'un au Latin Quarter, un night-club en face du Playhouse – Piaf assiste à la première de leur spectacle –, l'autre dans un cabaret à Miami pour les fêtes de fin d'année.

– Bonne chance, mes enfants ! leur dit-elle, le cœur ému, alors qu'ils s'apprêtent à partir. Vous avez prouvé que vous étiez capables de voler de vos propres ailes.

Pour elle, rien n'est encore gagné. Elle doit occuper les semaines qui la séparent de sa grande première au Versailles à potasser sans relâche son anglais, tant le vocabulaire et la grammaire que la diction, afin de répondre aux autres instructions de Fischer : présenter elle-même ses textes au public, ce qui évitera la présence calamiteuse d'un maître de cérémonie, et chanter deux chansons en langue locale. Des traducteurs ont d'ores et déjà adapté « La Vie en rose » et « Je n'en connais pas la fin », devenues respectivement « Take Me To Your Heart » et « My Lost Melody ».

Édith Piaf bénéficie du soutien amical d'Irène de Trébert qui, grâce à ses relations new-yorkaises, leur a dépêché un luxueux quatre pièces en location au 891, Park Avenue. La chanteuse s'y sent beaucoup plus à l'aise qu'à l'hôtel où elle commençait à cafarder : elle peut y organiser des dîners et la proximité

---

[1]. Cité par Simone Berteaut, *Piaf*, *op. cit.*

de Central Park lui permet des instants de balades quotidiennes. Une nuit pourtant, ses nerfs lâchent. Irène appelle à la rescousse Loulou Barrier et Marc Bonel. « Nous l'avons trouvée dans un état épouvantable, témoignera le fidèle accordéoniste. Elle nous a dit qu'elle allait mourir, que plus personne ne l'aimait, qu'elle n'avait plus de papa, plus de fille, plus d'amis, plus que Louis et moi. Mais elle n'avait pas l'air de nous reconnaître[1]. »

Parmi le nouvel entourage de la chanteuse, on note la présence de Marlene Dietrich, l'une des premières stars internationales venues la féliciter au Playhouse et l'encourager à la persévérance. Qui a prétendu que Piaf n'appréciait pas la compagnie des femmes ? De l'inoubliable héroïne de *L'Ange bleu*, elle dira bientôt : « Marlene aime la France, elle l'a prouvé aux heures les plus sombres de la guerre et elle a été la Providence, la bonne fée de bien des artistes français débarquant aux États-Unis. Pour moi, elle s'est montrée d'un dévouement incomparable. Elle me voyait inquiète, tracassée, tourmentée, vaincue ou presque. Elle s'est attachée à mes pas, veillant à ne point me laisser seule un instant avec mes pensées, elle m'a préparée pour de nouvelles batailles et, si je les ai livrées et gagnées, c'est parce qu'elle les a voulues, alors que je crois

---

[1]. *Édith Piaf, le temps d'une vie*, op. cit.

bien que je ne les souhaitais plus. Je lui en garde une profonde gratitude[1]. »

L'amitié entre les deux femmes restera intacte, dépourvue de toute ambiguïté, jusqu'à la mort de Piaf.

Marlene Dietrich est présente au Versailles, le soir du triomphe de son amie. Dans ce lieu au décor baroque, à dominante rose et blanc, agrémentée de lustres à pampilles de cristal, miroirs, statues et arbres taillés, on reconnaît d'autres stars et pas des moindres : Greta Garbo, Judy Garland, Josephine Baker, Orson Welles, Henry Fonda, Charles Boyer, ainsi que John Garfield, le séduisant partenaire de Lana Turner dans *Le facteur sonne toujours deux fois*, avec qui Édith Piaf aurait eu une brève liaison. D'autres personnalités se succèdent dans les jours qui suivent : Gene Kelly, Gregory Peck et, parmi les Français, Jean Sablon et Maurice Chevalier. Ce dernier écrit dans ses Mémoires : « Il m'a semblé que les Américains, avec leur extraordinaire lucidité, étaient en train de lui indiquer sa vraie place sur l'échelle artistique internationale[2]. »

Initialement engagée pour une semaine, Édith Piaf chante pendant deux mois au Versailles, avec la promesse d'un nouveau contrat pour octobre. Les Compagnons, revenus d'un glorieux périple en Floride puis à Chicago, s'empressent d'aller saluer

---

[1]. *Au bal de la chance, op. cit.*
[2]. Maurice Chevalier, *Les Pensées de Momo*, Presses de la Cité, 1970.

leur bienfaitrice. Deux succès, en particulier, contribuent au succès du moineau de Paris outre-Atlantique : « La Vie en rose », bissée en rappel, et à moindre mesure « L'Accordéoniste », à la grande fierté de son auteur-compositeur Michel Émer qui, venu féliciter son amie, se voit accueilli en ces termes :
— Tu m'apportes une chanson, p'tit caporal ?
— Euh… non, je viens t'embrasser.
— Eh bien, on s'embrassera quand tu m'auras fait une chanson !
Et Piaf l'abandonne dans sa loge pour aller chanter. À la fin de son récital, le p'tit caporal lui présente « Bal dans ma rue », l'histoire d'une pauvre fille qui assiste au mariage de l'homme qu'elle aime avec sa meilleure amie.

« Et dans le petit bistrot
Où la joie coule à flots
Des musiciens perchés sur un tréteau
Jouent pour les amoureux
Qui tournent deux par deux
Le rire aux lèvres et les yeux dans les yeux[1]… »

Émer a droit à sa bise ! Mais Piaf exige encore :
— Demain, passe me voir chez moi. Il me faut une autre chanson où quelqu'un meurt à la fin.
— Bah, on peut toujours s'arranger pour tuer quelqu'un…

---

[1]. Éditions Edimarton. © Columbia, 1949.

Le lendemain, un nouveau bijou s'ajoute à son répertoire : « Monsieur Lenoble » ou les malheurs d'un mari négligent que sa femme délaisse et qui finit par se suicider au gaz. Le tout sur un air de valse lancinante. Emballée, Piaf l'inscrit aussitôt à son programme.

« Monsieur Lenoble se mouche,
Met sa chemise de nuit,
Ouvre le gaz et se couche,
Demain, tout sera fini[1]... »

Au triomphe d'Édith Piaf au Versailles s'adjoint, dans la foulée, celui de Marcel Cerdan au Madison Square Garden.

Arrivé à New York le 27 février, le boxeur échappe un soir à la garde rapprochée de ses entraîneurs, Lucien Roupp et Jo Longman, afin d'aller saluer la chanteuse dans son appartement de Park Avenue où elle se retrouve seule depuis le départ pour Paris d'Irène de Trébert. La presse commence à se faire l'écho de l'histoire d'amour entre Édith et Marcel.

« Marcel est pour moi un grand copain, presque un grand frère. Je l'aime beaucoup et personne ne m'empêchera de le voir. Tout le reste n'est qu'invention[2] », soutient Piaf, agacée par ce tapage qui pourrait nuire à leur carrière à tous les deux.

---

[1]. Éditions Breton. © Columbia, 1948.
[2]. *Combat*, 28 janvier 1948.

Est-ce pour faire mentir la rumeur ? Lors du match qui oppose Cerdan à Lavern Roach, le 12 mars, Piaf arrive en compagnie de Jean-Louis Jaubert, resté seul à New York tandis que ses huit comparses ont embarqué sur le Queen-Elizabeth avec Loulou Barrier, Robert Chauvigny et Marc Bonel. Pourtant, au moment où l'on déclare Cerdan vainqueur, le mélange de joie et de fierté qui transparaît sur le visage de Piaf est clairement l'expression d'une amoureuse. À Robert Bré qui lui demande si elle aime la boxe, elle déclare : « Jusque-là, j'en avais horreur. Mais depuis que j'ai vu Marcel, ce n'est plus la même chose. C'est très beau avec lui. Et je suis fière. Ce type-là a vraiment du cœur au ventre[1]. »

Édith et Marcel rentrent à Paris ensemble. À leur descente d'avion, les bras remplis de fleurs offertes par les membres de l'équipage, ils sont accueillis par une horde de journalistes, avec les honneurs réservés aux stars internationales. Quatre jours plus tard, on les retrouve au Club des Cinq lors d'un gala exceptionnel patronné par François Mitterrand, ministre des Anciens Combattants, et Pierre de Gaulle, frère cadet du général et président du Conseil municipal de Paris.

Les amoureux clandestins s'installent à l'hôtel Claridge, sur les Champs-Élysées, elle dans l'appartement 108, lui au 109. Une adresse provisoire, le

---

[1]. *Paris-Presse*, 16 mars 1948.

temps pour Piaf de trouver une nouvelle résidence. Ce sera chose faite fin avril, alors qu'elle quitte la scène des Ambassadeurs pour celle de l'ABC, les deux music-halls de sa grande rentrée parisienne, avec les Compagnons de la Chanson. Elle emménage alors dans une maison à étage au 7, rue Leconte-de-Lisle, dans le quartier d'Auteuil.

Au contact de Cerdan, Piaf a le sentiment de renaître : « Avec Marcel, j'ai été une autre femme pour la première fois de ma vie. Il avait éloigné les mauvais anges de mon entourage. C'était un être simple, modeste, bon[1]. »

Mais Lucien Roupp désapprouve l'influence d'Édith Piaf sur son poulain et n'a de cesse de le mettre en garde : « Elle est certainement une grande chanteuse, mais en matière de boxe, elle s'y connaît autant que moi en solfège ! » L'hostilité de Roupp à l'égard de Piaf empire le 23 mai, quand Cerdan perd son titre de champion d'Europe des poids moyens contre Cyrille Delannoit, au stade du Heysel à Bruxelles. Le manager n'est pas seul à la tenir pour responsable de cette défaite : « Piaf porte malheur à Cerdan », titre en gros caractères *France Dimanche*. Une présomption démentie au bout de sept semaines lorsque le boxeur récupère son titre contre le même Delannoit, cependant que Piaf passe sa soirée à prier dans sa chambre d'hôtel, dans

---

[1]. *Ma vie, par Édith Piaf*, op. cit. / Jean Noli, *Piaf secrète*, L'Archipel, 1993.

l'attente des résultats. Cerdan s'autorise ensuite un droit de réponse dans le même journal : « Non, Piaf ne m'a pas porté malheur, parce que personne ne peut porter malheur à un être honnête qui fait son devoir et parce que je ne crois pas aux jeteurs de sort. Au contraire, je peux dire que dans les moments les plus difficiles de ma carrière, Piaf m'a fait le plus grand bien... Je voulais tout abandonner. Elle m'a fait revenir sur ma décision[1]. »

Piaf récolte les fruits de son récent triomphe américain. La future reine d'Angleterre Elizabeth II émet le souhait de la rencontrer lors de sa venue à Paris, en compagnie du prince Philip d'Edimbourg. On donne à cette occasion un gala privé au cabaret de Maurice Carrère, sur les Champs-Élysées. Piaf y crée deux nouvelles chansons : « Il pleut », signée Pierre Roche et Charles Aznavour, et « Les Amants de Paris », composée par Léo Ferré sur des paroles d'Eddy Marnay.

À la même période, Francis Lemarque lui offre une belle valse intitulée « À Paris », préalablement proposée à Yves Montand, qui l'a refusée. Comme elle vient d'accepter « Les Amants de Paris », la chanteuse promet de l'enregistrer l'année suivante pour éviter la redite. Apprenant la décision de son ex-compagne, Montand fait savoir à Lemarque qu'il accepte la chanson. « C'est un gamin, il veut

---

[1]. *France Dimanche*, 2 janvier 1949.

toujours les jouets des autres », réagit Piaf, débonnaire, avant de la lui céder volontiers.

Août 1948. Marcel Cerdan se prépare pour le championnat du monde. Lucien Roupp a réservé dans le plus grand secret une auberge isolée, au milieu des champs, dans le petit village d'Anet (Eure-et-Loir). Édith Piaf vient l'y rejoindre, flanquée de son amie Ginou Richer, la compagne de Guy Bourguignon. Le seul journaliste à être admis dans la retraite estivale du boxeur est Félix Lévitan, du *Parisien libéré*, venu avec son épouse Geneviève, laquelle sympathise immédiatement avec Piaf.

« Je n'avais jamais vu Édith aussi heureuse, rapporte Ginou. On aurait dit que c'était elle qui préparait le championnat du monde. Du jour où elle est arrivée à Anet, elle s'est mise au régime… le régime de Marcel. Elle découvrait le sport et en parlait comme s'il s'agissait d'une chose indispensable pour l'équilibre de sa vie : "Ça fait circuler le sang, ça développe", qu'elle disait. Je ne la reconnaissais pas. Une fois, elle m'a même forcée à faire du vélo avec elle. On n'est pas allé très loin ; on est rentré dans un troupeau de vaches[1]… »

Piaf convainc Cerdan de l'accompagner à Lisieux pour adresser une prière à sainte Thérèse et, le pèlerinage accompli, lui assure qu'il sera champion du monde !

---

[1]. Cf. *Piaf-Cerdan, un hymne à l'amour 1946-1949*, *op. cit.*

« C'est la première fois que je sens le bonheur, le vrai, au fond de mon cœur », écrit-elle à son ami Jacques Bourgeat.

À la fin du mois, Cerdan s'envole pour les États-Unis. Piaf, qui compte embarquer avec lui, en est formellement empêchée par Roupp. L'arrivée du couple illégitime ferait les gros titres de la presse et attirerait les foudres de l'Amérique puritaine.

– Ils commencent à me les briser, ces Amerloques, avec leur bonne morale ! peste Édith.

Mais elle s'incline et laisse passer deux jours avant de prendre l'avion, escortée de Ginou Richer et Simone Berteaut. Sitôt débarquée à La Guardia Airport, elle abandonne Ginou à l'hôtel – celle-ci se charge d'organiser les préparatifs pour le Canada où Piaf et les Compagnons sont attendus à partir du 7 septembre –, et repart avec Momone vers Loch Sheldrake, un vaste domaine touristique à cent soixante kilomètres au nord de New York, au cœur des Catskills Mountains. Ce n'est pas pour s'adonner aux plaisirs de la randonnée ou admirer les nombreux lacs qui font le charme de la région qu'Édith a conduit là sa copine, mais dans le seul but d'y retrouver Marcel, locataire d'un cottage à l'hôtel Evans, proche d'un camp où s'entraînent les champions sportifs.

Les deux voyageuses trouvent refuge dans une modeste pension de famille à quelques lieues de là, dans le village de Hurleyville, d'où Piaf téléphone à Cerdan pour le prévenir de son arrivée inopinée.

Roupp est furibard mais, devant la joie rayonnante de son poulain, il n'a d'autre choix que de faire contre mauvaise fortune bon cœur. Pour éviter les allées et venues incessantes qui éveilleraient l'attention des journalistes, il charge Jo Rizzo, le chauffeur de Cerdan, de louer un bungalow « pour sa sœur malade et l'amie qui l'accompagne » à l'hôtel Evans – la renommée de Piaf n'a pas encore dépassé les frontières de la Grosse Pomme. Roupp obtient en outre la promesse de la chanteuse de faire preuve d'une discrétion absolue et de renoncer à tout rapport sexuel avec Cerdan pendant la durée du séjour.

Ainsi, Édith et Momone vivent une semaine entière enfermées, rideaux tirés, se nourrissant de sandwiches apportés le soir par Marcel, lequel, après quelques embrassades et une ou deux parties de cartes, regagne sagement la chambre qu'il partage avec son manager. Le régime du champion l'exigeant, les collations sont accompagnées d'eau du robinet !

– Tu te rends compte s'il faut que je l'aime, Marcel, pour boire ça, soupire Piaf. Il y a des millions de microbes et de saloperies là-dedans. T'as jamais vu une goutte de flotte au microscope ?

– Non, et toi ? dit Momone.

– Non, mais moi, je le sais. Le type qui m'a expliqué, c'était un toubib militaire. Il revenait des colonies. Alors tu vois.

– On n'est pas aux colonies, mais en Amérique.

– C'est pire. Ils foutent tellement de désinfectant que ça vous enlève la peau de l'estomac. Tu vois où ça conduit, l'amour : au suicide[1] !

Interrogé en octobre 1969 par un journaliste de *France Soir*, Lucien Roupp oubliera ses griefs contre la chanteuse pour attester de son extraordinaire dévouement : « Il n'y a jamais eu de contacts physiques entre Marcel Cerdan et Édith Piaf pendant les dix jours qui ont précédé son championnat du monde. Mais pendant les dix jours qui ont suivi, par contre… Je remercie aujourd'hui encore la grande Édith de s'être sacrifiée pour le bien de Marcel. Elle l'a fait parce que c'était une fille formidable et que, j'en ai la conviction, elle aimait vraiment, profondément, Marcel. »

À peine rentrée de Loch Sheldrake, Piaf accueille dans son appartement new-yorkais de Park Avenue les Compagnons de la Chanson avec qui elle effectue une tournée triomphale dans « la Belle Province » : six soirées plus une de clôture au Monument National de Montréal, deux galas (matinée et soirée) au Palais Montcalm à Québec et un autre dans un cinéma de Trois-Rivières. Le quotidien *La Presse* salue le talent de l'artiste : « C'est le talent des absolus qui ne souffrent pas de critiques, à peine des commentaires, car il est réel, car si vous ne le sentez pas tout seul, personne ne vous le découvrira jamais. »

---

[1]. Dialogue reconstitué par Simone Berteaut, *Piaf, op. cit.*

À la même période, la SACEM lui reconnaît un autre talent, celui de compositeur ou d'« artiste-mélodiste », ainsi qu'il est stipulé sur le bulletin d'admission qu'elle vient de recevoir, à l'issue de l'examen passé avant son départ pour New York. En accord avec Raoul Breton, elle crée bientôt les éditions Edimarton – contraction de : Édith, Marcel et Breton – afin d'y déposer ses créations.

Roosevelt Stadium de Jersey City, 21 septembre 1948. Tony Zale, surnommé « l'homme d'acier », est donné vainqueur par la presse américaine. Le combat s'annonce rude. Pourtant, à l'exception d'un crochet à la mâchoire qui fait fléchir un instant Cerdan, le Français domine le match, faisant preuve d'une technique et d'une rapidité infaillibles, promenant son adversaire à travers le ring. Au onzième round, Zale tombe à terre, saoulé de coups. On le relève et le porte vers son tabouret où il s'écroule. Quelques secondes passent après la sonnerie de la douzième reprise : Zale est vaincu. Le speaker hurle dans le micro : « *The Frenchman is champion of the world !* » Marcel Cerdan, trente-deux ans, entre dans la légende : il est le premier boxeur à ravir ce titre aux Américains depuis le Britannique Bob Fitzsimmons en 1891 !

New York, 891, Park Avenue, vers deux heures du matin. Un parterre de pétales de roses grenat conduit le héros, ému, depuis l'entrée de l'ascenseur jusqu'à l'appartement – une idée d'Édith Piaf, pour accueillir son champion. Des panneaux en carton peints par Marc Bonel complètent la révérence : « Honneur à Marcel Cerdan », « Vive notre champion du monde », « Gloire à Marcel ».

Le 22 septembre au soir, c'est la reine Piaf que l'on célèbre à l'occasion de sa rentrée au Versailles – elle y fera salle comble jusqu'au 9 décembre. Le spectacle est retransmis à la télévision américaine, tel un événement. Dès l'instant où elle apparaît en scène, le silence se fait. Un silence de cathédrale. Pas un seul bruit de couverts, on cesse de manger, de commander à boire. Elle chante ses plus grands succès français : « C'était une histoire d'amour », « Monsieur Lenoble », « Le Fanion de la légion », « De l'autre côté de la rue », « L'Accordéoniste », « Monsieur Saint-Pierre ». Le public lui sait gré des efforts qu'elle fait pour améliorer son anglais – un anglais « compréhensible et amusant », selon le journaliste Nerin E. Gun – et de l'attention particulière de lui offrir une chanson américaine inédite : « Simply A Waltz », plus trois adaptations : « I Shouldn't Care » (« J'm'en fous pas mal ») et les déjà connues « My Lost Melody » et « La Vie en rose », inévitablement bissée au final.

« On ne peut pas imaginer une personne aussi dépourvue d'attraits physiques que Mademoiselle Piaf, estime Bert McCord dans le *New York Herald Tribune*. Elle n'est pas du tout jolie ; elle n'a rien de ces qualités superficielles si bien considérées dans le monde du show-business, mais elle a un tel pouvoir spirituel que tout ce qu'elle fait la rend belle. »

Une foule en liesse accueille Marcel Cerdan à Paris. Le héros national traverse la capitale à bord d'une décapotable noire qui semble voguer sur un océan humain. Il est reçu au Palais de l'Élysée par le président Vincent Auriol et ranime la flamme du Soldat Inconnu à l'Arc de Triomphe. Mais ce n'est pas seulement Paris mais la France entière qui est fière de son champion.

Cependant, Édith Piaf se sent porter par une égale ferveur populaire outre-Atlantique.

– Tu peux pas savoir, dit-elle, excitée, à Marcel au téléphone. Je ne sais pas ce que je leur ai fait. Si je les écoutais, ils finiraient bien par avoir ma peau tous ces Américains. On me réclame pour une tournée dans différents états, Connecticut, Maine, et je ne sais plus quoi encore !

– Et que comptes-tu faire ?

– Te revoir. Et vite ! Le reste peut attendre !

Marcel se débrouille alors pour la rejoindre.

« J'ai du mal à croire ce qui m'arrive, écrit la chanteuse à Geneviève Lévitan. Je m'en mets jusque-là du Marcel, je ne perds pas une seconde et il est si merveilleux que, plus je le connais et plus je l'aime... Je dis cela tout bêtement, mais ce sont les seuls mots que je trouve pour parler de lui. Je l'aime comme jamais je n'ai aimé et ne vois plus rien d'autre que lui ! »

Est-ce cet amour exclusif qui attise la jalousie de Simone Berteaut ? En tout cas, les querelles se multiplient entre les deux anciennes « frangines », souvent provoquées par les attaques de Momone qui s'acharne à jeter à la figure de Piaf son passé de chanteuse des rues, en insistant sur les épisodes les moins avouables, dans le but évident de faire réagir Marcel. Jusqu'au jour où, sous l'emprise de l'alcool, elle menace d'alerter la presse et de révéler tout ce qu'elle sait sur la relation entre Piaf et Cerdan. Jetée dans un taxi, elle est immédiatement conduite par Loulou Barrier à l'aéroport de La Guardia et renvoyée chez elle, à Paris où elle portera plainte pour séquestration avec coups et blessures.

« Ils m'ont ligotée au pied du lit, Marcel m'a foutu sur la gueule », dira-t-elle, avant de se rétracter et d'adresser une lettre d'excuse à Édith : « Bien sûr, je sais que j'ai tort, mais je n'ai pas eu de chance d'aller tour à tour dans le plus haut et de redescendre dans le plus petit. Mes plus belles années de jeunesse, étant encore une enfant, je t'ai suivie sans réfléchir, sans même penser si je pouvais faire de la peine à mes parents. Je suis toujours restée avec toi dans les plus mauvais moments, sans rien vouloir te rappeler de tout cela. Je ne voudrais pas ternir nos souvenirs de jeunesse, de misère pour mieux dire. Depuis que je te vois si haut, je n'ai plus le courage d'essayer de te rattraper et pourtant je vais te demander d'attendre quelques mois et tu verras ce que je vais faire ; je vais tout recommencer. »

Et Édith pardonne, quand même le mal est fait.

Le 16 décembre, Piaf et Cerdan regagnent la France. Le lendemain, un chroniqueur de *L'Aurore* écrit : « Un boxeur (fort connu) rentrait hier d'Amérique en avion. Une artiste – de la chanson – et non moins connue était par hasard dans le même appareil. Une nuée de photographes les attendaient à Orly. Ce qui est un hommage à l'uppercut du boxeur et au talent de l'artiste ! Alors ! Eh bien voici : l'artiste, qui pour des raisons que nous ne voulons pas connaître ne voulait pas faire savoir qu'elle était avec le boxeur, descendait clandestinement de l'autre côté de l'appareil. Malheureusement pour elle, un reporter malin l'aperçut et la photographia dans cette attitude curieuse. La dame se fâcha, furibonde, se précipita sur le photographe, l'abreuva d'injures, s'agrippa à lui, le mordit, le griffa, appela quatre costauds de ses amis qui eurent tôt fait de détruire les deux plaques compromettantes. Elle appela ça "la vie en rose", la dame ! Une bonne douche lui ferait du bien[1]... »

À la rumeur qui enfle et se propage jusqu'à Casablanca, la chanteuse se croit obligée d'opposer un démenti formel : « Avant tout, essentiellement, il y a entre Marcel et moi une exceptionnelle amitié », suivi d'un fervent plaidoyer dont on ne peut contester l'honorabilité mais qui ne fait que trahir la vraie nature des sentiments entre la chanteuse et le champion : « Marcel Cerdan ne divorcera jamais. Si je devais arracher un homme à son foyer, à ses enfants, je ne pourrais plus dormir, je ne pourrais plus vivre. Si je devais séparer Marcel de sa famille, je me tuerais. Il est impossible que des

---

[1]. 17 décembre 1948.

innocents paient. Alors, je sais, nous nous trouvons dans une situation infiniment malheureuse. Si Marcel n'avait pas d'enfants, ce serait plus simple : une femme ou une autre femme, à armes égales. Mais ce n'est pas le cas. »

Cependant, la carrière de la chanteuse ne souffre pas de la rumeur qui court. Son public l'aime d'un amour vrai, il est prêt à tout accepter d'elle, voire même à sacraliser son union illégitime avec le plus vénéré des champions sportifs.

Après deux récitals à la salle Pleyel, salués par une excellente critique de François de Roux dans *Le Figaro littéraire*, et un gala triomphal au théâtre de Bordeaux, Piaf part à la découverte de l'Égypte. Elle se produit pendant quatre soirs à l'Ewart Memorial Hall du Caire et tout un week-end au théâtre Mohammed Ali d'Alexandrie où le jeune Yussef Mustacchi, quinze ans – futur Georges Moustaki – vient l'applaudir avec sa mère. Possesseur d'une caméra Super 8, Marc Bonel filme la chanteuse, toujours prompte à une bonne partie de rigolade, aussi bien lors de la visite des grandes pyramides de Gizeh que pendant une balade à dos d'un chameau, baptisé par elle « Mistinguett » à cause de sa denture.

Une halte à Beyrouth, pour trois représentations au cabaret Le Kit-Kat, et Piaf revient au Caire donner un gala d'adieu à l'Helmieh Palace, avant de retrouver les Compagnons de la Chanson pour une dernière tournée française qui passe par l'ABC et clôture trois années de glorieuse collaboration.

Son tour de chant s'est enrichi de nouvelles chansons, enregistrées avec son équipe quasi définitive (Robert Chauvigny au piano et à la direction d'orchestre, Marc Bonel à l'accordéon et Jacques Liébrard à la guitare) : « Dany », « La P'tite Marie », « Pour moi toute seule » et « Paris », bande originale signée André Bernheim de *L'Homme aux mains d'argile*, un film documentaire qui romance la vie de Marcel Cerdan. Elle en présente certaines au public parisien du Copacabana (ex-Beaulieu, où Piaf s'était produite avec Montand à la fin de la guerre), du 15 juin au 4 juillet. Écrite par Francis Blanche et mise en musique par le chef d'orchestre Gérard Calvi, à l'origine répétée avec les Compagnons de la Chanson, « Le Prisonnier de la tour » est finalement chantée en solo – Piaf la crée à l'ABC, vêtue d'une longue robe de velours noir à traîne. Et c'est « Bal dans ma rue », la « chanson-marathon » de Michel Émer, qui s'impose comme le grand succès de la saison.

Briggs Stadium de Detroit, 16 juin 1949. Blessé à l'épaule peu après le coup de gong, Marcel Cerdan ne peut se reprendre et, au neuvième round, il perd son titre de champion du monde des poids moyens au profit de l'Italo-Américain Jake La Motta, surnommé « le Taureau du Bronx ». Piaf n'assiste pas au match, elle chante au Copacabana. Elle a écrit à Cerdan : « « Si tu le peux, dès que ton combat est fini, renvoie-moi mon cœur que je puisse respirer. Mercredi, je serai dans tes gants, dans ton souffle, dans tes yeux, dans ton cœur. J'essaierai de mordre La Motta aux fesses. Ce salaud, qu'il te touche et il aura affaire à moi ! »

Dès le retour du boxeur à Paris, la chanteuse décide de quitter sa maison d'Auteuil – « Ça sent le malheur ici ! » – pour un hôtel particulier à Boulogne, au 5 de la rue Gambetta.

Fin juillet, Piaf chante dans le pays de Cerdan. Fière d'y remporter un énorme succès, elle rumine néanmoins quelques doutes en ce qui concerne leur relation amoureuse. Dans une lettre au boxeur : « J'ai appris que tu allais faire construire une villa de dix millions à Casa et que chaque fois tu t'installais de plus en plus, ici. Vois-tu, c'est ça qui me tue, et qui me fait ne plus rien comprendre… »

Sa tournée se poursuit à Oran, puis Alger. Les célèbres amoureux se retrouvent en août sur la Côte d'Azur, puis incognito à Loch Sheldrake où le champion est retourné s'entraîner. Piaf s'installe ensuite à New York avec Geneviève Lévitan dans un nouvel appartement au 136 East, Lexington Avenue. Le 15 septembre, elle triomphe à nouveau sur la scène du Versailles qu'elle occupera pendant près de cinq mois, à raison de deux récitals par soir.

« Piaf est merveilleuse, je ne suis jamais las de l'entendre », s'enthousiasme Louis Sobol dans *Le Journal Américain*. « C'est la vedette de l'année », affirme Danton Walker du *Daily News*.

Rentré à Paris, Cerdan habite chez Jo Longman, rue de Provence. Le match qui verra sa revanche, initialement prévu le 28 septembre, est reporté au 2 décembre, au Madison Square Garden.

« Je dois battre La Motta, je le battrai ! » déclare-t-il dans *France Soir*.

Il doit partir en bateau pour New York, mais Piaf le supplie par téléphone de prendre l'avion afin de la rejoindre au plus vite. Le jeudi 27 octobre, le vol d'Air France de vingt heures cinquante-quatre est complet. Mais au dernier moment, un couple de jeunes américains en voyage de noces renonce au voyage. On octroie les places au champion et à son entraîneur Jo Longman. Au moment d'embarquer, Cerdan pose pour les photographes aux côtés de la violoniste Ginette Neveu qui va prendre le même avion, en compagnie de son frère.

Vers quatre heures du matin, heure française, le Constellation FBA-ZN percute le pico de Vara, le plus haut sommet de l'île de São Miguel, dans l'archipel des Açores. Sur la scène du Versailles, Édith Piaf chante son « Hymne à l'amour » :

« Si un jour la vie t'arrache à moi
Si tu meurs, que tu sois loin de moi,
Peu m'importe, si tu m'aimes,
Car moi je mourrai aussi[1]… »

---

[1]. Éditions Edimarton. © Columbia, 1950.

– 13 –

28 octobre 1949. Ce vendredi-là, Loulou Barrier et Marc Bonel se sont levés de bonne heure pour aller chercher Marcel Cerdan à l'aéroport de La Guardia. Loulou s'arrête en route, le temps d'acheter des pellicules pour son appareil-photo dans un drugstore. Il apprend la catastrophe par la radio, mais n'y croit pas. Non plus Marc Bonel. C'est impossible, inimaginable. Ils continuent, anxieux, jusqu'à La Guardia. Dans le hall de l'aéroport, ils attendent. Longtemps. Jusqu'à ce que la tragédie soit confirmée : le vol Paris-New York est perdu, il n'y a aucun survivant.

Il est onze heures lorsqu'ils pénètrent dans l'appartement du 136 East, Lexington Avenue, où règne une ambiance funèbre. Dans le salon sont réunis Ginou Richer, Geneviève Lévitan, Robert Chauvigny, l'imprésario américain Lew Burston et son épouse. Tous savent, sauf Piaf qui dort encore. Elle avait demandé que Cerdan la réveille, dès son arrivée. Personne n'ose le faire à sa place. Et ce n'est qu'à treize heures quarante-cinq que s'ouvre la porte de la chambre. Elle apparaît hirsute, renfrognée. Un silence abyssal l'accueille. Geneviève Lévitan, à qui a été confiée la pénible mission de messagère, ne peut articuler un mot. La chanteuse

va pour protester qu'on l'ait laissée dormir si tard, mais les visages accablés autour d'elle la stoppent net dans son élan. Se seraient-ils donné le mot pour lui faire une mauvaise blague ?
— Marcel, pourquoi tu te caches ? lance-t-elle alors, d'une voix mal assurée.
Elle hasarde un regard derrière la porte, puis se tourne vers Loulou Barrier, l'œil suppliant.
— Il n'est pas parti, c'est ça ?
Tout le monde se tait, ravalant ses larmes. Elle comprend :
— Il lui est arrivé quelque chose !
Loulou l'attrape dans ses bras et la serre contre lui.
— Ma petite Édith, il faut que vous soyez forte ! lui murmure-t-il à l'oreille. L'avion s'est écrasé, il n'y a pas de survivant.
Elle se laisse tomber à genoux, hurlant sa peine.

Ses amis vont rester là à la veiller, la surveiller, chacun posté près d'une fenêtre, de crainte qu'elle ne commette l'irréparable.
Le soir venu, elle n'a plus de force. Elle s'est noyée dans le chagrin tout l'après-midi, refusant de manger, elle tient à peine debout. Loulou Barrier et Nick Prounis du Versailles, qui est venu en renfort, lui conseillent de ne pas chanter : la représentation sera annulée, le public comprendra. Elle refuse.
— Non, je vais chanter. Il le faut.
Prounis lui apporte un bouillon qu'elle consent à avaler, avec un médicament dopant. Entre-temps,

elle s'enferme dans la salle de bains, attrape une paire de ciseaux et taille dans sa chevelure bouclée.
– Comme ça, je ne serai plus comme avant.
Un massacre sacrificiel, qu'un coiffeur parvient à raccommoder.
C'est ainsi qu'elle se présente au public, le soir même, les cheveux coupés court, le teint livide. Le Versailles est plein à craquer, les gens ont fait la queue pendant des heures sur le trottoir pour obtenir des places, on est venu voir le malheur de près. Les applaudissements crépitent dès l'entrée en scène de la chanteuse dans son éternel habit de deuil, elle les fait cesser d'un geste de la main.
– Non, pas pour moi, articule-t-elle d'une voix blanche. Ce soir, c'est pour Marcel Cerdan.
Elle chante cinq chansons. La cinquième, c'est « Hymne à l'amour ». Elle l'a écrite pour lui, pour son Marcel, et Marguerite Monnot a magnifié ses mots en les habillant d'une musique aux envolées dignes de Brahms. Ce soir-là, au Versailles, elle la porte jusqu'au ciel où « Dieu réunit ceux qui s'aiment ». Puis s'écroule.

Dans les semaines et les mois qui suivent, Édith Piaf se laisse aller au désespoir. Elle poursuit son métier, mais le cœur n'y est pas. Les médecins lui prescrivent des analeptiques qu'elle ingère à forte dose pour tenir le coup et qui, conjugués aux barbituriques destinés à combattre l'insomnie, font l'effet d'une drogue dure. À la douleur morale s'ajoute bientôt la douleur physique : la chanteuse souffre de polyarthrite rhumatoïde, un mal héréditaire sans doute déclenché par le choc émotionnel éprouvé à la mort du boxeur. La morphine devient peu à peu une drogue à accoutumance. Mais ce terme de « drogue » est à utiliser avec circonspection car, comme l'écrit le biographe Pierre Duclos : « Il faudra se souvenir que si la légende d'une Piaf droguée, identifiée à une camée, trouve ici son origine, c'est par confusion entre toxicomanie et prescriptions médicales, c'est par ignorance d'un usage médicamenteux que la répétition des mêmes maux transformera en abus[1]. »

Édith Piaf vient de perdre l'homme idéal. Celui qu'elle a le plus aimé ? C'est du moins ce qu'elle dit et répète à qui veut l'entendre. Idéal ou idéalisé par une mort frappée du sceau divin, en plein ciel, emporté par les anges ? D'aucuns prétendront que si Marcel Cerdan avait vécu elle s'en serait lassé et aurait fini par le quitter comme elle a quitté les autres, avant et après lui, mais qui peut savoir ? Il ne demeure pas moins le seul homme dans sa vie amoureuse qui ait été son égal sur le plan de la notoriété, le seul dont elle pouvait penser à juste titre qu'il l'aimait sincèrement, pour la femme qu'elle était et non pour ce qu'elle représentait.

« La mort de Cerdan est sans doute ce qui est arrivé de pire à Édith Piaf : le commencement de son déséquilibre complet, écrira Monique Lange.

---

[1]. *Piaf, biographie, op. cit.*

Comme si tous les malheurs qu'elle chantait devenaient brusquement réalité, comme si soudain se superposaient à jamais ses cantates du malheur et de la vie[1]. »

Plus que jamais, la chanteuse fuit la solitude comme la peste. Loulou Barrier, Robert Chauvigny et Marc Bonel font bloc autour d'elle. « Viens vite. Ai besoin de toi », télégraphie-t-elle de New York à Jacques Bourgeat. Et son vieil ami la rejoint aussitôt. Elle rappelle aussi Simone Berteaut, en dépit de ses récentes incartades. Andrée Bigard accourt à son tour. Marlene Dietrich la soutient également et s'occupe un temps de ses affaires personnelles. Pour Noël 1949, elle lui envoie de Rome une croix sertie de sept émeraudes, bénie par Pie XII, accompagnée d'un petit mot : « Il faut trouver Dieu. »
Commence alors pour Piaf, qui refuse de faire le deuil de Cerdan, une longue période de mysticisme. Elle écrit à Geneviève Lévitan : « Quel vide, quel grand vide ! As-tu vu ton docteur qui s'occupe des sciences occultes ? J'en ai vraiment besoin, je veux être en contact avec Marcel, je veux savoir s'il est quelque part à m'attendre. » Elle adresse la même supplique au comédien Robert Dalban : « Il y va de ma vie, il faut absolument m'aider, je n'aime que lui et je deviens folle. Je sais qu'il existe une possibilité de revoir les êtres que l'on adore, que l'on peut leur parler. Si je n'ai pas cette possibilité, je suis foutue. »

---

[1]. *Histoire de Piaf*, *op. cit.*

La mère de Ginette Neveu, la violoniste disparue dans le même accident d'avion que Cerdan, fait bientôt savoir à Piaf qu'elle communique avec sa fille en faisant tourner les tables. La chanteuse reprend espoir et envoie Momone acheter un guéridon à trois pieds dans un grand magasin de New York. Les premières séances de spiritisme sont vouées à l'échec : la table demeure désespérément fixe et muette. Jusqu'à ce que certains « bons amis » n'en viennent à la faire parler. Par charité chrétienne, prétendront-ils. Piaf veut communiquer avec Cerdan, elle est inconsolable, il faut lui venir en aide !

Parmi les âmes charitables, on trouve Momone en tête de liste : « Soudain j'ai réalisé le parti que je pouvais tirer de la table : d'abord qu'Édith se nourrisse, ensuite qu'elle se calme. »

Cela commence ainsi. Puis, on profite du délire de Piaf qui, enclavée dans son malheur, cherche à entrouvrir l'espoir et se raccroche à n'importe quoi comme un perdu en mer à un radeau de misère. Le guéridon va suivre partout pendant de longs mois, de New York à Paris, puis en tournée, quillé sur le toit de la voiture. L'esprit de Cerdan ne cesse de se manifester par le truchement de quelques prébendiers, réclamant un vison pour celle-ci, une voiture neuve pour celui-là. Et Piaf de satisfaire à toutes les demandes.

Entre-temps, elle a écrit à Marinette Cerdan, plusieurs fois, formulant dans chaque lettre le vœu de la rencontrer. Une façon d'expier sa faute ou de nouer amitié avec une semblable qui a aimé le même homme et éprouve le même chagrin de l'avoir perdu ? La veuve de Marcel finit par lui répondre par télégramme et l'invite dans sa maison de Casablanca. Piaf s'y rend fin février, les bras chargés de cadeaux pour les enfants. Quatre mois plus tard, c'est elle qui reçoit la famille Cerdan à Boulogne.

Mars 1950. Pour la grande rentrée d'Édith Piaf en France, Michel Émer lui a écrit une chanson de circonstance, dans un premier temps refusée car jugée sinistre : malgré la cruauté du monde et tous les drames qui pleuvent, « la fête continue ». Piaf la présente dans l'émission radiophonique de Jean Nohain, *Reine d'un jour*, enregistrée en public au cinéma-théâtre Apollo de Nantes.

« La fête bat son plein, musique et manèges,
Nougats, carabines, voyantes, femmes nues.
Du matin au soir, c'est un long cortège :
Chansons, balançoires, la fête continue[1]... »

Ce nouveau succès, bientôt estampillé Grand Prix de la Chanson française, constitue, avec « Hymne à l'amour », l'un des temps forts des trois récitals parisiens donnés par la chanteuse à la salle Pleyel. Elle y étrenne « Le ciel est fermé », du fidèle Henri Contet, et « Tous les amoureux chantent »,

---

[1]. Éditions Arpège. © Columbia, 1950.

écrite par le jeune parolier Jean Jeepy, toutes deux mises en musique par Guite.

Dans un article intitulé « Édith Piaf lance face à Dieu le cri même de la terre », le journaliste Jean-François Noël écrit : « Son histoire est simple : elle part de l'amour, elle arrive à la mort. C'est l'histoire de toutes les filles du peuple, nées de la violence, de la haine ou du hasard, qui sentent à quinze ans leur cœur s'épanouir et qui meurent d'avoir trop aimé des chimères parmi l'indifférence[1]. »

À défaut de retrouver sa joie de vivre, Édith Piaf reprend goût aux bravos et s'étourdit sur diverses scènes de Paris et de province, suivant le planning établi par Loulou Barrier.

Au théâtre des Variétés de Marseille où elle se produit du 22 mars au 3 avril, le dévoué imprésario a conçu un programme dont la danseuse Danielle Vignault assure la première partie. Édith ne lui est pas inconnue, Danielle l'avait découverte à l'ABC au temps déjà lointain de la Môme Piaf, avant de faire plus ample connaissance l'année suivante au cabaret de l'Amiral où elle se produisait en lever de rideau de son spectacle. Les deux femmes s'étaient encore revues à l'occasion d'une tournée, puis lors des grandes soirées du Club des Cinq, à l'époque de la rencontre avec Cerdan. À Marseille, Danielle Vignault retrouve également Marc Bonel qu'elle

---

[1]. *Combat*, 15 mars 1950.

avait croisé pendant la guerre. L'accordéoniste tombe sous le charme de la danseuse.

– Je la connais, tu sais, lui dit Piaf, ne passe pas à côté de ça !

Ainsi, Danielle va peu à peu intégrer la maison Piaf, tout en continuant d'exercer son métier. Elle épousera Marc Bonel le 10 octobre 1951. Édith, qui sera le témoin des mariés, cherche alors une dame de confiance pour succéder à Andrée Bigard, elle a jeté son dévolu sur Danielle et lui propose d'entrer à plein temps à son service. Elle y restera jusqu'à la mort de la chanteuse.

« Je faisais son secrétariat, et surtout je l'accompagnais partout où elle allait chanter, racontera-t-elle. Je vérifiais la sono qui était très simple et je m'occupais de la poursuite, c'est-à-dire de la lumière. Là, il fallait que je sois très précise. Quand une chanson se terminait, il fallait que le noir soit fait au millimètre près, autrement Édith se mettait en colère. Avec moi, ça se passait bien. Grâce à ma discipline et à ma rigueur de danseuse, également à mon sens du rythme, je m'en sortais bien[1]. »

À l'orée des années cinquante, c'est Charles Aznavour, revenu de Montréal où il a passé deux ans et demi à chanter avec son acolyte Pierre Roche, qui va occuper la fonction de régisseur de Piaf. En réalité, il fait office d'employé polyvalent,

---

[1]. *Platine*, n° 104, octobre 2003.

à la fois secrétaire, chauffeur, porteur de valises et, accessoirement, chanteur et auteur.

« Oui, bien sûr, je faisais un peu de tout, atteste-t-il, mais c'était consenti. Piaf ne m'a jamais forcé à quoi que ce soit. On sait qu'elle me traitait comme cela, parce que je suis le seul qui l'ait admis. Seulement, les autres étaient plus attachés à elle, car leur carrière a souvent dépendu de son bon vouloir. Alors, ils ont un peu honte de le dire[1]. »

Sous l'influence de la chanteuse, les amis duettistes se séparent.

– Ton avenir est ailleurs ! dit-elle à Aznavour. Désormais, tu dois travailler seul et réussir en France. Alors, tu vas venir t'installer à la maison.

Roche s'établit définitivement au Canada où il a rencontré sa jeune épouse, une chanteuse surnommée Aglaé. Aznavour, lui, divorce de sa première femme et devient résident permanent de l'hôtel particulier de Boulogne où règne un fatras typiquement piafesque. Ami fidèle et désintéressé, homme de confiance de la chanteuse, même si parfois souffre-douleur, le petit Charles qui deviendra grand ne sera jamais l'amant d'Édith Piaf, quand bien même il vivra sous son toit. Il résumera joliment la nature de leur relation : « C'était moins que de l'amour et plus que de l'amitié », tout en soulignant le manque de flair de sa célèbre complice à son propos : « Je ne crois pas que tu auras du succès

---

[1]. *Le Républicain lorrain*, 10 octobre 1982.

tant que tu chanteras tes propres chansons », aurait-elle présagé.

À son arrivée à Paris, Aznavour ne retrouve pas la femme gaie et facétieuse qu'il a connue. Piaf vit dans le souvenir de Cerdan, elle ne pense qu'à lui, refuse de faire son deuil, s'entête à questionner son guéridon, encouragée par les quelques-uns qui sont partie prenante de ces séances de spiritisme. Parmi eux, Roland Avellys, dit « le Chanteur Sans Nom », payé par la chanteuse pour qu'il la fasse rire. Bouffon de la reine Piaf et expert dans l'art de l'escroquerie, Avellys détient un « fluide » très efficace pour orienter les « conseils » de Marcel au service de ses intérêts personnels. Momone n'est pas en reste. Un jour, Piaf demande à « Marcel » de lui écrire une chanson. L'ancienne copine de galères se voit fort embarrassée, elle n'a guère de talent d'auteur. Mais, après tout, Marcel était-il lui-même doué en la matière ?

– Là où il est, on sait tout faire ! tranche Édith.

Alors, Momone se lance, elle invente les premiers vers, dans le genre cucul la praline : « Je vais te faire une chanson bleue/Pour que tu aies des rêves d'enfant. » La suite, c'est probablement Piaf qui l'écrit, ainsi qu'en témoignent les crédits de cette chanson-berceuse. Et son amie Guite invente une mélodie à base de violons et de harpe, rehaussée de chœurs séraphiques.

Aznavour observe ces simagrées avec distance et compassion, persuadé que seule la présence d'un

« monsieur » dans la maison rendrait le sourire et la bonne humeur à son amie.

Un soir de juin, il se rend Chez Carrère, cabaret à la mode près des Champs-Élysées, où se produit un jeune chanteur nommé Eddie Constantine, avec qui il sympathise. Ce grand gaillard de trente-trois ans, né à Los Angeles dans une famille de chanteurs d'opéra russe, s'est installé depuis un an à Paris où il a exercé quelques petits métiers avant de s'essayer à la chanson. Charles lui trouve des qualités susceptibles de séduire son amie Édith : une allure de faux dur, un sourire charmeur, une belle voix éraillée, un accent américain aguichant. Il décide donc de le lui présenter, oubliant – ou ignorant – que le monsieur est marié et père d'une petite fille. Cependant, l'idée de rencontrer Piaf ne déplaît pas au chanteur néophyte qui s'attelle alors à une traduction anglaise d'« Hymne à l'amour », afin de la lui soumettre, trouvant là le prétexte idéal à cette entrevue.

Aznavour le conduit au Baccara, autre cabaret des Champs-Élysées où Piaf se produit pour la deuxième fois de l'année. À la fin du spectacle, il introduit son nouvel ami dans la loge de l'artiste et se réjouit de l'effet produit : « Tout se déroula comme prévu. Au sourire complice d'Édith et à son clin d'œil, nous savions tous qu'une page se tournait dans le livre de la maison, et qu'une nouvelle s'écrivait sans pour autant faire oublier Marcel. »

Piaf fait alors semblant d'aimer, elle se livre à une sorte de pantomime amoureuse, sans conviction. Avec Constantine, elle renoue avec sa vocation de

« pygmalionne » qui ne la quittera plus, cet acharnement à « fabriquer » des artistes qui constitue pour elle le même genre d'accomplissement que connaît une femme en mettant des enfants au monde. D'aucuns diront qu'elle s'est obstinée à chercher l'amour, le vrai, toute sa vie, sans perdre sa lucidité. À Maurice Tézé, directeur de Pathé-Marconi, elle a confié un jour : « Mes amants me disent n'importe quoi pour me séduire, mais quand ils éteignent la lumière avant de faire l'amour, j'ai compris[1]. »
Elle se console en chantant :

« C'est un gars qu'est entré dans ma vie
C'est un gars qui m'a dit des folies
Tu es jolie, tu es jolie
On m'l'avait jamais dit[2]... »

Cette belle chanson, simple et légère, écrite par Pierre Roche et Charles Aznavour pour Lucienne Delyle qui l'a créée en 1949, Piaf la fait sienne, en pensant sans doute à Cerdan, le dernier homme à avoir illuminé sa vie.

De ses amis duettistes, elle s'approprie aussi « Il y avait », dont le thème des belles histoires d'amour qui ne durent qu'un printemps s'accorde plus volontiers à son répertoire habituel. De sa plume elle écrit « C'est d'la faute à tes yeux », le drame d'une fille qui a tué par amour, orchestré par Robert

---

[1]. Cité dans *Platine*, n° 15, novembre 1994.
[2]. Éditions Breton. © Columbia, 1950.

Chauvigny. Plus légère, « Il fait bon t'aimer » est l'œuvre conjointe du parolier Jacques Plante, qui vient de se faire une belle renommée avec « Étoile des neiges » pour Line Renaud, et du vieil ami et ancien pianiste Norbert Glanzberg. Enfin, « Le Chevalier de Paris », au texte abscons de la poétesse bretonne Angèle Vannier, mis en musique par Philippe-Gérard, complète ce florilège de créations – la chanson, qui obtient le Grand Prix du disque de l'académie Charles Cros, connaîtra un succès mondial grâce à son adaptation anglaise.

Nantie de ce bagage musical flambant neuf, Piaf entraîne Constantine et Aznavour dans le sillage de sa tournée d'été, puis à New York où elle retrouve la scène du Versailles pendant près de quatre mois. Pour le public américain elle a fait traduire quelques succès, dont « The Three Bells » (« Les Trois Cloches ») qui transforme outre-Atlantique Jean-François Nicot en Jimmy Brown – « The Jimmy Brown's Song » sera reprise par Ray Charles –, « Don't Cry » (« C'est d'la faute à tes yeux ») et « Hymn To Love » (« Hymne à l'amour »). Et Piaf emprunte « Autumn Leaves » qu'elle interprète un soir dans sa version originale française (« Les Feuilles mortes ») pour le général et futur président Eisenhower qui l'invite à sa table. Ce long séjour hors de France offre l'opportunité à Eddie Constantine de s'échapper pour les fêtes de fin d'année afin de retrouver sa fille Tania et sa femme, Hélène

Russell, danseuse de profession et résidente californienne, ce qui a pour effet de rendre Piaf folle de rage. Quant à Aznavour, il oublie provisoirement ses velléités d'artiste pour reprendre son emploi de régisseur et d'homme à tout faire. Dans le courant du mois de septembre, influencée par une amie propriétaire d'une galerie d'art à New York, Piaf l'exhorte à se faire remodeler le nez. Une lubie.

– Ça serait une bonne chose pour ta carrière si t'avais pas le blaze que t'as, décrète-t-elle.

Sans attendre l'avis de l'intéressé et s'engageant à prendre les frais d'opération à sa charge, elle arrange un rendez-vous avec Irving Goldman, chirurgien esthétique émérite. Aznavour se laisse fléchir. La veille de son entrée en clinique, après un souper arrosé au champagne, la chanteuse n'est plus tout à fait sûre de son coup :

– Tu sais, Charles, je suis d'avis que ce que la nature et le Bon Dieu nous ont donné ne devrait pas être modifié. Ça peut porter malheur.

Il est trop tard pour annuler. Le surlendemain, elle le retrouve le visage tuméfié, les yeux au beurre noir, un pansement en travers du visage.

– Mon pauvre Charles, dans quel état ils t'ont mis !

Et le pauvre Charles rentre, défiguré, à Paris sans attendre la fin des représentations au Versailles.

Quelques semaines passent, Édith Piaf débarque à Orly le 6 janvier, accueillie par une horde de photographes et d'admirateurs, au milieu de laquelle se pressent ses amis Marcel et Juliette

Achard, Marguerite Monnot, Michel Émer, Raoul Breton, les Compagnons au complet, ainsi qu'un Aznavour « relooké » et passablement vexé que la star ne le salue pas.

– Attention, prévient-elle, je trimballe un rhume tout ce qu'il y a de plus américain.

– Sois tranquille, réplique Marcel Achard, nous avons déjà la grippe espagnole !

Cependant, Aznavour s'évertue à se poster face à elle, malgré la cohue ambiante.

– Mais qu'est-ce que c'est que ce morpion qui me colle au train ! finit-elle par lâcher, exaspérée.

– C'est moi, Édith ! s'égosille le pauvre Charles.

Et Piaf de partir d'un grand éclat de rire.

– Bah, ça alors ! Je t'ai reconnu à ta voix, dis donc !

Puis, après l'avoir examiné attentivement :

– Je te préférais avant !

Du Piaf pur jus.

La présence de Marcel Achard à Orly n'est pas fortuite. L'auteur de *Jean de la Lune* termine alors l'écriture d'une pièce en deux actes et sept tableaux intitulée *La P'tite Lili*, dont Édith Piaf sera l'héroïne. Le projet remonte à deux ans – il s'agit d'une commande de Mitty Goldin, désireux de donner à son théâtre, l'ABC, une nouvelle orientation axée sur la comédie musicale et l'opérette –, mais il fut retardé suite à différents désaccords au sujet du choix des partenaires artistiques, metteur en scène, décorateur et comédiens. À force de patience et de coups de gueule, Piaf sera entourée des personnes de son choix : Raymond Rouleau à la mise en scène, Lina de Nobili aux décors et l'indispensable Marguerite Monnot à la composition des chansons. Elle impose même deux débutants : Robert Lamoureux, en remplacement du chansonnier Pierre Destailles initialement prévu et indisponible au moment des répétitions, et surtout Eddie Constantine, malgré les réticences de Mitty Goldin qui lui reproche à la fois son allure empotée et son accent américain à couper au couteau.

La pièce n'est pas un chef-d'œuvre, juste un agréable divertissement. Le thème ? Marcel Achard le résume en ces termes : « Deux petits types (une midinette et un portier de maison de couture) ont une grande histoire d'amour. Ils s'aiment comme Roméo aima Juliette, comme Isolde aima Tristan. Mais ils n'ont pas de mots à leur service. Ils doivent prouver cet amour par des actes. D'où le drame… Et l'exprimer par des chansons. »

Le propos théâtral s'articule en effet autour d'une dizaine de chansons, toutes composées par Marguerite Monnot, excepté le défaitiste mais enlevé « Rien de rien », de Roche et Aznavour, et « C'est toi », duo avec Constantine, dont la musique de Robert Chauvigny illustre un texte d'Édith Piaf, à qui l'on doit également « La Valse de l'amour », « Du matin jusqu'au soir », qu'elle signe paroles et musique, et deux chansons interprétées en solo par Eddie Constantine : « Petite si jolie » et « Dans tes yeux ». Achard est l'auteur des autres titres : « Avant l'heure », « L'Homme que j'aimerai », « Si, si, si, si » (autre duo amusant avec Constantine, sur un air d'inspiration afro-cubaine) et « Demain il fera jour », un chant d'espoir dont Piaf dit qu'il résume parfaitement sa vie.

« Demain il fera jour,
C'est quand tout est perdu
Que tout commence...
Demain,
Tu vas sourire encore,
Aimer encore, souffrir encore,
Toujours[1]... »

« Édith Piaf joue très bien la comédie, reconnaît le romancier Roger Nimier dans la revue *Opéra*. On avait déjà remarqué la sobriété de ses gestes quand elle donnait un récital. Bien entendu, le rôle était écrit pour elle. Il restait à s'y plaire : elle s'y plaît évidemment. Elle chante avec cette force qui la rend si curieuse et elle prend, sans le savoir, un visage de tragédie grecque. »

Qu'elle se plaise dans son rôle ne fait pas l'ombre d'un doute. En revanche, des tensions naissent bientôt au sein de l'équipe. Piaf reproche à Robert Lamoureux sa propension à l'improvisation, en particulier l'ajout de gags destinés à attirer sur lui l'attention du public tout en déroutant ses partenaires. Plus tard, le fantaisiste à la rancune tenace se

---

[1]. Éditions Beuscher. © Columbia, 1951.

vengera par voie de presse. Ne pouvant nier le talent de l'artiste, il l'attaquera de façon odieuse sur un plan personnel et physique : « Pour moi, elle avait quelque chose de repoussant. C'était un monstre... Elle était animée par une avidité de posséder en tant que femme ce que des filles sans talent, mais simplement belles, pouvaient obtenir de façon élémentaire. Son drame, c'est d'avoir eu d'un côté ce talent qui la rendait totalement indépendante, et de l'autre ce complexe de la laideur qui la déchirait[1]. »

Autre source de conflits : Eddie Constantine, lassé de sa relation avec Piaf, décide de reprendre la vie commune avec sa femme et sa fille qu'il fait revenir de Californie. La chanteuse encaisse mal le coup. Au point de replonger dans les excès ? On le dit. Certains intimes, mal intentionnés, l'y inciteraient. Les représentations de *La P'tite Lili* sont d'ailleurs brusquement interrompues le 21 mars, après dix jours d'exclusivité, à cause d'une infection intestinale dont souffre son héroïne et qui exige une hospitalisation à la clinique Franklin, suivie d'une semaine de repos. Piaf reprend le rôle du 4 avril au 10 juillet, avant de le céder pour des raisons obscures à Joan Danniel, ce dédit provoquant à court terme le retrait définitif de la pièce.

---

[1]. Propos recueillis par Marc Hérissé, *France Soir*, octobre 1969.

« On a dû arrêter à cause d'Édith, du pinard et de tout le reste[1] », résume Lamoureux, qui n'a décidément pas la reconnaissance du ventre.

Constantine se montrera plus obligé : « Cette femme a le don de vous révéler à vous-même, comme si elle vous communiquait une parcelle du feu qui l'anime. Elle m'a tout appris, à moi comme à quelques autres, *tout*, sur la tenue en scène d'un chanteur. Elle m'a donné confiance en moi. Et je n'avais pas du tout confiance en moi. Elle m'a donné envie de lutter. Et je n'avais pas envie de lutter. Pour que je devienne quelqu'un, elle m'a fait croire que j'étais quelqu'un[2]. »

---

[1]. *Ibid.*
[2]. Eddie Constantine, *Cet homme n'est pas dangereux*, Presses de la Cité, 1955.

– 14 –

Juillet 1951. Édith Piaf est en tournée à travers la France, la Suisse, les Pays-Bas et la Belgique. L'amuseur Roland Avellys présente le spectacle dont Micheline Dax et Charles Aznavour assurent la première partie.
« Charles et moi "faisons les voix" pour Édith, nous sommes ses choristes ! racontera la comédienne et siffleuse émérite. Robert Chauvigny, son pianiste chef d'orchestre, écrit nos partitions. Chaque soir, Piaf nous présente sur scène. Je raconte des histoires et j'interprète des chansons. Aznavour et moi adorons Édith, nous la connaissons avec ses qualités et ses défauts, c'est un être magique[1]. »
Entre autres défauts que lui créditent de concert Dax et Aznavour, Piaf a la manie exaspérante de tyranniser son entourage, en lui imposant par exemple d'aller voir et revoir *ad nauseam* un film ou un spectacle qui lui a plu. Ainsi, Micheline Dax se souviendra longtemps de *Boulevard du crépuscule*, de Billy Wilder, en particulier la réplique de William Holden à Gloria Swanson : « Regardez-vous ! Vous

---

[1]. Citée par Annie et Bernard Réval, *Aznavour, le Roi de cœur*, France-Empire, 2000.

êtes vieille !» Piaf adore le film, mais trouve cette réplique ignoble. À chaque séance, elle quitte son fauteuil quelques secondes avant l'instant fatidique et invite sa voisine à en faire autant. Un soir, les deux amies se voient contraintes de déranger tout un rang de spectateurs et, une fois dans l'allée centrale, la réplique fuse : « Regardez-vous ! Vous êtes vieille ! » Et Piaf se tourne vers Dax, dégoûtée :
– Le salaud ! Il lui a encore dit[1] !
L'année précédente, Aznavour vécut une expérience similaire avec *Le Troisième Homme*, de Carol Reed. Tombée sous le charme d'Orson Welles – au point de haïr Joseph Cotten qui le tue à la fin du film –, Piaf obligea tout son monde à voir le film tous les jours pendant deux semaines, en alternant version originale et version française. Se croyant sauvé par un départ aux USA, Aznavour déchanta dès l'arrivée à New York quand Piaf apprit que le film se jouait dans un cinéma de Broadway. Aussitôt, elle réunit toute sa troupe et en avant pour une énième projection du *Troisième Homme*, en VO non sous-titrée cette fois ! À la fin de la séance, elle découvrit son ami Charles dormant comme une souche et le secoua fermement en maugréant :
– Ben, mon salaud, tu dors devant un chef d'œuvre ! Ça mérite punition ! Dorénavant, tu seras privé de film. Nous le verrons sans toi !

---

[1]. Cf. *Opinions publiques*, *op. cit.*

Et Aznavour quitta la salle, cachant sa joie, sous le regard envieux de ses camarades[1].

Depuis lors, remis de ces séances « récréatives », Charles Aznavour n'a cessé d'écrire et de déposer des chansons aux éditions de son ami Raoul Breton, qu'il rachètera après la mort de ce dernier. Engagé par Patachou dans son cabaret de la Butte Montmartre, il en crée quelques-unes, dont « Jezebel » (d'après un tube américain de Frankie Laine), qui va devenir l'un des standards de Piaf.

« Mais l'amour est anéanti,
Tout s'est écroulé sur ma vie,
Écrasant, piétinant, emportant mon cœur,
Jezebel... mais pour toi,
Je ferais le tour de la terre,
J'irais jusqu'au fond des enfers[2]... »

Les talents de chanteur d'Aznavour sont encore très contestés, malgré le plaidoyer de Piaf : « Il a une drôle de gueule et la voix d'un type à qui l'on vient d'arracher les poumons. Il semble pleurer dans ses chansons, mais j'ai rarement vu un gars ayant autant de tripes. Ce môme a un vache de génie[3]... »
Son génie, il commence à l'affirmer toutefois en tant qu'auteur. Outre « Jezebel », Piaf lui prend

---
[1]. Cf. *Le Temps des avants*, op. cit.
[2]. Éditions Breton. © Columbia, 1951.
[3]. Cf. *Télérama* hors-série, *Piaf sacrée môme*, op. cit.

deux autres textes : « Une enfant », tout en émotion, magnifié par la musique d'inspiration slave de Robert Chauvigny, et « Plus bleu que tes yeux », un gros succès dont Aznavour a écrit les paroles et la musique.

« Plus bleu que le bleu de tes yeux,
Je ne vois rien de mieux,
Même le bleu des cieux[1]... »

Un jour de mauvaise lune, le grand Charles se voit refuser « Je hais les dimanches », écrite dans un petit hôtel de New York et mise en musique par Florence Véran (Éliane Meyer, pour l'état civil).
– Tu crois quand même pas que je vais chanter ça ? lui lance une Piaf dédaigneuse.
– Donc, vous n'en voulez pas, Édith. Je peux en faire ce que je veux.

Aznavour marche sur des œufs, il sait d'expérience que la dame ne supporte pas que ses auteurs attitrés donnent des chansons à ses consœurs.
– Tu peux même te la mettre où je pense !
Soit. Au lieu de suivre le trajet indiqué, la chanson arrive chez Juliette Gréco qui, emballée, l'enregistre aussitôt et la porte à la première place du Concours de la Chanson française organisé à Deauville. Ironie du sort, « Je hais les dimanches » se voit gratifiée du Grand Prix Édith Piaf.
L'histoire ne s'arrête pas là :

---
[1]. Éditions Breton. © Columbia, 1951.

– Comment ! Tu as osé donner ma chanson à cette chanteuse existentialiste !
– Mais enfin, Édith ! Vous m'aviez dit que je pouvais…
– Est-ce que je t'ai dit de la filer à Gréco ?
– Non.
– Bon, ça va pour cette fois… Je vais l'enregistrer, ta chanson. Et montrer à cette jeune femme comment ça se chante !

En cet été 1951, on rencontre aux côtés d'Édith Piaf un nouveau partenaire météore, successeur d'Eddie Constantine, il s'appelle André Pousse. Une gueule, un personnage ! Rangé des vélos, l'ex-crack des Six Jours du Vel' d'Hiv' se cherche un avenir et songe naturellement à utiliser ses relations pour se faire une place dans le monde du spectacle. Loulou Barrier, ancien admirateur du champion cycliste, contribue à l'orienter vers le métier d'imprésario : Pousse gèrera quelque temps les affaires de plusieurs vedettes de l'époque (Josephine Baker, Henri Salvador, Petula Clark, Léo Ferré), avant de devenir directeur artistique du Moulin Rouge.

Un soir, Barrier l'entraîne à l'ABC voir *La P'tite Lili*, puis l'introduit dans la loge de Piaf qu'il avait déjà rencontrée à New York à l'époque de Cerdan. Celle-ci le convie bientôt à passer un week-end à la campagne. « Une nuit avec Piaf, ça peut être amusant[1] », se dit-il. La nuit semble lui être profitable

---

[1]. *Ici Paris*, 28 novembre/4 décembre 1967.

puisqu'il consent à ajouter son nom à la liste des « *Piaf boys* » – l'expression est de lui –, un titre qu'il ne cessera jamais de revendiquer haut et fort.

« Édith avait une voix magnifique, aujourd'hui encore j'ai la chair de poule quand je l'entends, confessera-t-il cinq décennies plus tard. On ne l'a jamais remplacée. Et, contrairement à ce qu'on a dit, elle n'était pas laide. Elle était bien foutue. Et elle avait une peau... je l'avais baptisée "*Satin skin*" (Peau de satin)[1]. »

Toutefois, le futur acteur gouailleur des films de Lautner et Audiard se déclarera moins amoureux de la femme que de la chanteuse. Amoureuse, Piaf ne l'est pas davantage. « Je puis affirmer qu'Édith n'a jamais éprouvé d'amour physique avec un homme, prétendra-t-il. C'est pour cela qu'ils se sont succédé innombrables dans ses bras[2]. » Un avis partagé par son prédécesseur Eddie Constantine : « Elle n'était pas attirée par l'amour physique. Les hommes lui ont fait tellement de mal quand elle était jeune... Je crois qu'elle se vengeait en séduisant tous les hommes possibles, les plus beaux souvent et les plus importants... Pour elle, c'était une compensation pour tout ce qu'elle avait souffert. Mais ça ne l'intéressait pas du tout. Elle n'était pas portée sur ça du tout... Je crois bien que c'était une femme malheureuse...Quelquefois, quand elle séduisait un

---

[1]. Cf. *André Pousse, l'homme aux cinq vies*, documentaire de Frédéric Liévain, réalisé par Gilles Rey, Les Films en Hiver, 2002. (André Pousse est décédé en 2005).

[2]. *France Soir*, octobre 1969.

homme, un bel homme, elle était heureuse ; pendant quinze jours c'était la joie[1]. » Danielle Bonel confirme : « Édith n'était vraiment amoureuse qu'au moment de la séduction. Elle était très fleur bleue, un amour platonique lui aurait suffi, elle ne faisait vraiment l'amour que sur scène, avec son public[2]. » Et André Pousse d'ajouter : « Elle était heureuse quand elle était avec un gars qui marchait bien dans n'importe quoi. Elle voulait de la réussite autour d'elle. »

Loulou Barrier juge salutaire l'entrée d'André Pousse dans la maison Piaf, il apprécie la franchise et l'honnêteté du personnage, qualités plutôt rares dans l'entourage de sa patronne où s'incrustent le plus souvent courtisans et aigrefins, et n'hésite pas à s'en faire un allié. Si l'après-Cerdan constitue une période difficile pour Édith Piaf, elle l'est conséquemment pour Barrier qui n'arrive plus à assurer la gestion des finances. À l'arrivée d'André Pousse, malgré les triomphes de la chanteuse à travers le monde, ses dettes s'élèvent à sept millions de francs de l'époque. Piaf dépense sans compter, distribuant des cadeaux hors de prix au tout venant, sans oublier des rentes mensuelles dont elle fait bénéficier cinq ou six protégés, des petits vieux qu'elle a pris en affection ou des amis dans le besoin.

---

[1]. Témoignage recueilli par France Roche, *France Soir*, 5-6 octobre 1969.
[2]. *Platine*, n° 104, *op. cit.*

« Quand je l'ai quittée, elle avait quatre millions de côté, et moi j'"étais pas malheureux, se félicitera Pousse. Mais il y en avait trop qui prenaient et qui ne lui faisaient pas du bien[1]. »

En attendant, le seul moyen de juguler l'hémorragie financière consiste à multiplier les galas, à Paris et en province, où parfois le planning s'avère serré et exige le parcours de nombreux kilomètres en un temps record. Ces expéditions ne sont pas sans risque. Ainsi, le 21 juillet, partant de Genève en direction de Deauville, prochaine ville-étape de la tournée, Charles Aznavour, pilotant la traction 15 CV Citroën, manque un virage à hauteur du canton de Cerisiers (Yonne). Le véhicule et ses occupants se retrouvent dans les décors, à cent cinquante mètres de la chaussée, passablement cabossés. Le lendemain, Piaf se présente devant le public du casino de Deauville, le bras en écharpe. Le 14 août, l'accident est plus grave. Pousse est au volant de la traction, Piaf à ses côtés. À l'arrière ont pris place Charles Aznavour et Roland Avellys. Les quatre comparses quittent l'Oustau de Baumanière, résidence hôtelière aux Baux de Provence où ils ont passé quelques jours, et tracent la route en direction de La Ciotat. Il est dix-neuf heures trente. La voiture file à vive allure pour arriver en temps voulu, mais l'expédition va s'arrêter brutalement aux abords de Tarascon. Dans une courbe, surpris

---

[1]. *France Soir*, octobre 1969.

par un véhicule arrivant en sens inverse, Pousse se déporte brusquement sur la droite en pressant la pédale de frein, la traction dérape sur le gravier, heurte une borne de plein fouet, avant de faire deux tours complets sur elle-même. Bilan : trois côtes enfoncées pour Avellys, le nez entaillé et les tendons du poignet gauche sectionnés pour Pousse, des contusions bénignes pour Aznavour. L'état de Piaf s'avère en revanche plus préoccupant : les examens radiographiques faits à la clinique Sainte-Anne de Tarascon révèlent deux côtes fêlées et une sérieuse fracture de l'humérus du bras gauche, nécessitant une opération. La chanteuse préfère toutefois attendre son retour à Paris pour subir l'intervention chirurgicale à la clinique Franklin où elle fut soignée récemment pour une infection intestinale. On lui injecte de la morphine pour apaiser la douleur. Sans s'en rendre compte, Piaf glisse doucement dans l'engrenage de la dépendance médicamenteuse.

La convalescence à Boulogne s'accompagne de changements dans l'entourage de la chanteuse, à commencer par un nouveau limogeage de Simone Berteaut, prise en flagrant délit de chapardage. La porte de la maison Piaf, désormais à la garde sévère de Danielle Vignault, épouse Bonel, sera définitivement condamnée à l'ancienne copine de mouise.

Témoin au mariage de son accordéoniste, Édith Piaf lui téléphone peu après pour le remercier :

– Ça m'a porté bonheur ! C'est la première fois que ça m'arrive ! Bientôt, je serai peut-être aussi heureuse que vous. Attends un peu et tu verras[1] !
Elle songerait donc au mariage. Cependant, elle n'a pas encore trouvé l'heureux élu. Lassé du train de vie mené par sa compagne, André Pousse remballe à son tour ses affaires, presque aussitôt imité par Charles Aznavour, qui emménage transitoirement chez ses amis Florence Véran (compositrice), Richard Marsan (futur directeur artistique chez Barclay) et Billy Florent (batteur-chanteur au cabaret L'Ange Rouge) dans un vaste appartement de la rue Villaret-de-Joyeuse, près de la Porte Maillot. Toto Gérardin, autre retraité du cyclisme dont Édith Piaf apprécie la douceur et la gentillesse, succède quelque temps à André Pousse.

À peine délestée de son plâtre, Piaf tourne une séquence du film *Paris chante toujours*, réalisé par Pierre Montazel à l'occasion du bimillénaire de la capitale : sa prestation consiste à chanter « Hymne à l'amour » devant la cathédrale Notre-Dame, escortée d'un acteur figurant nommé Gérard Chatry.
Le 16 novembre, après un gala de rodage la semaine précédente au Nouveau Théâtre de Rouen, la chanteuse s'installe pour sept semaines à l'ABC où elle étrenne « Télégramme » et « La Rue aux chansons » (écrites par Michel Émer), « Le Noël de la rue » (d'Henri Contet et de Marc Heyral), « À

---

[1]. Cf. *Édith Piaf, le temps d'une vie*, op. cit.

l'enseigne de la fille sans cœur » (de Jean Villard) et surtout « Jezebel » et « Padam… Padam » qui remportent un triomphe immédiat.

Singulière est la genèse de « Padam… Padam ». En 1941, Norbert Glanzberg propose à Édith Piaf une musique qu'elle trouve excellente. Elle la transmet sur-le-champ à ses auteurs attitrés afin qu'ils lui adjoignent un texte pertinent. Tous s'y cassent le nez, butant sur l'attaque répétée des deux doubles croches. Raymond Asso avait imaginé l'histoire d'une pauvre standardiste qui rêve de voyages et entonne : « New York ! Paris ! Berlin ! », mais Glanzberg voulait des mots qui claquent davantage au refrain, quelque chose de plus percutant. Il songe à « Salaud ! Salaud ! Salaud ! », puis écarte l'idée. Charles Trenet, qui cherche un temps à s'approprier la musique, ne trouve qu'un décevant : « Ça tourne, ça tourne, ça tourne », qui ne tourne pas terrible au goût du compositeur. Puis le temps passe et l'on oublie, sauf Piaf qui un jour alpague Henri Contet et lui lance :

– Bon, Henri, tu vas finir par me l'écrire ce truc de Glanzberg, là, ce *falam, tadzam, tadzam*. Fais-le-moi, quoi, merde !

– Oui, Édith, je vais l'écrire. Je crois que tu m'as donné une idée.

L'idée c'est en effet de plaquer autre chose que des paroles sur les premières notes. Henri Contet transforme donc le *falam, tadzam* de Piaf en « Padam… Padam ». La suite lui vient spontanément : cet air obsédant « qui bat comme un cœur de bois » – Piaf trouve le geste pour illustrer ces mots : elle se frappe le front et la poitrine – se personnifie en un traqueur redoutable, une sorte de conscience qui dirige implacablement la destinée d'une femme.

« Ce refrain se répète tout au long de la chanson, c'est presque une mélodie en soi, presque une valse, commente la chanteuse Juliette qui l'inscrira à son répertoire de scène dans les années 2000. Y a comme un côté sinistre, déglingué. La chanter est un vrai bonheur, même s'il y faut du souffle[1]. »

« Padam… Padam » obtient le Grand Prix de l'Académie Charles-Cros en 1951, et son interprète se voit remettre l'année suivante le Grand Prix du disque, lors d'une réception à l'hôtel de Lassay, en présence du président de l'Assemblée nationale Édouard Herriot et de la romancière Colette.

« Padam… Padam… Padam…
Il arrive en courant derrière moi
Padam… Padam… Padam…
Il me fait le coup du souviens-toi
Padam… Padam… Padam…
C'est un air qui me montre du doigt[2]… »

En fin d'année, la revue *Détective* fait étalage des déboires sentimentaux d'Édith Piaf, révélant la

---

[1]. Propos recueillis par Gilles Médioni dans *L'Express*, 1er août 2005.
[2]. Éditions Salabert. © Columbia, 1951.

situation vaudevillesque provoquée par l'épouse de son amant, Alice Gérardin, laquelle convoque la police pour faire dresser un constat d'adultère et récupérer un certain nombre d'objets de valeur, prétendument volés par son mari avec la complicité de sa maîtresse dans le coffre-fort conjugal. Hésitant entre la colère et le fou-rire, la chanteuse bientôt pistée par un détective privé opte pour la première solution. La relation tourne au sordide. Le règne de Toto Gérardin, qui décide finalement de regagner ses pénates, aura été de courte durée.

Édith Piaf quitte son appartement de Boulogne qu'elle trouve sinistre pour emménager au premier étage d'un hôtel particulier au 78, boulevard Péreire, Paris 16e. Début 1952, la ronde des galas reprend, en France et en Belgique. De la fin février jusqu'à la fin mai, elle chante au Drap d'Or, un nouveau cabaret sur les Champs-Élysées.

Un jour de printemps, envoyé par Eddie Lewis, l'agent américain de Piaf depuis la mort récente de Clifford Fisher, Jacques Pills se présente boulevard Péreire. L'accompagne son pianiste et compositeur François Silly, un Toulonnais à fort tempérament qui, sous le nom de Gilbert Bécaud, brûlera bientôt les planches de l'Olympia. Tous deux reviennent d'Amérique du Sud où ils ont effectué une tournée d'un an. Ils sont porteurs d'une chanson écrite à Punta del Este (Uruguay) : « Je t'ai dans la peau ».

« Je t'ai dans la peau,
Y'a rien à faire !
Tu es partout sur mon corps,
J'ai froid, j'ai chaud,
Je sens tes lèvres sur ma peau[1]… »

Piaf est aussitôt séduite. Par la chanson ? Par son auteur ? Les deux ? Elle demande à Jacques Pills de revenir le lendemain, puis les jours qui suivent. « Cette chanson, il fallait bien la répéter, la travailler, la mettre au point[2] ! » La bonne excuse !

Jusqu'au jour où Pills décide de ne plus rentrer chez lui…

---

[1]. Éditions Breton. © Columbia, 1952.
[2]. *Au bal de la chance*, op. cit.

− 15 −

Jacques Pills n'entre pas dans la vie d'Édith Piaf comme un inconnu ou le perdreau de l'année, qui cherche à se faire un nom au music-hall. À quarante-six ans, le lointain étudiant en pharmacie, devenu *boy* de Mistinguett au Casino de Paris avant d'animer les grands soirs du Bœuf sous le Toit avec son comparse Georges Tabet, virtuose du jazz pianistique, poursuit depuis l'orée des années quarante une carrière en solo jalonnée de succès notoires écrits par Bruno Coquatrix, Loulou Gasté, Jean Nohain et Mireille. En 1950, c'est la chanteuse Marie Bizet qui lui présente Gilbert Bécaud. Celui-ci lui apporte une de ses compositions, « À midi sur les Champs-Élysées », dont les paroles ont été écrites par Pierre Delanoë. Pills adopte la chanson et le pianiste, qu'il engage pour une tournée sud-américaine.

Quand Piaf accueille les deux hommes chez elle à Paris, elle fait la connaissance de Bécaud – « un gars du Midi, l'œil espagnol et l'air d'en avoir plein le buffet ! » –, mais connaît déjà Pills pour l'avoir ,croisé plusieurs fois au hasard de galas communs. Leur première rencontre remonte à juillet 1939, au casino de Knokke-le-Zoute où se produisait également Lucienne Boyer, alors épouse de Pills et future mère de Jacqueline. Ils se sont revus l'année suivante à Paris, lors d'un gala de charité au théâtre Marigny, à Marseille en novembre 1941, puis à New York en 1947.

« Nous parlions "métier" uniquement, précise Piaf. L'heure n'était pas encore venue pour nous de faire route ensemble[1]. »

Au printemps 1952, l'heure a sonné. Prémonitoire, « Je t'ai dans la peau » est créée le 22 mai à la télévision, dans *Plaques tournantes*, une émission de Pierre Hiégel et Georges Lourier, dont Piaf est l'invitée d'honneur, puis gravée fin juin aux studios Magellan, avec deux autres nouveautés : « Mon ami m'a donné », de Raymond Asso (un revenant) et son épouse Claude Valéry, et « Au bal de la chance », dont la mélodie de Norbert Glanzberg était initialement destinée à Tino Rossi, avant que Jacques Larue ne l'habille d'un texte pour Piaf – la chanson donnera bientôt son titre à une autobiographie, écrite à partir d'entretiens accordés à *France Dimanche*.

« Danse, danse au bal de la chance
Danse, danse, mon cœur d'oiseau[2]… »

Dans l'intervalle, la chanteuse donne plusieurs galas en région parisienne, à la Foire de Périgueux

---

[1]. *Ibid.*
[2]. Éditions Salabert. © Columbia, 1952.

et, pour la première fois, en Italie, au Lido de Venise. Avec Jacques Pills, elle fait scène commune dès le mois de juin, au casino de Charbonnière-les-Bains et à Paris, au cabaret du Drap d'Or. Ils font escale une dizaine de jours à Cassis où le directeur de l'Alcazar de Marseille met sa villa, Le Clos des Oliviers, à disposition, puis entament un périple estival des stations balnéaires en compagnie de l'ami Aznavour qui, sorti de scène, bénéficie d'un assistant régisseur en la personne de Gilbert Bécaud.

Piaf occupe son temps libre à écrire des chansons – signe de bonne santé morale –, dont certaines sont mises en musique par le futur Monsieur 100.000 Volts. Elle s'en réserve une pour elle : « Elle a dit », en destine deux autres à Pills : « À mon ami » et « Ça gueule, ça, madame ! », lui donnant la réplique sur la seconde où la chanteuse-parolière démontre son aptitude à l'autodérision.

« C'est haut comme ça…
Non, j'exagère…
Mettons, comme ça…
Enfin… à peu près ça !
Ça paie pas d'mine,
Mais nom d'un chien
Ça tient d'la place
Ce bout de rien !
Et ça gueule, ça, madame !

On n'entend qu'elle dans la maison[1]... »

Les sautes d'humeur de la dame ne prêtent pas toujours à rire, cependant. Encore moins son rythme de vie extravagant qui oblige ses partenaires à demeurer l'œil ouvert quasi en permanence.

« Travailler pour et avec elle fut une expérience aussi riche que douloureuse, avouera Gilbert Bécaud. Je demeurerai à jamais à genoux devant l'interprète qu'elle était et qui n'eut d'alter ego que Judy Garland. Il vaut mieux être fustigé par quelqu'un d'exception que flatté par un imbécile. Il faut aussi se souvenir que ce ne fut pas une sinécure. Piaf, je l'ai vénérée et détestée à la fois[2]. »

On imagine sans peine la fusion de deux tempéraments aussi volcaniques...

Bécaud, que Piaf surnomme « le jeune chien », prendra vite la clé des champs (et des chansons), non sans avoir profité de la générosité de la star qui a toujours su mettre ses relations au service des jeunes débutants. Il saura lui être reconnaissant de l'élan prodigieux qu'elle a donné à sa carrière, en lui présentant celui qui l'intronisera chanteur et sera à la fois son parolier-poète, son ami, son double : Louis Amade.

---

[1]. Propriété des auteurs. © Columbia, 1952.
[2]. Entretien radiophonique avec Alain Morel dans *Génération Nostalgie*, janvier 1994.

Exit le boulevard Péreire, adresse transitoire. Édith Piaf s'installe avec Jacques Pills au rez-de-chaussée du 67 *bis*, boulevard Lannes, un immense appartement de neuf pièces, limitrophe du bois de Boulogne, qui sera la dernière résidence parisienne de la chanteuse.

« Je veux repartir à zéro », dit-elle. À trente-six ans, estimant avoir enfin trouvé le bonheur, elle n'aspire qu'à l'officialiser :
– Est-ce que tu m'aimes au point de m'épouser ? demande-t-elle à son compagnon.
– Quand tu veux. Où tu veux.
Ce sera à New York, pour des raisons de commodité professionnelle. Le couple doit y chanter dès septembre, lui au cabaret La Vie en Rose, elle au Versailles. De plus, Piaf ne souhaite pas que ce moment unique soit contrarié par une cohue de journalistes et d'admirateurs qu'une cérémonie parisienne aurait immanquablement occasionnée.

Ainsi donc, René Victor Eugène Ducos, dit Jacques Pills – orthographié « Jack Peals » outre-Atlantique, histoire de faire passer la *pilule* (traduction française de *pill*) –, et Édith Giovanna Gassion, dite Édith Piaf, s'unissent devant Dieu le samedi 20 septembre à dix heures (heure américaine), en la petite église Saint-Vincent de Paul, bénis par le père Salvatore Piccirillo, un prêtre italien qui sut redonner la foi à une Piaf désespérée après la mort tragique de Cerdan. Conduite à l'autel par Loulou Barrier, la mariée revêt une longue robe en jersey bleu pervenche à jupe plissée, choisie chez Saks

Fifth Avenue avec son amie Marlene Dietrich, elle serre sur sa poitrine un bouquet de roses blanches, radieuse comme une première communiante. Le marié porte le traditionnel costume de cérémonie, bleu marine (la couleur préférée de Piaf), égayé d'un œillet blanc à la boutonnière. Après l'office religieux, un cocktail offert par la direction du Versailles et un déjeuner au fameux restaurant français Le Pavillon attendent le couple et ses invités : les témoins Marlene Dietrich, Ginou Richer, Loulou Barrier et Nick Prounis, auxquels se joignent Robert Chauvigny, Danielle et Marc Bonel, Charles Aznavour et les Compagnons de la Chanson.

« Je suis heureuse, je suis heureuse », répète Édith Piaf aux journalistes.

Le soir, sur la scène du Versailles, le couple chante en duo « Ça gueule, ça, madame ! » Sept jours plus tard, l'acte de mariage est validé par le Consulat de France. Le voyage de noces ? « Nous le ferons en taxi d'un cabaret à l'autre », plaisante Jacques Pills.

En réalité, c'est un long périple organisé par leur agent Eddie Lewis qui attend les nouveaux mariés et va les conduire, entre décembre et mars, de Montréal à Miami, *via* Hollywood, San Francisco et Las Vegas. La carrière internationale d'Édith Piaf prend là un vrai tournant, même si, à ses yeux, la consécration suprême lui est apportée un soir au Mocambo, un cabaret hollywoodien, par la seule présence de Charlie Chaplin, « un homme au cœur immense, sensible à la détresse des humbles, pitoyable aux faibles et aux malchanceux[1] », cet homme-là, le Charlot de son enfance, se déplaçant pour elle, la môme de Belleville, lui avouant ensuite avoir été bouleversé par sa voix et l'invitant dans sa villa de Beverly Hills, cela vaut tous les honneurs du monde. Elle en oublierait presque les compliments reçus de Joan Crawford, Spencer Tracy et Humphrey Bogart.

Elle n'oublie pas Paris, cependant. « Un si loin éloignement de la France, de Paris, dit-elle, c'est une asphyxie, une lente agonie[2]. » Lui manquent ses amis, ainsi que le révèle cette lettre adressée depuis Miami à Jean Cocteau pour lui annoncer son retour imminent et son impatience de reprendre *Le Bel indifférent*, avec Jacques Pills, au théâtre Marigny : « Je sais combien sont nombreux les gens qui t'aiment mais si tu pouvais savoir à quel point, moi, je t'aime malgré les rares moments où nous nous voyons… C'est très drôle l'impression que j'ai à chaque fois que je te vois, j'ai envie de te protéger contre toute la méchanceté du monde et je m'aperçois à chaque fois que c'est toi qui me remontes et me redonnes du courage pour affronter ce monde si dur ! Ne trouves-tu pas que c'est merveilleux d'aimer quelqu'un sans avoir besoin de lui, de l'aimer seulement pour lui, parce que l'on sait que cet être est magnifique ? Eh bien, je t'aime comme ça[3] ! »

---

[1]. *Au bal de la chance*, op. cit.
[2]. *Ibid.*
[3]. Lettre citée par Jean Cocteau, *Le Passé défini, tome II : 1953, journal*, Gallimard, 1985.

Et la tournée américaine, qui aurait pu se prolonger, prend fin à sa demande.

De nouvelles chansons accompagnent la rentrée parisienne de Piaf à Marigny, toutes d'un funeste déprimant : « Jean et Martine », mélodrame de Michel Émer, conte les malheurs d'une femme qui apprend que son mari, routier, s'est tué en rentrant de sa tournée ; « Les Amants de Venise », de Jacques Plante et Marguerite Monnot, étrennée à la télévision dans l'émission d'Henri Spade *La Joie de vivre*, dresse le tableau d'un couple de miséreux qui a planté sa guitoune aux abords de la Porte d'Italie et observe les flaques d'eau boueuse en rêvant de voguer en gondole ; enfin, belle réussite, « Bravo pour le clown » traque, sous la plume d'Henri Contet, l'envers peu glorieux du music-hall à travers le prisme d'un auguste au destin tragique, dont la chanteuse singe la démarche pataude, tout en haranguant la foule impitoyable, sur le rythme obsédant de la musique de Louiguy qui va *crescendo* jusqu'à l'assourdissement.

« La foule aux grandes mains
S'accroche à ses oreilles,
Lui vole ses chagrins
Et vide ses bouteilles,
Son cœur qui se dévisse
Ne peut les attrister,
C'est là qu'ils applaudissent

La vie qu'il a ratée[1] ! »

Malgré le triomphe du « Clown » et la reprise du *Bel indifférent* qui occasionne un enregistrement discographique, la presse se montre frisquette dans ses appréciations, évoquant un Pills « charmant » et une Piaf « embourgeoisée », moins actrice que spectatrice des drames qu'elle interprète.

La chanteuse a une excuse que son entourage n'ose exposer publiquement : son état de santé s'est dégradé, par l'abus de médicaments et le recours permanent à la morphine pour apaiser les douleurs violentes que lui infligent ses rhumatismes articulaires. Sur ordonnance de son médecin Claude de Laval et soutenue moralement par Jacques Pills, Loulou Barrier et son ami Félix Lévitan, elle entame dès la fin des représentations à Marigny une cure de désintoxication et séjourne secrètement pendant trois semaines à la clinique Bellevue de Meudon, avant de se résoudre à un repos complet à domicile jusqu'à la fin juin.

Le traitement s'avère bénéfique : c'est une Piaf rayonnante qui accompagne la première étape du Tour de France cycliste à Strasbourg et à Metz. Elle retrouve ensuite Jacques Pills à Évian sur le tournage de *Boum sur Paris*, un film de Maurice de Caronge. Sur fond de course-poursuite à travers les music-halls parisiens et le plateau de la célèbre

---

[1]. Éditions Hortencia. © Columbia, 1953.

émission de variétés de Jean Nohain *La Kermesse aux étoiles*, l'intrigue sert de prétexte à réunir à l'affiche les vedettes de la chanson du moment, parmi lesquelles Charles Trenet, Mouloudji, Line Renaud, Annie Cordy, Juliette Gréco, Jacqueline François, et, bien sûr, Édith Piaf qui interprète « Je t'ai dans la peau » et un sketch parlé-chanté avec Jacques Pills, le héros du film, « Pour qu'elle soit jolie ma chanson ».

Sacha Guitry la réclame sitôt après pour une séquence de *Si Versailles m'était conté*, fresque spirituelle à la distribution prestigieuse où les moments clés de l'Histoire de France, de Louis XIII à la Révolution de 1789, sont illustrés de tableaux plus ou moins fantaisistes, pimentés d'humour et de poésie. Édith Piaf y incarne naturellement une fille du peuple, qui entraîne à sa suite ses semblables opprimés, grimpant à l'assaut des grilles du château et lançant comme un cri à la face des privilégiés le chant de la révolte :

« Ah ! Ça ira, ça ira, ça ira
Les aristocrates à la lanterne
Ah ! Ça ira, ça ira, ça ira
Les aristocrates on les pendra[1] ! »

Après une tournée estivale qui les promène d'Ostende à Trouville, en passant par le Sud-Ouest

---

[1]. « Ça ira ! » (Sacha Guitry/Jean Françaix), éditions Ray Ventura. © Columbia, 1954.

et la Côte d'Azur, le couple Piaf-Pills s'octroie deux mois de repos dans la maison de campagne du chanteur, à Bretagne de Marsan, dans les Landes. Les accompagnent l'indispensable Danielle Bonel, le rigolo de service et subsidiairement approvisionneur en produits illicites Roland Avellys, ainsi que Simone Ducos, sœur de Jacques Pills et résidente permanente au 67 *bis*, boulevard Lannes depuis le retour des États-Unis. Deux galas de bienfaisance ponctuent le séjour, l'un au sanatorium du village, l'autre au théâtre de Mont de Marsan, dans le but de récolter des fonds pour construire une école. Le maire, touché par le geste d'Édith Piaf, organise une réception en son honneur, avec tout le gratin local. Elle se fait prier pour s'y rendre :

– Non ! Je ne veux pas aller chez ces cons-là ! Si j'ai chanté, c'est pour que les gosses aient une belle école. Maintenant c'est fait, je suis contente pour eux, mais le maire et sa femme je m'en fous[1] !

De retour à Paris, elle enregistre « N'y va pas, Manuel » (de Michel Émer) ou le destin en trois actes d'un mauvais garçon poursuivi toute sa vie par un lancinant sermon de bonne conduite, « Heureuse » (de René Rouzaud et Marguerite Monnot) qui proclame l'épanouissement amoureux d'une femme et sa crainte de devoir y renoncer un jour, et le grand succès « Johnny, tu n'es pas un

---

[1]. Anecdote rapportée par Simone Ducos-Pills dans *Opinions publiques, op. cit.*

ange » (de Francis Lemarque), d'après « Johnny Is The Boy For Me », composée par le guitariste américain Les Paul et créée avec son épouse Mary Ford.

« Johnny, tu n'es pas un ange
Entre nous, qu'est-ce que ça change ?
L'homme saura toujours trouver
Toutes les femmes du monde entier
Pour lui chanter ses louanges
Dès qu'il en sera lassé,
Elles seront vite oubliées
Vraiment, vous n'êtes pas des anges[1]... »

Un immense sapin de Noël, avec à ses pieds la traditionnelle crèche et de somptueux cadeaux, égaye le vaste salon de l'appartement du boulevard Lannes. Piaf célèbre les fêtes en « famille », entourée de son mari, de la petite Jacqueline Boyer et des trois enfants Cerdan. Entre les deux réveillons, le couple Piaf-Pills donne deux galas au Palace de Gstaad (Suisse) et deux autres à la salle des fêtes de Belfort. La chanteuse souhaite une bonne année à ses compatriotes dans *Sourires de la Saint-Sylvestre*, festivité télévisuelle animée par Henri Spade.

1954 invite au bilan rétrospectif. Début janvier, Pierre Lhoste et Gérard Néry reçoivent Édith Piaf dans les studios du Poste Parisien où ils recueillent ses confidences, arrangées et romancées par une

---

[1]. Éditions Tropicales. © Columbia, 1953.

plume experte, pour *Panoramiques*, émission réalisée par Pierre Arnaud. Autobiographie radiophonique, sous forme de feuilleton d'une trentaine d'épisodes, « De la Môme Piaf à Édith » coïncide avec la célébration du millionième disque de la chanteuse, une performance à l'époque où le microsillon en est à ses balbutiements[1]. Dans la rotonde du Pavillon de l'Élysée, Édith Piaf se voit remettre par Pierre Bourgeois, président de Pathé-Marconi, la réplique en bronze doré de ses propres mains, moulage réalisé par la Chirothèque française.

– L'année dernière, je t'ai demandé ta main. Aujourd'hui, on t'en rend deux ! lui murmure à l'oreille son tendre époux.

Trois mois plus tard, en direct de l'Alhambra, c'est l'ORTF et plus précisément Henri Spade et Jacqueline Joubert qui honorent la carrière de la millionnaire du disque en lui consacrant l'intégralité de leur émission *La Joie de vivre*. Et Piaf apparaît de fait joyeuse de vivre, gaie, espiègle, se prêtant au jeu de la rétrospective avec un plaisir évident, relatant avec humour ses années de galère, évoquant les deux hommes qui lui ont tour à tour donné sa chance, Louis Leplée et Raymond Asso – elle dédie

---

[1]. Les premiers 45 tours ont été commercialisés aux États-Unis en 1949 par la firme RCA/Victor. En 1951, le microsillon de 17 cm de diamètre arrive en France. Dans un premier temps, le 45-tours à deux titres est en concurrence avec le 78-tours, leur durée étant quasiment équivalente, environ quatre minutes par face. En 1954 est introduit le super 45-tours à quatre titres, avec pochette cartonnée.

à son ancien Cyrano « Le Fanion de la légion », l'un de ses premiers succès –, reçoit tous ses amis qui ont répondu présent : Suzanne Flon, Henri Contet, Roland Avellys, Marguerite Monnot – cependant que la compositrice joue au piano, la caméra filme le visage d'Édith qui l'observe, un regard qui dit toute l'admiration qu'elle lui porte –, Marc Bonel – le fidèle accordéoniste l'accompagne sur un florilège de classiques du musette : « Les Nuits », « J'n'attends plus rien » et « Le Dénicheur » –, Michel Émer – avec qui elle se livre à un pot-pourri émaillé de pitreries – et son « vieil ami » Jacques Bourgeat qui lui adresse un hommage de sa plume :

« Comme une Marie-Madeleine
Ployant sous le poids de ta peine
Et venue aux rives de Seine
Pour oublier ton Golgotha
Pâle comme un objet d'ivoire
Dans ta petite robe noire
De deuil, d'angoisse et de déboires
Tu apparais pâle et défaite
Au milieu des flonflons de la fête
Portant sur ta petite tête
Les détresses du cœur humain. »

Piaf chante également ses grands succès : « La Vie en rose », « L'Accordéoniste », « Mariage », « Bravo pour le clown » et le dernier en date : « La Goualante du pauvre Jean », de René Rouzaud et Marguerite Monnot, qui fait l'objet de son premier super 45-tours à quatre titres, avec pochette photo en papier glacé.

« Esgourdez rien qu'un instant
La goualante du pauvre Jean
Que les femmes n'aimaient pas,
Mais n'oubliez pas :
Dans la vie y'a qu'une morale,
Qu'on soit riche ou sans un sou,
Sans amour on n'est rien du tout[1]... »

Entre-temps, Piaf a triomphé à l'Alhambra et à Bobino, après une deuxième cure de désintoxication à la clinique de Meudon. Pour suppléer à la morphine, son médecin lui a prescrit des piqûres de cortisone, mais souffrant le martyr, elle double les doses. Ne pouvant s'en procurer sans ordonnance, elle a trouvé un faux ami qui lui en revend au prix fort.

Elle a besoin d'argent pour sa « drogue » quotidienne. Du 10 avril au 11 juillet, elle part sur les routes pour la tournée du « Super Circus », un marathon de quatre-vingt-dix galas. Un cauchemar pour son entourage, même si elle réussit à honorer son contrat sans défaillance.

« Il paraît que le cirque a fait une ville par jour, dira-t-elle. Je ne sais pas, je n'ai rien vu, je ne me souviens de rien. C'est tout noir. Il y a des morceaux d'images... On me pousse dans la voiture,

---

[1]. Propriété des auteurs. © Columbia, 1954.

puis sur un lit d'hôtel, puis vers la piste... Avant, je me suis fait une piqûre. Je chante... Et ça dure, comme ça, des jours et des jours[1]... »

La tournée-marathon finie, la revoilà à la clinique de Meudon, le visage boursouflé, l'œil hagard.

– Hello, c'est encore moi ! lance-t-elle à l'infirmière en chef. Contente de me revoir ?

Elle joue la dérision mais le cœur n'y est pas. Ces séjours en clinique sont un calvaire. Mais elle ne demande qu'à guérir, elle lutte de toutes ses forces pour ne pas plonger dans les enfers où a sombré sa mère, elle ne veut pas finir comme une épave. Agenouillée au pied de son lit, elle prie le bon Dieu tous les soirs, le suppliant de lui venir en aide.

Jacques Pills l'emmène se reposer à Bretagne de Marsan mais, comble de malchance, une fièvre typhoïde la contraint de garder la chambre. À peine rentrée à Paris, une péritonite l'expédie de nouveau à l'hôpital.

C'est déjà octobre lorsqu'elle retrouve le chemin des studios d'enregistrement. Deux chansons, « Mea culpa » et « Sous le ciel de Paris » marquent l'avènement de deux auteurs importants dans sa carrière : Michel Rivgauche, qu'elle ne rencontrera que trois ans plus tard, et Jean Dréjac, qui fait bientôt battre son cœur, l'espace de quelques mois, le temps de tirer un trait sur son mariage avec

---

[1]. Citée par Simone Berteaut, *Piaf, op. cit.*

Jacques Pills. « L'Homme au piano » est l'adaptation par Jean-Claude Darnal d'un titre allemand, « Der Mann Am Klavier », créé par Cornell Trio. « Avec ce soleil », de Jacques Larue et Philippe-Gérard, et « Enfin le printemps », de René Rouzaud et Marguerite Monnot, ne sont pas des chansons de saison, mais l'automne 1954 d'Édith Piaf a des faux airs de renaissance.

« J'ai le vertige dans tes yeux
Je voltige dans du bleu
Je vois double et c'est mieux
Vise mon cœur tout là-haut
Qui fait du cerf-volant
Rattrape-le si tu peux
Mon amour, mon amour
Qui fout le camp…
Enfin le printemps[1] ! »

Son mois de décembre est occupé par le tournage au studio de Joinville d'une séquence de *French Cancan*, beau film de Jean Renoir qui restitue l'ambiance des nuits montmartroises de la Belle Époque – le temps d'une apparition, Édith Piaf y incarne Eugénie Buffet, surnommée la « Cigale nationale », dans l'interprétation d'une chanson populaire de 1892, « La Sérénade du pavé » –, et plusieurs galas dans le sud de la France, en prélude à sa grande rentrée à l'Olympia de Paris.

---

[1]. Éditions Métropolitaines. © Columbia, 1954.

« La force communicative d'Édith Piaf est unique au monde. Elle a soulevé d'enthousiasme tous les publics de la terre, elle a conquis tous les cœurs[1]. »

Ainsi parle Bruno Coquatrix, homme de spectacles polyvalent, imprésario, auteur de chansons et de livrets d'opérettes, qui, en prenant la direction de l'Olympia, ancien music-hall du boulevard des Capucines devenu un cinéma depuis un quart de siècle, va lui redonner sa vocation originelle et en faire un lieu mythique, la référence en matière de chanson, comme le fut l'ABC avant la guerre. D'ailleurs, Coquatrix applique le principe de programmation mis au point par Mitty Goldin, à savoir plusieurs attractions en lever de rideau (humoristes et acrobates), parfois un chanteur débutant en vedette « américaine » avant l'entracte, la seconde partie étant réservée à la grande vedette.

Du 27 janvier au 14 février 1955, se succèdent donc les hilarants Poiret et Serrault, la transformiste Claire Feldern, le trio Ariston, les Milson et les Craddocks, avant l'entrée en scène d'Édith Piaf, accueillie chaque soir par une formidable ovation.

« Heureuse » ouvre en douceur ce récital de douze chansons qui s'achève en triomphe avec « Bravo pour le clown » et « Padam », après des créations comme « Légende », « Miséricorde » et « C'est à Hambourg ».

---

[1]. Extrait du programme de l'Olympia, du 27 janvier au 14 février 1955.

« C'est à Hambourg ou bien ailleurs
Qu'à tous les gars en mal d'amour,
Qu'à tous les gars, depuis toujours,
Moi j'balance du rêve en plein cœur[1]... »

Écrite par deux femmes, Michèle Senlis et Claude Delécluse, qui se sont connues en 1953 dans un cercle littéraire de Saint-Germain des Prés, « C'est à Hambourg » est d'abord proposée à Germaine Montero, interprète de Bruant, Mac Orlan ou Prévert, qui en demande la musique à Marguerite Monnot. Naturellement, la chanson arrive aux oreilles de Piaf qui convoque les deux parolières chez elle, les complimente sur la qualité du texte, non sans émettre une objection : elle ne trouve pas très heureux le rabâchage de la même phrase au commencement de chaque couplet et l'énumération au refrain des villes Hambourg, Santiago, White Chapel, Bornéo... Quoique néophytes dans la partie, les deux femmes ne se laissent pas impressionner par la dame, lui rétorquant que non, justement, elles ne changeront pas ce leitmotiv qui fait tout le climat de la chanson. Et Piaf de se laisser convaincre. Bien lui en prend, car « C'est à Hambourg » se chantera aux quatre coins du monde, à commencer par l'Amérique où elle s'envole le 1er mars pour un long périple de quatorze mois.

---

[1]. Éditions Enoch. © Columbia, 1955.

– 16 –

La grande tournée outre-Atlantique d'Édith Piaf, la plus longue de sa carrière, s'annonce comme sa plus belle victoire. Cette fois, elle ne chante plus dans les cabarets pour un public de dîneurs, mais dans les théâtres les plus prestigieux où l'on se déplace uniquement pour l'écouter.

Du 7 mars au 22 mai 1955, l'interprète de « La Vie en rose » partage l'affiche avec son mari Jacques Pills dans la *Continental Revue*, spectacle conçu par son nouvel agent américain Eddie Elkort, remplaçant d'Eddie Lewis, décédé peu après Clifford Fisher. San Francisco (Geary Theater), Hollywood (Biltmore Theater) et Chicago (Selwyn Theater) sont les premières étapes de cet *American Tour*, à raison de deux semaines dans chaque ville.

« Jack Peals », surnommé *Mister Charm*, tient le rôle de maître de cérémonie et présente son tour de chant en fin de première partie, après les prestations du clown Mimmo et des acrobates Marcellis, annonçant ensuite Édith Piaf dont le récital remplit toute la seconde partie. Qu'elle chante en anglais ou en français, la petite dame en noir subjugue le public américain. Et quand elle entonne « Sous le ciel de Paris », tube planétaire, il voyage avec ravissement au pays de Voltaire et d'Hugo.

« Sous le ciel de Paris
S'envole une chanson
Hum, hum
Elle est née d'aujourd'hui
Dans le cœur d'un garçon[1]... »

Mi-avril, l'auteur Jean Dréjac s'installe sous le nom de Monsieur Brun (son vrai patronyme) dans un hôtel voisin de l'Ambassador où loge Édith Piaf. Et, sous le ciel de Chicago, hum, hum, marchent des amoureux... incognito. Pour combien de temps ?

À l'origine de la rencontre Piaf-Dréjac, il y a un coup de foudre artistique, justement provoqué par la chanson « Sous le ciel de Paris », créée par Jean Bretonnière dans le film homonyme, réalisé par Julien Duvivier. Désireuse de l'inscrire à son répertoire, Piaf contacte son compositeur, Hubert Giraud, qui la met en relation avec le parolier Jean André Jacques Brun, dit Jean Dréjac. Elle le connaît de réputation, pour « Ah ! le petit vin blanc », tube patrimonial joué dans tous les bastringues et les fêtes populaires, pas seulement du côté de Nogent, mais elle ne lui soupçonnait pas le ton subtil et délicat que laisse entrevoir sa nouvelle création.

---

[1]. « Sous le ciel de Paris » (Jean Dréjac/Hubert Giraud), éditions Choudens. © Columbia, 1951.

L'éternelle amoureuse ne s'attendait pas davantage à voir venir à elle un beau brun de trente-trois ans, particularité qui rend d'autant plus appréciable une éventuelle collaboration artistique, voire plus si affinités.

Invité à dîner au 67 *bis*, boulevard Lannes, Jean Dréjac se voit aussitôt confier une partition écrite par Henri Sauguet, une sorte de ballet d'inspiration classique. C'est une musique assez difficile à « habiller », mais la grande Piaf sait jouer de ses charmes et obtient l'approbation de son charmant convive qui lui apporte bientôt « Le Chemin des forains », une œuvre magnifique, même si trop lyrique pour atteindre le grand public. Elle ne la chantera pas sur scène, mais l'enregistre avant son départ pour l'Amérique, couplée à un titre de sa plume et de circonstance, « Un grand amour qui s'achève ».

Ainsi, de fil en aiguille, des liens se tissent. Le printemps vient, « Monsieur Brun » débarque à Chicago. Et c'est à nouveau le beau fixe dans le ciel d'Édith. « C'est la vie, Madame a un amant », lui écrit son nouvel auteur. Elle répète la chanson, mais ne l'enregistre pas[1]. Par crainte d'éveiller les soupçons ? Oh ! La triste réalité a dû déjà sauter au visage du mari trompé : les yeux de Piaf ne savent pas mentir et son cœur quand il bat la chamade fait plus de bruit qu'un tambour !

---

[1]. C'est Colette Renard qui l'enregistrera.

Pour l'heure, Jacques Pills s'applique à sauver les apparences et poursuit la route de la *Continental Revue* qui franchit la frontière canadienne, s'arrêtant la première semaine de mai au Royal Alexandra de Toronto, avant de triompher pendant quinze jours au Her Majesty's Theater de Montréal. Les louanges de la presse québécoise s'adressent de préférence à la vedette : « Piaf c'est avant tout une âme qui s'exprime et dont les yeux dégagent une lumière intérieure. Inutile, croyons-nous, de citer des noms de chansons, Piaf les rend toutes avec intelligence et feu. Elle reste une grande interprète, surtout quand elle chante dans sa langue[1]. » Pills, à qui l'on ne concède que des amabilités de principe, décide de quitter la tournée. Les autres contrats prévus par Eddie Elkort – Washington, Dallas, Hollywood –, Édith les signe seule.

« Je ne tiens pas à devenir Monsieur Piaf », dit Pills.

Un projet l'attend à Londres : il sera le partenaire de Sally Ann Howes dans l'opérette *Romance in Candelight*. Le 22 mai, tandis que sa femme s'apprête à partir pour Québec – elle est à l'affiche pendant dix jours au cabaret de La Porte Saint-Jean –, il s'embarque pour Paris. L'accompagne Roland Avellys, dont les talents d'amuseur n'aguichent plus Édith Piaf, ainsi que le révèle une lettre adressée au mois de juin à Henri Contet depuis le Statler Hotel de Washington :

---

[1]. *La Patrie*, 10 mai 1955.

« Si parfois tu vois Roland Avellys, méfie-toi de lui et surtout ne lui prête rien ni en mon nom ni au tien car tu ne reverrais jamais rien. J'essaie avec diplomatie de le virer de chez moi car évidemment il est au courant de certaines choses et il en profite, joli monsieur, c'est bien fait pour moi, je suis toujours la seule à croire au Père Noël ! Je ressors toujours de ces histoires découragée et bien triste, c'est la vie, tu fais du bien aux gens et tu t'en fais des ennemis[1] ! »

À quelles « choses » secrètes fait-elle allusion ? Son penchant pour l'alcool, que l'ancien complice attisait en planquant les bouteilles de Carlsberg et de vin blanc ? Le recours abusif à la morphine, dont on dira qu'il était l'un des pourvoyeurs, moyennant une commission alléchante ?

Rappelé au service de la chanteuse, Rudy Heydel – ancien secrétaire adjoint d'Andrée Bigard pendant la guerre – rallie la troupe en Amérique. Parfaitement bilingue, il y sera plus utile que l'ex-Chanteur Sans Nom.

Pour réprimer ses peines et ses colères, Piaf se plonge dans la lecture des monographies inspirées par les Rose-Croix, documents fournis à sa demande par son ami Jacques Bourgeat, conservateur à la Bibliothèque nationale de France, elle croit y trouver une certaine sérénité. À la même période, une lettre de Charles Aznavour lui fait chaud au cœur : « J'ai débuté à l'Olympia où tout a marché

---

[1]. Cf. *Histoire de Piaf*, op. cit.

d'une manière inespérée, une seule chose manquait à ma joie, Édith. Tout ce que j'ai fait, tout ce que j'ai pensé était empreint de vous. À chaque chose je me suis demandé : "Que ferait Édith dans ce cas ?" Rideaux, lumière, noir, orchestre, montée du ton, enfin tout était inspiré de vous, y compris la dernière chanson que je me suis écrite, elle était faite comme si c'était vous qui deviez la chanter. Vous m'avez appris trop de choses qu'il m'est impossible d'oublier. Je n'ai rien d'autre à vous dire qu'un grand merci[1]. »

Durant l'été, Édith Piaf doit se produire à l'hôtel-cabaret Riviera à Las Vegas. Le contrat est signé de longue date. Entre-temps, l'établissement a changé de direction et les nouveaux gérants, qui ne connaissent pas la *french singer*, viennent la découvrir au Mocambo d'Hollywood, étape précédente de sa tournée. Ils s'attendaient à une belle pin-up, couverte de plumes et de bijoux, savamment dénudée, bref l'archétype de la Parisienne qui fait les grands soirs du Moulin Rouge ou des Folies-Bergère. Déception ! Ils découvrent une petite chose souffreteuse, à robe noire et talons plats, le visage blême, un ridicule toupet de cheveux en guise de coiffure. *What is this ?!* Ils convoquent Eddie Elkort et Loulou Barrier en coulisses et, au terme d'un long conciliabule, conviennent de régler l'intégralité des cachets de la chanteuse, à condition

---

[1]. Cf. *Édith Piaf, le temps d'une vie*, op. cit.

qu'elle accepte de ne pas chanter chez eux. Vexée – elle intentera un procès en rupture de contrat contre les directeurs du cabaret vegasien, à l'issue duquel le tribunal statuera à son avantage –, Piaf ne refuse cependant pas quelques jours de vacances grassement payées. Et elle entraîne toute sa troupe à Malibu, dans une villa avec plage privée. La présence de Jean Dréjac y est très appréciée, de même que les visites d'amis français : Gilbert Bécaud, l'éditeur Raoul Breton, l'acteur Jean-Pierre Aumont et le cinéaste Robert Bresson.

Piaf s'envole ensuite pour New York et retrouve pour trois mois la scène familière du Versailles. Elle loge au Cambridge House, toujours en compagnie de Jean Dréjac qui, apprenant l'arrivée imminente de Jacques Pills, embarque fin novembre sur le Queen-Elizabeth à destination de la France. Son opérette ayant fait un flop en Angleterre, Pills accompagne Piaf à Montréal, où elle donne une série de galas à l'Oasis Room de l'El Morocco, l'un des cabarets les plus courus de l'époque, et enregistre une émission spéciale pour Radio-Canada, présentée par Suzanne Mella, épouse du chanteur soliste des Compagnons de la Chanson.

Le 19 décembre 1955, Piaf fête ses quarante ans à New York. Son plus beau cadeau ? Le prestigieux Carnegie Hall lui offre sa scène le 4 janvier ! Une première, pour une artiste de variétés. Et la consécration !

Dix-mille privilégiés y trouvent place, un parterre archi-comble où les grandes stars du music-hall côtoient la haute société new-yorkaise. Vingt-deux chansons sont au programme de ce spectacle événementiel en deux parties. Piaf commence par un hommage tout en douceur et en poésie à son cher Paname avec le succès de Dréjac « Sous le ciel de Paris », suivi du sensuel « Je t'ai dans la peau » et de l'enlevée « Goualante du pauvre Jean », que l'Américain Jack Lawrence a traduite en « The Poor People Of Paris ». « Padam… Padam » et « C'est à Hambourg » s'intercalent entre deux titres en anglais, « Heaven Have Mercy » (« Miséricorde ») et « If You Love Me, Really Love Me » (« Hymne à l'amour »). « Monsieur Lenoble » et « A Merry-Go-Round » (version franco-anglaise de « Je n'en connais pas la fin ») précèdent « Bravo pour le clown » qui clôture en triomphe la première partie. Après l'entracte, le rideau se lève sur « Les Amants de Paris », nouveau clin d'œil à la Ville lumière. S'ensuivent « Je hais les dimanches », « One Little Man » (« Le Petit Homme ») et « Escale ».

Piaf annonce une chanson inédite, enregistrée la veille dans les studios Capitol : « L'Homme à la moto », adaptation par Jean Dréjac de « Black Denim Trousers and Motorcycle Boots », composé par les Californiens Jerry Leiber et Mike Stoller pour le groupe The Cheers. Le texte s'inspire de la vogue nouvelle des « rebelles sans cause », incarnés au cinéma par James Dean et Marlon Brando.

« Il portait des culottes, des bottes de moto,
Un blouson de cuir noir avec un aigle sur le dos,

Sa moto qui partait comme un boulet de canon
Semait la terreur dans toute la région[1]... »

Piaf chante encore « Autumn Leaves » (« Les Feuilles mortes »), fort appréciée outre-Atlantique. Plus surprenantes sont les interprétations consécutives des deux chansons du film *Étoile sans lumière* : « Le Chant du pirate » et « Mariage », qui datent un peu. Elles précèdent cependant les deux grands succès que sont : « La Vie en rose » (en anglais et en français) et « L'Accordéoniste ». Le public se lève comme un seul homme après les dernières notes de « Monsieur Saint-Pierre ». L'ovation n'en finit pas. Le rideau de fond de scène s'écarte, découvrant l'orchestre. Robert Chauvigny s'avance pour baiser la main de la chanteuse, émue aux larmes.

Jacques Pills rentre en France. De janvier à mai 1957, Édith Piaf découvre l'Amérique du Sud, elle chante à La Havane, Mexico, Rio de Janeiro et São Paulo. Jacques Liébrard, qui l'accompagne comme guitariste depuis 1949, devient son nouvel amant transitoire. Jean Dréjac, qui l'apprend, débarque à Cuba et se rend dans la loge de Piaf au cabaret Le Sans Souci pour demander des explications.

« Nous avons cru un instant qu'il était armé et venait pour la tuer ! témoignera le secrétaire Rudy

---

[1]. Éditions Pigalle. © Columbia, 1956.

Heydel. La rencontre fut orageuse. Édith aura un malaise et ne pourra chanter pendant deux jours[1]. »

Dréjac n'admet aucun compromis : Piaf perd à la fois un amant et un auteur[2]. Danielle Bonel se souviendra d'un homme amoureux, discret, d'une sincérité absolue. « Si son cœur n'avait pas été aussi mobile, avec Jean Dréjac, Édith eût sans doute fait une excellente épouse, écrira-t-elle. Quand on y réfléchit, c'est bien dommage car leurs talents se complétaient. Édith avait conservé ses lettres. Parfois, elle les relisait. Des années plus tard, elle me les a confiées. Quand elle me les redemandait pour un moment, je savais où était son cœur. Elle gardait aussi des livres de Stendhal et de Prévert qu'il lui avait offerts et appris à aimer[3]. »

Huit ans après la mort de la chanteuse, les rancœurs oubliées, Jean Dréjac lui rendra un très bel hommage par la voix de Serge Reggiani, sur une musique de Michel Legrand :

« Édith, les enfants n'ont de toi
Qu'une image tenue parfois
De myopes intermédiaires…
Et ils ne sauront jamais plus

---

[1]. *Opinions publiques*, *op. cit.*
[2]. Par la suite, Jean Dréjac écrira pour divers artistes dont Maurice Chevalier, Marcel Amont, Les Compagnons de la Chanson, Dalida, Juliette Gréco, Yves Montand, Jean-Claude Pascal, Mireille Mathieu, Serge Reggiani… Il mourra le 11 août 2003, à l'âge de quatre-vingt-deux ans.
[3]. *Édith Piaf, le temps d'une vie*, *op. cit.*

Ce que c'est que d'avoir perdu
Sa lumière dans ta lumière[1]... »

7 mai. Piaf est de retour à Paris. L'accueillent à Orly Jacques Pills, Marcel Blistène, Raoul Breton et son épouse, Marguerite Monnot et son mari Paul Péri, et les trois enfants Cerdan. Son public français la retrouve sur le petit écran dans *Télé Paris* de Jacques Chabannes et Roger Féral – elle y chante « La Goualante du pauvre Jean » – et *La Joie de vivre* de Gilbert Bécaud, qui partage avec elle les « Bravos du Music-hall », décernés par la revue éponyme. Deux galas au Kursaal d'Ostende précèdent sa grande rentrée à l'Olympia, qu'elle appréhende :

« J'avais peur, bien plus peur que pour le Carnegie Hall. C'était Paris qui comptait, c'était Paris qu'il fallait vaincre. Et il me semblait que bien des choses avaient changé. Il y avait de nouvelles chansons, de nouvelles vedettes. Est-ce que j'allais me retrouver dans tout ça ? Toutes ces bombes de la chanson, est-ce qu'elles n'allaient pas me réduire en poudre ? Et ce public qui les faisait exploser ces bombes, est-ce que j'allais le comprendre encore, répondre à ce qu'il voulait[2] ? »

Ses craintes se dissipent dès le premier soir, le plus important à ses yeux : « La première, dit-elle, c'est la nuit de noces entre l'artiste et les spectateurs. » Succédant au jeune Marcel Amont, qui

---

[1]. « Édith », 1971. © Éditions Michel Legrand.
[2]. *France Dimanche*, juillet 1956.

entame une carrière prometteuse de showman fantaisiste, Piaf fait un triomphe avec un programme agrémenté de nouvelles chansons, dont les deux gros succès : «L'Homme à la moto», ramené d'Amérique, et «Les Amants d'un jour», un chef d'œuvre néoréaliste que vient de lui écrire le duo féminin Claude Delécluse et Michèle Senlis, sur une musique de Marguerite Monnot.

«Moi j'essuie les verres au fond du café
J'ai bien trop à faire pour pouvoir rêver
Et dans ce décor banal à pleurer
Il me semble encore les voir arriver[1]...»

Sur scène, Piaf joint le geste à la parole, elle incarne cette employée d'hôtel essuyant ses verres et ressassant le souvenir bouleversant d'un couple d'amoureux venus se suicider dans la chambre «au papier jauni». À la fin de la chanson, elle brise un verre (en cristal fin, pour une bonne qualité sonore) sur un noir du projecteur.

Le succès à l'Olympia est tel (trois millions de recettes par soir) que Bruno Coquatrix prolonge la durée des représentations – prévu du 24 mai au 4 juin, on reconduit le contrat du 14 juin au 12 juillet. Dans sa loge couverte de fleurs, la chanteuse reçoit la presse. Un journaliste de *L'Aurore* remarque une rose posée sur la coiffeuse, accompagnée d'un télégramme.

---

[1]. Éditions Beuscher. © Columbia, 1956.

— C'est de Jacques, dit-elle avec une pointe de mélancolie dans la voix. Maintenant, il ne viendra plus à mes générales...
C'est donc officiel : Édith Piaf et Jacques Pills divorcent. Et le journaliste écrit : « Piaf est elle-même le personnage désabusé de ses chansons : celui de la mauvaise chance. Au refrain sans joie, elle se retrouve toujours un peu plus seule. C'est la rançon de son extraordinaire personnalité qui fut, au contraire, curieusement enrichissante pour les partenaires que la grande artiste fit bénéficier de ses conseils et de son amitié avant de les rendre à leur destin[1]. »
Le 18 juin, lors de l'audience de conciliation, Édith pleure dans les bras de Jacques. Le divorce sera prononcé en mai 1957. Ils resteront amis. Le jour de l'enterrement d'Édith, c'est Jacques qu'on verra pleurer à chaudes larmes.

Peu après l'Olympia, Édith Piaf enregistre une chanson écrite par son ami comédien Pierre Brasseur[2], sur une musique de Michel Émer :

---

[1]. *L'Aurore*, 7 juin 1956.
[2]. L'amitié entre Édith Piaf et Pierre Brasseur semble dater des débuts sur scène de la chanteuse, si l'on en juge par ce texte que lui adressa un jour l'acteur : « Ta voix, ta voix. Celle des copains qui ont mal, des copines qu'on plaque ou celles qui nous foutent dehors, les petites mômes quoi, qui en ont marre de vivre avec des clous et des baisers dans un sac vide et un lit froid, notre jeunesse, qui n'était pas marrante. Tu es tout ça et tu l'as été tout de suite lorsque je t'ai vue pour la

« Et pourtant...
Il y aura toujours un pauvre chien perdu,
Quelque part, qui m'empêchera d'être heureuse.
Il y aura toujours, dans un journal du soir,
Une gosse de vingt ans qui meurt de désespoir...
Il y aura toujours dans la chambre à côté
Un silence de mort après les cris d'amour[1]... »

Et il y aura toujours une Piaf pour illuminer la misère du monde.
« Piaf, petit champion, poids coq, se dépense maladivement, écrit Maurice Chevalier. Elle ne semble pas plus économe de ses forces que de ses gains. Elle paraît courir, révolutionnaire, géniale, vers des gouffres, que mon angoisse sympathique entrevoit au bord de sa route. Elle veut tout enlacer. Elle enlace tout. Elle renie les vieilles lois de prudence du métier d'étoile[2]. »

---

première fois chez mon pote Leplée. Si je ne t'ai pas fait du gringue, c'est que je me suis dégonflé et qu'un corniaud de maître d'hôtel m'a dit "elle est accompagnée", sans ça je fonçais, et j'étais mignon dans ce temps-là. Ça se serait sûrement arrangé. Enfin je me console en pensant que j'ai ton amitié, que je n'aurais peut-être plus, car ça vaut mieux que toutes les nuits d'amour » (Cf. *Édith Piaf, le temps d'une vie*, *op. cit.*).
[1]. « Et pourtant », 1956.
[2]. *Ma route et mes chansons, tome VII*, Julliard, 1957.

C'est de l'autre côté de l'Atlantique qu'elle court de nouveau, pendant onze mois. Du Versailles de New York au Mogambo d'Hollywood, en passant par La Porte Saint-Jean à Québec et le Century Room de l'Adolphus Hotel de Dallas, son année 1956 s'achève en chantant, comme commence la suivante qui la voit triompher à Washington, Philadelphie, Montréal, La Havane, Buenos Aires, Rio de Janeiro, São Paulo...

À l'issue du récital unique donné dans le prestigieux Constitution Hall à Washington, le journaliste Henri Pierre salue son « répertoire solide » et sa capacité à dépasser l'obstacle d'une acoustique médiocre. Il écrit : « L'aventure n'était pas sans risques, car comment prévoir l'accueil d'un public moins alerte, moins "international" que celui de New York, à l'exception d'une poignée de diplomates. » Pari relevé. Et le critique de concéder, avec respect et admiration : « Il faut tout le grand talent d'Édith Piaf pour faire acclamer un répertoire aussi profondément étranger à l'optimisme américain, et qui provoqua ce mot d'un chroniqueur juif écrivant dans un journal de New York : "Avec Piaf c'est Yom Kippour tous les jours[1]". »

À peu près équivalent à celui du Constitution Hall, le programme proposé dans un Carnegie Hall archi-comble le 13 janvier est émaillé de traductions anglaises, dont « Lovers For A Day » (« Les Amants d'un jour »), « The Highway » (« Un jeune homme

---

[1]. *Le Matin*, 8 janvier 1957.

chantait »), « Happy » (« Heureuse »), sans oublier l'inévitable « Vie en rose » dont les Sud-Américains apprécieront la version espagnole. Seule nouveauté française, « Les Grognards », de Pierre Delanoë et Hubert Giraud, fait grande impression.

> « Nous les grognards, les grenadiers,
> Sans grenades, sans fusils ni souliers,
> Sans ennemis et sans armée,
> On s'ennuie dans la nuit du passé[1]... »

C'est la première chanson de Delanoë pour Piaf – il lui en écrira trois.

« Le souvenir de cette dame est, je crois, assez présent pour que je n'aie pas à parler de son prestige, de son rayonnement et de l'importance qu'elle avait aux yeux des auteurs, écrira-t-il dans l'un de ses ouvrages sur la chanson. Pour un jeune c'était beaucoup plus que la Légion d'honneur ou le Prix Nobel[2]. »

Mais l'univers bohème et la personnalité extravagante de la prestigieuse interprète ne s'accordaient guère au caractère bourgeois traditionaliste du parolier attitré de Bécaud. Il l'a confirmé : « Je n'ai pas beaucoup aimé le personnage d'Édith Piaf. Je crois qu'elle ne m'aimait pas non plus. Elle

---

[1]. Éditions SEMI. © Columbia, 1957.
[2]. Pierre Delanoë, *La Vie en chantant*, Julliard, 1980.

n'aimait que les originaux, les marginaux dont notre monde du spectacle regorge[1]. »

De fait, Piaf préfère solliciter des partenaires moins chichiteux, en particulier sur les horaires, car la dame a pour coutume de répéter jusqu'à très tard dans la nuit. Les couche-tôt l'ennuient, elle les tient pour des pisse-froid, dépourvus de fantaisie. Michel Rivgauche, que lui présente à son retour en France Pierre Ribert, directeur des éditions Métropolitaines, ne semble pas être de ceux-là.

Piaf et Rivgauche se rencontrent à Richebourg (Pas-de-Calais), dans la maison de campagne de Loulou Barrier où la chanteuse se repose. Le courant passe aussitôt. Appréciant l'humour, la gentillesse, la disponibilité de cet homme aux allures d'hidalgo mal coiffé, et par-dessus tout sa plume aussi fine que ses moustaches brunes à la Errol Flynn, elle lui confie sans hésiter l'adaptation de deux chansons rapportées des Amériques. La première, « Allentown Jail », complainte créée en 1951 par la Californienne Jo Stafford, devient « Les Prisons du Roy », selon un texte calqué sur l'original où il est question d'un homme emprisonné à perpétuité parce qu'il a volé un diamant pour sa belle. Satisfaite du résultat, elle met Rivgauche au défi d'adapter la seconde qui s'intitule « Que nadie sepa mi sufrir ». Il s'agit d'une valse composée en 1936 par le Péruvien Angel Cabral et que Piaf a entendue à Buenos Aires dans la version d'Alberto

---

[1]. *Ibid.*

Castillo, chanteur emblématique du tango argentin. Elle demande à son nouvel auteur d'ignorer le texte original et d'inventer un thème inédit, en s'inspirant uniquement de la musique. Ses origines latines – Michel Rivgauche se nomme en réalité Mariano Ruiz – ont-elles stimulé son imagination ? Son texte, invoquant un monde cruel qui unit et sépare les êtres, monde symbolisé par une fête populaire étourdissante de musique, de cris et de rires, colle si parfaitement au rythme de cette valse lancinante qu'on ne peut parler d'adaptation au sujet de « La Foule » – puisque, bien sûr, c'est de ce classique de Piaf qu'il s'agit –, mais de (re)création. Un vrai coup de génie.

Un tel enthousiasme anime la chanteuse que l'heureux parolier revient bientôt porteur d'un poème, digne de Prévert, « Salle d'attente », ou l'histoire d'un couple dans une gare sur le point de se séparer. Aussitôt conviée, la fidèle Guite le met en musique.

« L'un près de l'autre ils étaient là,
Tous deux assis, comme endormis
Au bord de la banquette en bois
Dans la salle d'attente
Et quand le train est arrivé,
Tous deux, ils se sont regardés
Et sans un mot se sont levés
Dans la salle d'attente,
Et dans leur tête ça glissait :

Présent, passé, manège[1]... »

Cette moisson de chansons nouvelles attendra novembre pour être gravée dans la cire. Revenue épuisée de son odyssée américaine, Piaf s'octroie une longue période de relâche, entre Richebourg et Paris, avant de retrouver le public français lors d'une tournée automnale organisée par sa firme de disques. Les dirigeants de Pathé Marconi, Maurice Tézé et Pierre Hiégel, qui cherchent à promouvoir de jeunes artistes-maison, décident avec l'accord de Loulou Barrier d'en placer deux au programme de la grande Piaf : Germaine Ricord et Félix Marten. Aucune objection pour la première, une jolie blonde au répertoire fantaisiste, elle assurera le « lever de rideau ». L'audition du second, un grand gaillard de trente-huit ans à la voix de basse, laisse Piaf de marbre : elle ne goûte guère ses chansons légères, teintées de cynisme.

– Tout ça manque cruellement de sentiment, jeune homme ! lui fait-elle remarquer. Vous ne chantez pas de chansons d'amour ?

– Non, je préfère ce style, rétorque-t-il. C'est ma manière.

– Eh bien, ce n'est pas la bonne !

On l'engage quand même en « vedette américaine », mais Piaf lui bat froid les premiers soirs. Au fil des semaines, elle se laisse séduire par ce garçon moins malintentionné que maladroit, et finit par lui

---

[1]. Éditions Méridian. © Columbia, 1957.

trouver de l'allure, du charme, une forte personnalité. La revoilà amoureuse ! Envoyé par *France Dimanche* au théâtre de Dijon, où la tournée fait escale le 4 novembre, le jeune photographe Hugues Vassal se souviendra d'avoir été témoin du nouvel engouement, jusqu'à jouer le rôle d'entremetteur :
« Je me suis présenté devant Édith comme le nouveau de *France Dimanche*. Elle m'a bien regardé des pieds à la tête, et puis elle a dit : "On ne mange pas bien dans ta boîte, il faut que tu grossisses." Et puis, elle ajouta : "Tu vois, Félix, celui qui termine la première partie, dis-lui de venir dîner avec nous. Et tu vois là-bas Jacques (Liébrard) mon guitariste, celui avec des moustaches, préviens-le qu'il me lâche le mollet… Et puis, viens dîner avec nous si tu veux[1] !" »

Comme elle le fit jadis avec Montand, Piaf va s'atteler à faire travailler son protégé et lui allouer les services de ses auteurs et compositeurs. Sont ainsi mis à contribution Michel Rivgauche, Henri Contet et Marguerite Monnot. Mais n'est pas Montand qui veut. Et Piaf s'en rend vite compte…

– Tu dois étudier des chansons nouvelles, dit-elle à son Félix. On va te les écrire. Tu ne toucheras jamais le grand public si ne chantes pas l'amour. Les gens ont besoin de ça, tu comprends. Il faut leur donner de l'amour.

– Mais je ne suis pas une putain ! lance l'insolent.

---

[1]. Propos recueillis par Richard Prieur dans *Télérama* hors-série, *Piaf, sacrée môme, op. cit.*

– Les putains le font, elles ne le chantent pas !
Il lui faudra de la patience pour dompter son poulain, mais elle y parviendra. Elle fera de son mieux, en lui ouvrant pour commencer les portes de l'Olympia.
« J'aime créer et plus la tâche est difficile, plus elle m'exalte, confie-t-elle. Et puis quelle satisfaction d'apprendre, de donner[1]... »

Tandis que Félix Marten peaufine son tour de chant, sa bienfaitrice termine 1957 sur les plateaux de cinéma où elle tourne *Les Amants de demain*, un mélodrame passionnel réalisé par Marcel Blistène d'après un scénario de Pierre Brasseur, soit une aventure entre amis.

« Nous nous étions promis, Édith Piaf et moi, de refaire un film ensemble, témoigne le metteur en scène. Le sujet était difficile à trouver car je ne voulais pas faire un film musical conventionnel. Je désirais surtout montrer les dons de comédienne de Piaf. Or Piaf n'est pas un personnage conventionnellement cinématographique. Pour moi, elle est un être humain perdu dans la foule, avec ses drames et ses amours de faits divers[2]. »

Pierre Brasseur lui a donc concocté un rôle à sa mesure, celui d'une femme ordinaire, maltraitée par son mari garagiste (joué par Armand Mestral), qui, un soir de Noël, s'éprend d'un automobiliste de

---
[1]. *Au bal de la chance*, op. cit.
[2]. *Combat*, 24 août 1959.

passage (Michel Auclair) et se voue à lui jusqu'au crime. La femme du garagiste n'est pas chanteuse mais, incarnée par Piaf, on trouve naturel qu'elle fredonne, pour le plaisir. Quatre chansons mises en musique par Marguerite Monnot agrémentent donc ce film qui ne restera pas dans les annales de la cinématographie française : « Fais comme si » et « Tant qu'il y aura des jours » ont été écrites par Michel Rivgauche, « Les Neiges de Finlande » et « Les Amants de demain » par Henri Contet.

Ainsi s'achève la carrière d'Édith Piaf au cinéma. Sans regret. « Je n'aimerais pas faire ce métier, confie-t-elle à Pierre Tchernia. Pour les artistes ce n'est pas très intéressant, on est un petit peu à la merci du metteur en scène[1]. »

À l'Olympia, à partir du 6 février 1958, Piaf n'est à la merci de personne, sinon de son public. Elle se sent comme chez elle. Et le Tout-Paris répond à son invitation : Michèle Morgan, Gérard Oury, Pierre Brasseur, Yves Montand, Michel Simon, Edwige Feuillère, Juliette Gréco… Le soir de la première, assise aux premiers rangs d'orchestre, on reconnaît aussi la jeune romancière, qui a le vent en poupe, Françoise Sagan. Mais le Tout-Paris pour Piaf, c'est avant tout ces milliers de têtes anonymes, ce brassage de gens de la « haute » et du « populo », sans clivage, puisque « une fois à poil, on est tous

---

[1]. Émission télévisée *En direct de chez Édith Piaf*, 9 avril 1958. Archives INA.

faits pareil », lui réservant chaque soir une ovation de plusieurs minutes qui la chavire de bonheur et la cloue d'émotion devant le micro ! La critique même n'a pas de mot pour exprimer cette communion phénoménale entre la chanteuse et le public : « Il y a quelque chose de miraculeux chez Édith Piaf qui dépasse l'imagination, et une sincérité qui, chez elle, fait tout passer. Cette voix qui semble venir de l'au-delà, cette présence extraordinaire et massive, tout cela pose un cas qu'il ne nous paraît pas possible d'expliquer[1]. »

« Peut-être bien qu'ailleurs,
Une femme a le cœur
Éperdu de bonheur,
Comme moi…
Peut-être bien aussi
Qu'à l'instant elle vit
Le meilleur de sa vie
Comme moi[2]… »

Le rideau s'ouvre sur cette nouvelle chanson, superbe, écrite par le tandem Senlis-Delécluse, sur une musique de Marguerite Monnot : « Comme moi », portée par la foi ardente d'une éternelle amoureuse. « Les Grognards », créée en janvier 1957 à Carnegie Hall, et « Salle d'attente » comptent aussi parmi le nouveau répertoire dont on retient

---
[1]. *Le Soir illustré*, 6 février 1958.
[2]. Éditions Méridian. © Columbia, 1957.

surtout deux formidables succès : « Tu me fais tourner la tête » (qui devient bientôt « Mon manège à moi »), une des rares chansons joyeuses de Piaf, écrite par Jean Constantin et Norbert Glanzberg pour Yves Montand qui l'a refusée, et « La Foule », où l'interprète ajoute à la puissance évocatrice du texte une pantomime hallucinée, ses bras s'agitant dans une espèce de va-et-vient implacable qui, au final, semble la soulever du sol. Le spectacle finit en apothéose avec « Bravo pour le clown » et « Hymne à l'amour », puis, en rappel, « L'Accordéoniste ». Prolongé à deux reprises jusqu'au 29 avril, il attire plus de deux cent mille spectateurs. Un record !

Félix Marten profite de l'aubaine, mais supporte mal d'être l'obligé de Piaf, d'autant qu'il n'a pas l'exclusivité de ses sentiments : il semblerait que la chanteuse aime un peu ailleurs, auprès d'un directeur de galerie d'arts nommé André Schoeller, une liaison qui expliquerait sa passion soudaine pour la peinture. Aussi, Marten quitte-t-il Piaf avant la fin des représentations à l'Olympia, tout en continuant à être chaque soir sa « vedette américaine », une promiscuité qui ne le gêne pas. Elle encaisse mal l'affront, mais ne cherche pas à lui causer de tort, ce n'est pas dans sa mentalité, le destin s'en chargera, pense-t-elle.

Du mal elle s'en fait à elle-même, en revanche. Hantée par cette phobie de l'abandon solidement ancrée en elle depuis sa petite enfance, elle a toujours pris soin de quitter les hommes avant qu'ils n'en prennent l'initiative. Elle supporte mal que les rôles s'inversent. Elle se sent soudain vieille et laide, replonge dans l'alcool, se soûle à la bière. Boulevard Lannes, les soupers s'éternisent jusqu'à l'aube. Michel Rivgauche fait alors partie des habitués de la maison, il dira de son interprète : « C'était une malade géniale. Malade de solitude. C'était sa hantise : être seule. Alors elle vivait entourée d'une cour peuplée de bouffons qui l'amusaient, la distrayaient. Pour être admis chez elle, il fallait la faire rire ou l'intriguer ou la passionner sur un sujet qu'elle connaissait mal. Ainsi, ses repas étaient insensés : un gangster, deux boxeurs, un clochard, Jean Cocteau. »

– 17 –

Un après-midi de mars, Henri Crolla, guitariste de génie et fidèle complice d'Yves Montand, se rend chez Édith Piaf pour lui présenter « Cri du cœur », un poème de Jacques Prévert, spécialement écrit pour elle, qu'il a mis en musique. Il emmène avec lui un jeune compositeur de vingt-quatre ans dont il vient tout juste de faire la connaissance et qui se fait appeler Jo Moustaki – débarqué de son Égypte natale à Paris sept ans plus tôt, ce fils de libraire d'origine grecque a francisé son nom de Mustacchi et choisi le diminutif de Joseph (traduction française de son prénom Yussef), avant d'opter plus tard pour Georges, par admiration pour Brassens.

À cette époque, Moustaki mène une existence bohème, il vit dans un modeste atelier et se produit dans des cabarets confidentiels pour de maigres cachets, sans nourrir d'ambition particulière, ainsi que le révèlent de futures confidences : « Je ne savais pas vraiment ce que je voulais devenir : pianiste de bar, chef d'orchestre, compositeur... Tout ce que je savais, c'est que j'aimais la vie des artistes. Chanter me permettait de faire partie de cette famille. J'aimais surtout les fins de soirée où j'allais manger des spaghettis en bande... Nous refaisions le monde, on critiquait tout, nous parlions d'avenir... jusqu'au petit matin[1]. »

C'est donc en confiance que Crolla convie son nouvel ami à le suivre chez Piaf, convaincu que ces deux-là sont faits pour s'entendre. Or, la faune disparate qui hante le salon du 67 *bis*, boulevard Lannes, tout à la dévotion de la maîtresse de maison, inspire peu confiance au jeune artiste timide et habitué à une autre forme de convivialité. Son allure négligée n'arrange rien à l'affaire, il a l'impression qu'on le dévisage d'un œil consterné.

« J'ai dit bonjour à Piaf, puis j'ai eu envie d'aller me cacher derrière Crolla, témoignera-t-il. Il y avait trop de monde, et puis elle avait une présence trop forte. C'est comme une clarté qui vous fait porter des lunettes de soleil. Alors, elle m'a regardé d'une sorte d'air un peu narquois, comme pour dire : "Bon, et vous qu'est-ce que vous faites[2] ?" »

– J'écris des chansons, répond Moustaki, d'une voix à peine audible.

Crolla vole à son secours, le présentant comme un compositeur exceptionnel qui gagne à être connu.

– Eh bien, je ne demande qu'à en juger, dit Piaf, un sourire au coin des lèvres.

Pris au dépourvu, Moustaki n'est guère convaincant. Accompagné à la guitare par son partenaire, il

---

[1]. *Platine*, n° 34, octobre 1996.
[2]. Émission télévisée *Bienvenue chez Guy Béart*, 17 décembre 1968. Archives INA.

ânonne quelques chansons de son répertoire, dont « Les Orteils au soleil », hymne à la paresse et à la Méditerranée tout à fait en adéquation avec ce personnage insouciant, aux faux airs languides, mais aux antipodes de l'univers de Piaf.
– Excusez-moi, Madame, je ne pensais pas me trouver ici, lâche-t-il soudain, se sentant ridicule.
Il tente de s'esquiver discrètement, mais elle le retient :
– Ne partez pas comme ça. Je sais que c'est toujours pénible de montrer ses chansons. Mais j'ai l'impression que vous ne me connaissez pas bien. Venez donc ce soir m'écouter chanter à l'Olympia, ça vous donnera peut-être des idées pour écrire pour moi. D'ailleurs, j'aimerais réentendre ce que vous venez de massacrer…
Il pourrait évoquer ce récital qu'elle avait donné en 1949 au théâtre Mohammed Ali d'Alexandrie et lui dire à quel point il avait été ébloui par elle, alors qu'il avait tout juste quinze ans. Il n'ose pas. Le soir, dans sa loge de l'Olympia, il n'osera toujours pas lui exprimer son admiration. Mais Piaf, qui n'attend pas de compliments, le sauve de l'embarras.
– Vous venez souper avec nous, n'est-ce pas ? Vous avez une voiture ?
– Oui.
– Alors je viens avec vous. Attendez-moi, je finis de m'habiller !
Moustaki imagine soudain la grande Piaf dans sa Fiat 500, « un infâme tacot qui brame quand il

démarre et prend l'eau quand il pleut », selon son propre descriptif.
– Vous savez, Édith, ma voiture n'est pas très confortable…
– Ça m'est égal.
Rue Caumartin, devant la sortie des artistes, une rutilante DS noire attend la chanteuse, avec au volant son chauffeur Robert Burlet.
– Emmenez les autres, Robert ! lui dit-elle. On se retrouve à la maison.
Puis, une fois dans la Fiat de Moustaki :
– Vous êtes sûr que ça roule, cet engin ?
Les admirateurs agglutinés sur le trottoir sont estomaqués, Piaf jubile.
Après le souper, elle glisse à l'oreille de son chevalier servant :
– Revenez quand vous voulez, vous connaissez le chemin. Demain ?
Non. Moustaki préfère aller retrouver ses copains de Montparnasse. Il ne revient chez Piaf que le surlendemain. Cette fois, ils se retrouvent seuls, boulevard Lannes.
« Elle m'a proposé un café, un verre d'alcool ou un bain chaud, se souvient-il. J'ai opté pour le bain. Ça l'a amusée. Ensuite, comme il était très tard, elle m'a murmuré : "On devrait aller dormir[1]." »
Si l'on en croit l'amie Ginou Richer, la visite de Georges Moustaki ce jour-là aurait été moins

---

[1]. Propos recueillis par Sophie Delassein dans *Le Nouvel Observateur*, n° 2205, 8 février 2007.

tardive, et la sortie du bain se serait soldée par une glissade suivie d'une chute. L'épaule démise, l'invité aurait été conduit aux urgences de l'hôpital américain de Neuilly. Après avoir payé les soins, Piaf aurait lancé à son amie :
— On ne l'a même pas essayé qu'il nous coûte déjà trois mille balles, celui-là[1] !

À l'hôpital c'est Piaf qui va bientôt y séjourner, pour des raisons moins anecdotiques et forcément moins drôles.

Un premier malaise sur la scène de l'Olympia le 22 avril inquiète son entourage. Cependant qu'elle chante « Mon manège à moi », la tête lui tourne pour de bon et elle manque de s'écrouler. Son médecin lui impose le repos. Elle passe outre la consigne et prolonge son contrat avec Coquatrix. Puis elle enchaîne avec une série de récitals en Suède, au théâtre Berns de Stockholm. Elle y tient la scène vingt-quatre soirs, jusqu'au 28 mai où, à nouveau prise de vertige, elle s'effondre.

« Je l'ai accompagnée à l'hôpital en pleine nuit, témoignera Moustaki. Mais elle ne voulait pas être soignée par les Suédois, elle voulait que je loue un avion pour rentrer voir son médecin à Paris ! Moi j'étais dépassé par les événements, je ne la connaissais que depuis deux mois. J'ai appelé son imprésario[2]. »

---

[1]. Cf. *Piaf, mon amie* par Ginou Richer, Denoël, 2007.
[2]. *Platine*, n° 139, mars 2007.

Les désirs d'Édith Piaf sont des ordres. Un DC4, affrété par Loulou Barrier, s'envole de l'aérodrome de Bromma à deux heures trente du matin, avec toute l'équipe à son bord. Arrivée à Orly, la chanteuse est conduite chez elle, boulevard Lannes. On informe la presse qu'elle est alitée, mais que son état ne présente aucune gravité. Le lendemain, hospitalisée à la clinique Franklin Roosevelt, elle n'y reste que deux jours.

« À la clinique, ils se sont aperçus qu'elle avait fait une crise éthylique, poursuit Moustaki. Mais elle ne voulait pas que je le sache. C'est juste pour cette raison qu'elle n'a pas voulu se faire soigner en Suède, mais rentrer à Paris où son entourage proche devait faire le mur du silence. »

S'ensuit une cure de repos. Édith Piaf se partage entre Paris et Le Hallier, hameau jouxtant Condé-sur-Vesgre, près de Dreux, où elle vient d'acheter une maison.

Début juillet, avant de partir en tournée avec Germaine Ricord et Michel Rivgauche, Édith Piaf présente deux chansons écrites, paroles et musique, par Georges Moustaki dans *Télé Paris*. L'une, « Eden Blues », a été créée par l'auteur sur les scènes de cabarets ; l'autre, « Le Gitan et la Fille », vient d'être composée à son intention et elle en donne une interprétation brûlante, tout en puissance, digne de la passion furieuse de ce gitan prêt à voler et tuer pour l'amour de sa belle.

« Le gitan a dit à la fille :
"Qu'importe le prix de l'amour :
Pour toi j'irai finir mes jours
Derrière les grilles. Autour de toi, je ferai l'ombre
Pour être le seul à te voir,
Pour être seul dans ton regard
Et m'y confondre[1]"... »

Moustaki lui offre également « Les Orgues de Barbarie », qu'elle enregistre en septembre, et « Un étranger », ballade inspirée du folklore grec, dont le texte est l'œuvre d'un de ses amis peintre, Georges Evan.

Piaf ne tarit pas d'éloges sur son « Jo » : « Ses chansons sont bouleversantes, pleines de soleil, d'îles lointaines, d'amour passionné. Elles iront loin[2]. » Elle prend le public à témoin lors de sa tournée estivale, invitant son nouveau protégé à chanter sur les scènes du Casino de Vichy et du Palm Beach de Cannes. Un test probatoire en vue de l'associer à son prochain programme new-yorkais, même si l'intéressé ne s'avoue pas convaincu, ainsi qu'il l'écrira trente ans après : « Mes apparitions en première partie de ses spectacles ne soulèvent pas l'enthousiasme. Au mieux, elles rencontrent une indifférence polie[3]. » Et il prouve qu'il ne prêche

---

[1]. Éditions Métropolitaines. © Columbia, 1958.
[2]. *Ici Paris*, juin 1958.
[3]. *Les Filles de la mémoire*, Calmann-Lévy, 1989.

pas par modestie en relatant dans le même ouvrage une anecdote où transparaît l'orgueil du « jeune coq », sans doute agacé de se traîner une réputation de gigolo arriviste : « Un jour, pour soutenir ma prestation, elle prend un micro en coulisse et me fait un contre-chant. Le public reconnaît sa voix et s'enflamme. Vexé de devoir mon succès à son intervention, j'explose de rage. Il s'ensuit une scène surréaliste où le débutant – moi – reproche avec véhémence à la vedette – elle – de perturber son tour de chant. Elle le faisait par amour. Je réagis par orgueil. J'y repense avec tendresse. »

Pendant ce même été 1958, lors d'un déjeuner en tête à tête dans un restaurant, Piaf demande à Moustaki de lui écrire une chanson dont elle donne le thème : ça se passerait un dimanche, un jour sinistre, le jour des villes mortes où l'on crève de solitude, ce serait l'histoire d'un amour, un chagrin d'amour, dans un décor qui aurait son importance car il donnerait une dimension tragique à l'histoire, pourquoi ne pas planter le décor à Londres, la ville la plus triste aux yeux de Piaf…

Sur la nappe en papier du restaurant jaillissent une ou deux phrases. « Il fait si froid dehors… » « Dehors », ça rime avec… « Milord ». Piaf entoure le mot :

– La chanson est là ! On oublie tout, on part sur « Milord ».

Quelques jours après, dans l'hôtel de Cannes où ils séjournent, Piaf enferme Moustaki dans la chambre.

– Tu n'en sortiras que lorsque tu auras terminé d'écrire ma chanson !

Sur la table, elle a posé le bout de nappe déchiré avec les quelques phrases et le mot cerclé au stylo : « Milord ». Il écrit d'une traite, étonné que ça vienne si vite, cette histoire d'une fille des ports consolatrice d'un lord anglais en peine d'amour. Quand il sort, texte en main, il découvre Édith assise près de la porte, elle n'a pas bougé, elle est restée là à attendre, pressée de découvrir ce petit chef d'œuvre qu'elle expédie le jour même à Guite, en cure à Spa, après avoir effectué deux retouches : « la douce (aux yeux si tendres) » au lieu de « la fille », et l'ajout du mot « dame » dans « Dame ! le ciel vous comblait ».

« Allez venez, Milord !
Vous avez l'air d'un môme
Laissez-vous faire, Milord
Venez dans mon royaume
Je soigne les remords
Je chante la romance
Je chante les milords
Qui n'ont pas eu de chance[1]... »

---

[1]. Éditions Salabert. © Columbia, 1959.

Marguerite Monnot arrive fin août au Hallier, rapportant deux musiques dans ses bagages. Avant de requérir l'avis de l'auteur, elle demande à les faire d'abord écouter à Piaf. Les deux femmes s'isolent dans le salon où se trouve le piano, puis tombent d'accord sur un thème qu'elles répètent deux ou trois fois avant de le présenter à Moustaki.

– Formidable, dit-il. Pourrais-je écouter l'autre ?

– À quoi bon, puisque le choix est fait ! réplique Piaf, catégorique.

Moustaki ne partage pas cet avis. À travers la cloison, il a vaguement entendu les deux versions et préféré l'autre, plus conforme au climat de la chanson tel qu'il l'avait imaginé. Il insiste, en y mettant les formes :

– Je trouve cette version très bien, Édith, mais j'aimerais quand même que tu essayes l'autre pour me faire plaisir.

Piaf, qui ne peut rien refuser à son « Jo », obtempère.

– Voilà c'est ça ! applaudit-il. C'est exactement ça, « Milord » !

Devant son enthousiasme, les deux femmes finissent par approuver.

Piaf reprend la chanson plusieurs fois, elle en invente la mise en scène, notamment la gestuelle qui suit le ralenti final, ce moment où elle accompagne le crescendo de la musique en tapant des deux mains sur ses cuisses. À quelques jours de là, lors d'une réception chez Maxim's qui précède son départ aux États-Unis, elle est fière de l'interpréter en avant-première, accompagnée à la guitare par son auteur.

New York et l'Empire Room du Waldorf Astoria attendront quelques mois la venue de Piaf. Le 6 septembre, vers treize heures, la chanteuse réchappe par miracle d'un troisième accident de voiture. Moustaki pilote la DS 19, Piaf à ses côtés. À l'arrière se trouvent Christiane Guezo, la femme de chambre, et Marcel Cerdan Junior, quinze ans, venu passer quelques jours de vacances au Hallier chez « Tata » Édith et qu'on ramène à Orly pour qu'il y prenne son avion de retour au Maroc. Il pleut, la route est glissante. Abordant un carrefour nommé « À la Grâce de Dieu » situé sur la petite commune des Essarts-le-Roi, à sept kilomètres de Rambouillet, Moustaki se laisse surprendre par un poids lourd qui amorce une manœuvre. Il pile à toute force, la DS dérape sur la chaussée transformée en patinoire et va heurter de plein fouet le camion. Marcel Cerdan Junior est éjecté, le nez en sang. Georges Moustaki et Christiane Guezo s'en tirent avec quelques commotions. La plus gravement atteinte est Édith Piaf. Projetée dans le pare-brise puis violemment renvoyée sur la banquette, la chanteuse perd connaissance. Les secours la transfèrent inanimée, le visage en sang, à l'hôpital de Rambouillet où l'on diagnostique de profondes entailles sur le front et à la lèvre supérieure, ainsi que le sectionnement de deux tendons du bras droit qu'elle a porté à son visage lors du choc pour se protéger. Les enquêteurs diront aux journalistes que Piaf a eu la vie sauve grâce à sa petite taille. Le visage recousu et le bras plâtré, on la transfère à la clinique Franklin-Roosevelt, d'où elle sort le 3 octobre pour regagner sa maison du Hallier.

Deux jours après, alors qu'ils rentrent à Paris, Moustaki et Piaf frôlent à nouveau l'accident au même carrefour dit « À la Grâce de Dieu ». Un pneu éclate et la voiture s'immobilise en travers de la chaussée. Plus de peur que de mal. Mais Piaf y voit un mauvais présage.

Sa rentrée à l'Omnia, un cinéma de Rouen, le 28 octobre, vaut test. La chanteuse est inquiète. Sa cicatrice à la lèvre la fait souffrir, elle se plaint de ne plus pouvoir « mordre les mots », d'avoir un défaut de prononciation. Va-t-elle pouvoir encore chanter comme avant ? L'ovation du public rouennais la rassure. Elle reçoit un même accueil chaleureux au Havre, à Roubaix et à Mantes les trois jours suivants. Deux créations remportent un gros succès : « Je sais comment » de Julien Bouquet, un jeune chanteur et auteur-compositeur nouveau venu dans le clan Piaf, et, bien sûr, « Milord ».

Les galas s'enchaînent. Une série de récitals à Tunis, Alger et Oran précède une grande tournée, avec Georges Moustaki et Michel Rivgauche, qui la promène jusqu'au 23 décembre à travers la France, la Suisse et le Luxembourg.

Pour Noël, Piaf s'envole seule, les bras chargés de cadeaux, pour Casablanca où Marinette Cerdan et ses enfants lui font fête.

« À son retour, je l'ai trouvée boursouflée et plus agressive que jamais, témoigne Moustaki. Pour la première fois, je lui ai demandé si elle buvait. Loulou Barrier, qui assistait à la scène, était soufflé. Il pensait que j'étais complice comme tout le monde autour d'elle. Je me sentais trahi. J'ai pris la voiture et j'ai roulé au hasard. Je décidai non seulement de ne pas l'accompagner en Amérique mais surtout de rompre[1]. »

Quand Moustaki regagne l'appartement du boulevard Lannes, déterminé à rassembler ses affaires et à lever le camp, Loulou Barrier l'intercepte. Il est inquiet pour Édith, pour sa santé, sa carrière et ses finances, il craint qu'elle n'ait pas la force d'honorer son contrat au Wadolf Astoria si son « Jo » renonce à l'accompagner. Barrier ne cherche pas à arbitrer une histoire qui ne le concerne pas, seulement à proroger une échéance qu'il sait inéluctable. Les deux hommes concluent alors le marché suivant : Moustaki s'envolera pour New York avec Piaf comme envisagé et, une fois le triomphe assuré, Barrier l'aidera à partir.

Le 25 janvier 1959, soir de la première au Wadolf Astoria, l'accueil délirant reçu par sa vedette dépasse les espérances du fidèle imprésario.

---

[1]. *Le Nouvel Observateur*, n° 2205, *op. cit.*

« Édith Piaf, le petit moineau de Paris qui n'eut longtemps que quelques mètres de pavés pour domaine, a maintenant le plus grand palace du monde pour elle toute seule[1] », écrit Yves Salgues.

Parmi les seize chansons interprétées, le public new-yorkais plébiscite les récents succès que sont « La Foule », « Mon manège à moi », « Milord », ainsi que deux nouveautés signées Moustaki, « Faut pas qu'il se figure » (paroles de Michel Rivgauche) et « The Gypsy and the Lady », traduction anglaise de « Le Gitan et la Fille ».

Cependant, au lieu de partager ce triomphe qui est en partie le sien, Georges Moustaki fait grise mine. Il n'est plus amoureux et ne sait pas faire semblant. Début février, une violente dispute éclate, à la suite de quoi il prend la décision de rentrer à Paris. Piaf le retient, lui suggère plutôt d'aller passer quelques jours à Miami, pour profiter du soleil et de la plage. Il accepte.

– Tu m'appelleras ?
– Oui.
– Promis ? Tous les jours ?

Il dit oui, pour avoir la paix. Elle comprend qu'il ne le fera pas. Dans une lettre adressée à André Schoeller, elle écrit : « Eh bien voilà… l'histoire est finie et la Grèce est à nouveau libre. » Derrière le trait d'humour, il y a l'accablement d'une femme abandonnée, prête à se raccrocher à n'importe qui pour ne pas se retrouver seule.

---

[1]. *Jours de France*, 5 février 1959.

– S'il te plaît, Loulou, trouve-moi quelqu'un de gentil ! supplie-t-elle son imprésario.

Barrier lui présente un nommé Douglas Davis, jeune peintre américain qui souhaite réaliser un portrait d'elle. C'est un beau garçon de vingt-trois ans, élégant et sympathique. Il est homosexuel, mais quelle affaire ! La chanteuse a moins besoin de sexe que d'affection. Ils se rencontrent le lendemain du départ de Moustaki. Trois jours plus tard, le jeune peintre réalise un superbe portrait qui fera bientôt l'objet d'une pochette de disque[1].

Piaf semble retrouver le moral, mais sa santé défaille. Avant son départ pour New York, son médecin parisien Claude de Laval l'avait prévenue par courrier : « Ma chère Édith. Lis ce petit mot à tête reposée, il a son importance. Tu connais au moins un de tes points faibles, le rhumatisme. Tu es obligée pour atténuer les crises de prendre de la Méticorte, mais c'est un médicament toxique pour l'estomac. Je t'avais demandé avant ton accident de foie des clichés radiologiques de ton estomac pour faire le point. Tu n'en as pas eu le temps, mais je t'en supplie, fais faire de bonnes radios aux USA. Pour toi, c'est capital car tu risques gros à prendre impunément ce médicament sans aucune précaution… Secundo. Ménage-toi au point de vue nerveux, ne recommence plus les bêtises qui à tous les points de vue te sont préjudiciables.

---

[1]. 33 tours « Olympia 1961 ».

Ton système nerveux est fragile, ton foie est à la limite. Donc fais bien attention[1]. »

Le 18 février, sur les dernières notes de « Bravo pour le clown », elle est prise d'un malaise et quitte précipitamment la scène. Le public croit à un effet de mise en scène, il crie « Bravo ! » à son tour. Dans sa loge, Piaf vomit du sang. Le médecin appelé en urgence diagnostique une hémorragie gastrique par ulcération. Après une semaine de repos dans son appartement au vingt-sixième étage du Waldorf Astoria et trois transfusions pour compenser une dangereuse perte de globules rouges, la chanteuse est transférée six jours plus tard au Presbyterian Hospital, 168th Street, où on l'opère d'urgence. L'intervention dure plus de quatre heures. On lui retire une partie de l'estomac, ainsi que l'appendice. Elle garde la chambre jusqu'au 21 mars. Outre la dévouée Danielle Bonel qui quitte rarement son chevet, Douglas Davis – elle l'appelle « Doug » ou « Douggy » – est le plus assidu de ses visiteurs, porteur de bouquets de fleurs ou de ballons multicolores qu'il accroche au plafond, afin d'égayer la pièce. Prévenu à son hôtel de Miami, Moustaki embarque à bord du premier vol pour New York.

– Tu restes avec moi ou tu me quittes ? lui demande Piaf.
– Écoute Édith, je ne veux pas te mentir…
– Si tu pars, tu ne me reverras plus.
– Soit.

---

[1]. Cf. *Édith Piaf, le temps d'une vie*, op. cit.

Elle le laisse partir, mais fait télégraphier à son chauffeur, Robert Burlet, d'aller le chercher au port du Havre, à sa descente de bateau.

— Grand con ! fulmine-t-elle.

Elle ne veut plus en entendre parler, « qu'il crève » ! À sa sortie d'hôpital, elle décide même de ne pas enregistrer « Milord ».

— Vous n'en avez pas le droit, Édith ! intervient Loulou Barrier. Vous êtes une professionnelle, oui ou non ?

Va pour « Milord » ! Mais elle se refuse à chanter les autres chansons du « grand con » ! Une colère qui lui passera, comme d'autres… Plus tard, bien après sa mort, Georges Moustaki apprendra qu'elle avait conservé jusqu'au dernier jour une photo de lui dans son porte-monnaie…

« Plus on a de souffrances, plus on a de joie », lâche-t-elle, philosophe, à un reporter de *Libération*. En l'occurrence, elle peut s'avouer rudement servie. Le 24 mars, tandis qu'elle se réjouit à l'idée de retrouver le lendemain la scène et le public du Waldorf Astoria, de violentes douleurs dans le ventre la reconduisent d'urgence au Presbyterian Hospital pour une deuxième intervention chirurgicale. Diagnostic : volvulus intestinal. Rien de très grave, mais la convalescence sera longue.

Loulou Barrier et Eddie Elkort annulent tous les contrats signés. Outre le Waldorf, il faut également renoncer à une tournée *via* Las Vegas, Hollywood, Los Angeles, San Francisco, puis un nouveau périple en Amérique du Sud : La Havane, Mexico, Rio, Buenos Aires, Montevideo. Seuls deux contrats, négociés pour renflouer les finances, seront honorés : l'un au Shoreham Hotel de Washington du 12 au 23 mai, l'autre au Bellevue Casino de Montréal du 4 au 12 juin.

Piaf et l'Amérique, c'est fini. Elle n'y chantera plus.

– 18 –

– Que rapportez-vous comme impression marquante des États-Unis, Édith Piaf ? lui demande un des nombreux journalistes venus l'accueillir à Orly.
– Mieux qu'une impression… je rapporte un Américain[1] ! répond-elle, amaigrie mais rayonnante, en désignant le grand jeune homme qui lui tient la main.

Douglas Davis affiche un franc sourire devant les photographes, mais sa joie d'être à Paris, la Ville lumière, un paradis pour un peintre, sera de courte durée. Très vite, il se laisse embarquer dans l'enfer de la vie de Piaf, qui exige qu'on la suive partout comme son ombre. Il ne résiste que le temps d'un été. Fin août, il prend la fuite, l'abandonnant dans une chambre d'hôtel de Bordeaux.

« Elle tue tout le monde par sa vie tellement déréglée, se justifie-t-il. Tous les gens qui sont avec elle sont sur les genoux. Même son docteur[2]. »

Piaf termine sa tournée estivale. Quelques jours de repos dans sa maison du Hallier précèdent une nouvelle intervention chirurgicale le 21 septembre :

---

[1]. *Paris Journal*, 22 juin 1959.
[2]. *France Dimanche*, 24 décembre 1959.

le Professeur Champeau de l'hôpital américain de Neuilly l'opère d'une pancréatite.

« Je reviens de loin », dit la rescapée aux journalistes. À Cocteau elle adresse ce message : « Jean, je viens à l'instant d'échapper au trou. »

Jacques Pills se précipite à son chevet. Yves Montand envoie un télégramme. Pierre Brasseur lui adresse une longue lettre où il témoigne de son amitié : « Tu penseras que je me réveille – oui, c'est vrai – quand tu es mal foutue. Je dors et j'attends derrière ta porte. J'attends que l'on puisse t'approcher, je n'aime pas déranger la souffrance, c'est une compagne si exigeante et si secrète, presque passionnante, comme la Muse du malheur. Mais il faut lui parler de temps en temps, pour cela il faut du calme, enfin tu lui as fait comprendre que tu préférais vivre avec des tourments plus hauts que ceux qui ne font que du mal au corps. Faire mal à la viande, c'est malin – un vulgaire tueur sait faire cela, voilà pourquoi il faut la dédaigner cette "souffrance" et l'oublier, elle est trop orgueilleuse – et crie-lui à la gueule "dégommez mon cœur, ça serait plus difficile, idiote". Ça c'est du solide, pas de danger. Ta tête et ton cœur, je leur fais confiance et je les embrasse tous les deux. Je ne te dis pas "courage", je te dis "debout" belle petite sauvage et en route pour la belle vie et le beau travail[1]. »

---

[1]. Cf. *Édith Piaf, le temps d'une vie*, op. cit.

Convalescente, Édith Piaf travaille à de nouvelles chansons. A rejoint le clan de ses auteurs et compositeurs un Québécois de vingt-six ans, Claude Léveillée, rencontré lors de sa récente venue à Montréal, dans une petite boîte à chansons, « Chez Bozo », que ce pianiste de formation a fondée avec ses deux amis Hervé Brousseau et Jean-Pierre Ferland. Séduite par ses compositions, Piaf lui a proposé de venir s'installer à Paris et d'écrire pour elle. Arrivé début août, il l'a retrouvée à Cannes où l'idée de la collaboration artistique a pris forme. Elle lui destine une chambre d'ami dans son appartement du boulevard Lannes, il y restera dix mois.

Dès septembre, il lui présente une première composition musicale, sur laquelle Michel Rivgauche se livre à un exercice de style autour du mot « toi ». La chanson, intitulée « Ouragan », fait partie des créations de la tournée automnale de Piaf, avec « C'est l'amour », qu'elle a écrite pendant sa longue période d'immobilité à New York et que Marguerite Monnot a mise en musique.

Ainsi donc, Édith Piaf reprend la route, contre l'ordre des médecins. Le premier soir, au cinéma Les Variétés de Melun, le public lui réserve une ovation de plusieurs minutes. Aux premiers rangs d'orchestre, Marlene Dietrich, Alain Delon et Bruno Coquatrix ne sont pas en reste. Pour tenir debout, Piaf avale des Maxiton. Elle passe de longues nuits de veille, ne trouve le sommeil qu'en

milieu de matinée après l'absorption de barbituriques. À Maubeuge, le 3 décembre, réveillée en fin d'après-midi, elle apparaît encore somnolente sur la scène du cinéma Le Paris. Des trous de mémoire l'obligent à interrompre à plusieurs reprises son tour de chant.
— Je m'excuse, dit-elle au public. Je vais me reposer dix minutes.
En coulisses, on la prie de renoncer. Elle entend la rumeur de la salle, les gens qui scandent son nom.
— Non ! Je veux chanter !
Elle pleure et agrippe le bras de Loulou :
— Si je ne rechante pas, même une seule chanson, jamais je ne pourrai plus croire en moi, tu comprends ? C'est ma vie. Laisse-moi aller chanter.
Le médecin qui la suit sans relâche intervient :
— C'est du suicide, Édith !
— Ce suicide-là me plaît, c'est le mien ! Piquez-moi, je dois y aller !
Le rideau se lève, elle entonne « Milord ». Repart sous les bravos et les larmes du public. Le lendemain, elle rechante à Saint-Quentin. Ça va un peu mieux, les Maxiton l'ont dopée. Aux journalistes venus en force pour assister à sa chute elle lance, goguenarde :
— C'est pas pour aujourd'hui ! Revenez plus tard quand je serai au bord du trou !
Le 10 décembre, elle défaille de nouveau à Rouen. La presse fait ses gros titres avec « la tournée suicide d'Édith Piaf ». Avant son gala à Dieppe, une rumeur circule, prémonitoire, selon laquelle la

chanteuse serait morte et que son corps aurait été ramené chez elle, à Paris. Sont prises d'assaut les billetteries des villes suivantes : on veut voir Piaf une dernière fois et, si possible, assister à sa fin. Ceux qui ont loué leur place le 13 décembre à Dreux, dernière étape du calvaire, en auront pour leur argent. La chanteuse ne tient pas debout. Portée sur scène, elle s'agrippe au micro pour ne pas tomber. Les cheveux plaqués, le visage enflé, elle fait peine à voir. Mais la salle l'acclame, debout. « Édith ! Édith ! » Elle bâcle, plus qu'elle n'interprète, six chansons. Elle bafouille, se trompe dans les paroles. On la ramène en coulisses.

— Si vous ne me laissez pas retourner sur la scène, j'avale un tube de Gardénal !

Tout le monde s'observe, ne sachant plus quoi faire.

— Je veux chanter, c'est tout ce qui me reste, gémit Piaf. Mon public a payé pour me voir. Laissez-moi chanter. S'il vous plaît.

Au bout de trois chansons, elle s'écroule dans les bras de son pianiste. Une foule d'admirateurs l'attend à la sortie. Certains s'accrochent à sa voiture et lui disent adieu, en pleurant, persuadés qu'ils ne la reverront plus.

S'ensuit une cure de repos de dix jours à la clinique Bellevue de Meudon. Piaf en sort la veille de Noël pour y rentrer une semaine après, dans un état de dépression et d'abattement inquiétant. Dans l'après-midi du 6 janvier, on la transfère à l'hôpital américain de Neuilly. Des examens radiologiques révèlent un ictère par hépatite virale, autrement dit une jaunisse.

Sa santé lui laisse ensuite quelques mois de répit, mais l'état de ses finances s'avère désastreux. À contrecœur, elle « cède » son fidèle pianiste et directeur d'orchestre Robert Chauvigny à Gloria Lasso. Bientôt, elle se voit contrainte de se séparer de son chauffeur Robert Burlet et, pour éponger ses dettes, elle vend sa maison du Hallier, à perte. Elle y aura séjourné une dernière fois tout le mois de mars, travaillant avec Claude Léveillée, Michel Rivgauche, le pianiste Jacques Lesage (ancien accompagnateur de Félix Marten) et le chorégraphe Pierre Lacotte sur un projet de comédie-ballet, intitulée *La Voix*, qui verra le jour cinq ans plus tard, sans elle. Trois chansons sont enregistrées : « Non, la vie n'est pas triste », « Le Métro de Paris » et « Kiosque à journaux ». Avant de regagner son Québec natal, Claude Léveillée lui offrira encore « Boulevard du crime » et « Le Vieux Piano ».

Dans la nuit du 2 au 3 juin, une hépatite scléreuse expédie de nouveau la chanteuse à l'hôpital de Neuilly, dans le service du Professeur Mercadier qui se déclare pessimiste : « Il est difficile de dire si Édith Piaf triomphera cette fois de la maladie. Tout dépend de son foie qui n'assimile presque plus. »

Le miracle se produit encore. Le 21 juin, la malade se porte mieux et écoute dans sa chambre son dernier 33-tours qui vient de sortir de presse.

« Vraiment pendant quelques jours, j'ai cru que c'était fini, confie-t-elle à Paul Giannoli. C'est vrai. Mais sans tristesse ; j'en avais pris mon parti. J'avais dit : bon, c'est le moment, tant pis. Je disais tant pis, surtout pour quitter ceux que j'aimais. Parce que je pense que ça doit être très bien, de l'autre côté, sûrement[1]. »

Sortie de l'hôpital le 26 août, elle entame une longue convalescence dans la maison de campagne de Loulou Barrier, à Richebourg, en la compagnie vigilante d'une infirmière du nom de Bordenave, qu'elle appelle « Mamie », ainsi que du couple Bonel et du jeune Claude Figus, un admirateur qu'elle a pris à son service en qualité de secrétaire.

Lucien Vaimber, un chiropracteur appelé en désespoir de cause, vient régulièrement la soigner. En quelques jours, à force de manipulations, il réussit à la remettre sur pied.

« Douze de ses vertèbres étaient bloquées, lui donnant tranquillement la mort, séquelles de son accident avec Moustaki[2] », témoignera-t-il.

Un jour, elle l'accueille non plus dans son lit de souffrance mais à la grille de la propriété et, désignant un coin de pelouse, lui lance, radieuse :

– Là, je ferai mettre votre statue !

Ce bon Lucien Vaimber va l'aider peu à peu à remonter la pente. En octobre, il continue à la suivre, boulevard Lannes. Piaf prépare un nouveau

---

[1]. *Sonorama* n° 26, janvier 1961.
[2]. *Opinions publiques, op. cit.*

disque, elle se sent revivre. Dans la presse, on parle de « miracle ».

Un autre miracle survient alors, par le biais d'une chanson. Le 5 octobre 1960, l'auteur Michel Vaucaire et le compositeur Charles Dumont ont rendez-vous à dix-sept heures, boulevard Lannes. Un rendez-vous contraint, de part et d'autre. Dumont n'est pas en odeur de sainteté chez Piaf. Éconduit à trois reprises de façon peu aimable, ses chansons sous le bras, il n'est pas très chaud pour essuyer un nouvel affront. À quoi bon s'acharner ? D'autant que, depuis la dernière tournée de l'artiste, le bruit court dans le métier qu'elle ne rechantera plus ou, pour reprendre la terminologie cruelle le plus souvent employée, qu'elle est « finie ». Dumont se laisse pourtant convaincre par son coéquipier Michel Vaucaire qui lui conseille d'oublier ses rancœurs et de faire preuve de professionnalisme. De son côté, se sentant patraque et pas précisément d'humeur à perdre son temps, Piaf charge Danielle Bonel de décommander ses visiteurs le matin même du rendez-vous.

– Il me colle le bourdon, ce Dumont ! maugrée-t-elle.

Après plusieurs coups de fil infructueux, la secrétaire expédie un télégramme qui ne trouve manifestement pas de destinataire car, à l'heure prévue, les deux hommes sonnent à la porte de la

vedette. Danielle va pour les renvoyer, en proposant un autre jour, quand la célèbre voix se fait entendre, un brin revêche :
— Puisqu'ils sont là, laisse-les entrer ! J'arrive !
Conduits dans le salon, ils trépignent près d'une heure avant de voir enfin arriver la chanteuse, vêtue d'une vieille robe de chambre bleu délavé maculée de taches, traînant les pieds dans des mules roses à pompons, la mine renfrognée, les cheveux rares en désordre. Elle adresse un salut respectueux à Michel Vaucaire et un vague signe de tête à Charles Dumont, vexé. À pas menus, elle marche vers le piano, s'y accoude et lance d'un ton acide :
— Je suis très fatiguée, alors soyez gentils, faites vite !
Dumont ne se fait pas prier. Lui-même pressé d'en finir, il s'installe au piano, plaque ses mains sur le clavier, faisant rageusement claquer les premiers accords et entonnant d'une voix fébrile :

« Non, rien de rien
Non, je ne regrette rien
Ni le bien qu'on m'a fait, ni le mal
Tout ça m'est bien égal
Non, rien de rien
Non, je ne regrette rien
C'est payé, balayé, oublié
Je me fous du passé[1]... »

---

[1]. Éditions SEMI. © Columbia, 1960.

Les dernières notes s'évanouissent sur un long silence. Les deux hommes s'interrogent du regard.
— Voulez-vous la rejouer, s'il vous plaît ? demande Piaf, soudainement plus liante.
Transpirant à grosses gouttes, Charles Dumont obtempère.
— Formidable ! lâche-t-elle à l'adresse de Michel Vaucaire, après la deuxième écoute. Quel est le titre de cette chanson ?
— « Non, je ne regrette rien », répond le parolier.
— Formidable, répète-t-elle.
Puis, elle consulte le compositeur :
— C'est vraiment vous qui avez composé cette musique ?
— C'est vraiment moi ! atteste Dumont qui n'est plus à une goujaterie près.
— Cette chanson est magnifique. Elle raconte exactement ce que je ressens. Je la veux pour mon prochain tour de chant à l'Olympia.
Dumont est invité à la rejouer encore et encore. Au bout de la cinquième fois, Piaf la sait par cœur et convoque tous ses fidèles à l'entendre. Loulou Barrier, Robert Chauvigny, Marguerite Monnot, Michel Rivgauche, Danielle et Marc Bonel, Claude Figus, le journaliste Jean Noli et son ami photographe Hugues Vassal, Christiane Guezo, la femme de chambre, et sa maman Suzanne, cuisinière depuis le départ de Tchang, tous ont la primeur de « Non, je ne regrette rien », la chanson « miracle », aux allures de testament. Aznavour et Suzanne Flon, passés dire bonjour, assistent également à la

« résurrection » de leur amie. Arrivés à dix-sept heures, Dumont et Vaucaire ne quittent le boulevard Lannes que vers minuit.

Rentré chez lui, le compositeur débouche le champagne et fête l'événement avec son épouse Janine. Il se figure qu'il va passer une bonne nuit, mais c'est compter sans l'effronterie de Piaf qui le fait appeler à trois heures du matin afin qu'il revienne jouer sa chanson pour Bruno Coquatrix. Passablement énervé, mais conscient de l'enjeu, Dumont se rhabille et fonce dans sa Dauphine vers le boulevard Lannes où il est reçu comme le Messie.

– Mon cher Dumont, si vous me ramenez Édith à l'Olympia, je vous en serai éternellement reconnaissant, s'exclame Coquatrix, qui a misé sur ce retour pour sauver son music-hall, menacé d'une déroute financière.

Vilain petit canard devenu, à la faveur d'une chanson, le phénix de la maison Piaf, Charles Dumont ne quitte plus le piano. En prévision de cet Olympia inespéré, on lui demande s'il a d'autres musiques en réserve. Il joue « Les Flonflons du bal », que Piaf fait aussitôt sienne, oubliant qu'elle l'avait refusée l'année précédente en ces termes : « Elle est tellement faite pour moi que je ne la chanterai pas ! » Puis, Dumont propose « Toulon, Le Havre, Anvers », dont le thème imaginé par Michel Vaucaire rappelle le récent « C'est à Hambourg » et d'autres chansons plus anciennes de l'époque Asso. La musique plaît beaucoup à Piaf, mais elle décide qu'il faut changer le texte. Il est quatre heures du matin ? Quelle affaire ! Elle téléphone à Vaucaire et le prie d'inventer de nouvelles paroles pour dix-sept heures, dernier délai. Le parolier remplit sa mission et apporte en temps voulu « Mon Dieu ».

« Mon Dieu,
Mon Dieu,
Mon Dieu,
Laissez-le-moi
Encore un peu
Mon amoureux
Un jour,
Deux jours,
Huit jours !
Laissez-le-moi
Encore un peu
À moi[1]… »

Commencent les répétitions. Dumont prend résidence boulevard Lannes. Il compose tous les jours, tandis que Vaucaire et Rivgauche écrivent. Naissent bientôt « Les Mots d'amour », « La Ville inconnue », « Mon vieux Lucien », « Des histoires ». Piaf prend également la plume et Dumont met en musique « T'es l'homme qu'il me faut » (se sent-il concerné ?) et « La Belle Histoire d'amour », en hommage à Cerdan. Son programme de l'Olympia devient quasiment du cent pour cent Dumont, au

---

[1]. Éditions Méridian. ©Columbia, 1960.

grand désespoir de Marguerite Monnot qui se sent discréditée. Piaf se justifie comme elle peut :
— Tu comprends, Guite, Charles est à la base de ma guérison. Sans lui, je n'aurais pas eu la volonté de m'en sortir. Alors, la moindre des choses c'est que je lui fasse un nom, que je le rende célèbre[1].

Guite se console en étant associée au triomphe de « Milord » dont le succès dépasse les frontières — premier tube d'Édith Piaf au New Musical Express, hit-parade britannique, classé numéro un en Allemagne et aux Pays-Bas, numéro trois en Italie — et vaut à son interprète le Blason d'or du marathon de la Chanson française de l'année 1960, décerné par Paris Inter d'après un sondage réalisé auprès de ses auditeurs. Les caméras de *Toute la chanson* filment la remise du prix le 14 novembre, boulevard Lannes. « Mon grand amour c'est le public », déclare la chanteuse, qui annonce au micro de Pierre Tchernia son retour sur scène.

L'Olympia ne fermera pas. Piaf « la survivante » y chantera vaille que vaille pendant trois mois. Journalistes et reporters, venus en masse pour assister à sa chute, en seront pour leurs frais. Elle ne tombera pas. Pas cette fois.

De nombreuses célébrités se pressent, boulevard des Capucines. Aux premiers rangs d'orchestre, on aperçoit Louis Armstrong, Duke Ellington, Jean-Paul Belmondo, Jean Marais, Michèle Morgan,

---

[1]. Cf. Jean Noli, *Piaf secrète, op. cit.*

Danielle Darrieux, Dalida et le couple le plus glamour du moment, Romy Schneider et Alain Delon. Des télégrammes arrivent du monde entier, de John Fitzgerald Kennedy et Nikita Krouchtchev, entre autres. Bruno Coquatrix pèse ses mots pour remercier comme il se doit la petite dame en noir : « Vous aviez déjà fait un miracle, en luttant de toutes vos forces pour triompher des mauvais esprits, mais cela vous le faisiez pour vous. Vous avez fait un second miracle, en luttant à nouveau de toutes vos forces pour "tenir" pendant des semaines, pendant des mois, mais cela je sais que c'est surtout pour moi que vous l'avez fait, et au lieu d'en être fier, j'en ai un peu honte. À tout ce que je vous ai demandé, vous avez dit oui ! Et je ne pourrai jamais assez vous en remercier, car non seulement vous m'avez sauvé, vous m'avez donné la possibilité de recommencer, mais vous avez aussi tenu à bout de bras les cent cinquante personnes qui dépendent de l'Olympia et qui, elles aussi, ont repris confiance dans ma "vieille machine" toute détraquée – et tout cela grâce à vous… Il y a en moi un immense sentiment d'amour et de reconnaissance, pour vous qui m'avez donné non seulement votre talent, votre génie, mais surtout une partie de votre volonté morale, une partie de vos forces physiques, en fait une partie de vous[1]. »

---

[1]. Cf. *Édith Piaf, le temps d'une vie, op. cit.*

Ce sentiment d'amour exprimé par Coquatrix rejaillit sur toute la salle, convertie en lieu de communion entre la chanteuse et son public. Un amour qu'elle donne sans compter, presque à en mourir. Et un amour qu'elle reçoit, fait de dévotion et de larmes, cet amour, le seul, l'unique de sa vie, qui monte vers elle depuis la salle jusqu'à la scène, par bouffées, comme « les Flonflons du bal » montent de la rue jusqu'au grenier. Un amour qui la transcende et la porte vers des nirvanas où jamais aucun homme ni aucune drogue ne lui a laissé entrevoir l'accès.

Trois mois de scène sans discontinuer, c'est long pour n'importe quel artiste et *a fortiori* pour Édith Piaf dont la vie ne tient plus qu'à un fil, malgré l'embellie apparente. Les dernières semaines, on la porte de sa loge à la scène et inversement. Mamie Bordenave vient chaque soir lui faire une injection de Coramine Glucose, un médicament dopant.

Après l'Olympia, elle s'octroie une semaine de repos et, la forme retrouvée, enchaîne avec des galas en province, au Palais d'Hiver de Lyon, à l'Ancienne Belgique de Bruxelles, où elle pousse Charles Dumont en scène, reprenant en chœur depuis les coulisses la chanson qu'ils ont écrite ensemble, « Les Amants ».

Dumont ne la quitte plus. Il l'accompagne à la ville comme à la scène, même s'il se défend d'être son amant, ce qu'il contestera toujours.

« J'étais son amoureux ! » rectifie-t-il. Et d'argumenter, afin de définir la nuance : « J'aurais très bien pu être l'amant de Madame Édith Piaf. Je l'adorais, et je la respecte toujours profondément. Mais la question ne se posait pas... Quand je l'ai connue, la sexualité était déjà une chose qui ne l'effleurait plus... Appelez ça "amant platonique", ce que vous voulez, je laisse ça à la légende[1] ! »

On le croit volontiers, d'autant que, réciproquement, le discours de Piaf dans la presse de l'époque rejoint le sien : « Charles n'est pas mon amant, mais un ami merveilleux. D'ailleurs, il n'est pas du tout mon type, et puis l'amour et moi on n'est plus d'accord. J'ai trop souffert. »

De février à avril, avec le concours des paroliers Michel Vaucaire, Michel Rivgauche et Louis Poterat, Charles Dumont ne cesse de composer et Édith Piaf d'enregistrer : « Marie-Trottoir », « Le Billard électrique », « Le Bruit des villes », « C'est peut-être ça », « Carmen's Story », « Qu'il était triste cet Anglais ».

Elle forme des projets qui ne feront qu'attendre : une tournée en URSS – l'ambassadeur d'Union soviétique, venu l'applaudir à l'Olympia lui aurait dit : « L'URSS est une grande nation mais beaucoup plus petite que la France car elle ne possède pas d'Édith Piaf ! » –, puis un nouveau périple américain. Elle inscrit à son répertoire « Exodus », le

---

[1]. *Platine*, n° 139, mars 2007.

thème du film d'Otto Preminger, et les versions anglaises de « Non, je ne regrette rien » (« No Regrets ») et « Mon Dieu » (« My God »). Pour l'Allemagne où elle compte se rendre bientôt, elle fait traduire sa chanson « testament » en « Nein, es tut nicht Leid ».

Mais les miracles se répètent rarement. Fin mai, Piaf rechute. On l'opère à l'hôpital de Neuilly, la délivrant des adhérences qui s'étaient formées dans l'intestin. À peine sortie, la revoilà début juin sur le billard. Diagnostic des médecins : « Les intestins sont noués. La digestion est bloquée. Elle peut mourir d'un instant à l'autre d'une occlusion intestinale. » La chanteuse rédige son testament qu'elle remet sous pli confidentiel à Charles Dumont. Elle éclate en sanglots au moment où on l'emporte au bloc opératoire.

Au même moment, Claude Figus, son secrétaire « très particulier », mû par cette sorte de sentiment absolu que vouent souvent les homosexuels aux chanteuses vieillissantes, mélange torturé d'amour et de haine, livre ses confidences sous forme de feuilleton rocambolesque à l'hebdomadaire *Ici Paris*. Chassé par Moustaki, dénigré par Dumont, Figus n'a cessé toutefois de graviter dans le sillage de Piaf depuis 1958. Son rôle ? Sous-fifre de la chanteuse, homme à tout faire, confident, souffre-douleur, il l'amuse, la flatte, et lui fournit les médicaments et drogues qui la détruisent, ne sachant résister à ses supplications, à ses larmes. À travers ses confidences à *Ici Paris*, il croit se rendre intéressant auprès d'elle, quitte à se faire répudier. C'est le cas. Remise de son opération, Piaf le chasse. Mais il sait comment revenir.

Après un été convalescent à Richebourg, sous la pression de son entourage, Piaf consent à endurer une nouvelle cure de désintoxication à la clinique de Ville d'Avray.

Le 12 octobre, on lui apprend le décès soudain de Marguerite Monnot, morte comme elle avait vécu, presque par inadvertance, d'une appendicite soignée trop tard. Le choc est si violent que la chanteuse en demeure hébétée. Interviewée à la radio, elle déclare, émue : « Il m'est très difficile et très pénible de parler de Marguerite Monnot puisque, comme tout le monde le sait, c'était ma meilleure amie. Son talent, je n'en parlerai pas puisqu'il m'a aidé à être Édith Piaf. »

La mort de Guite la renvoie aux questions qui la hantent et au peu de temps qui lui reste pour y répondre. Boulevard Lannes, elle reçoit quotidiennement Jean Noli de *France Dimanche*.

« Elle arrivait à peine à se lever de son fauteuil, rapportera-t-il. Il fallait qu'on la soutienne pour aller du salon à la chambre. Son infirmière Mamie Bordenave passait ses journées auprès d'elle. Elle devait s'occuper d'Édith comme on fait d'un enfant. Cela allait si mal qu'Édith Piaf en était arrivée à ne plus pouvoir chanter[1]. »

---

[1]. *France Dimanche*, 7 février 1962.

L'argent finit par manquer. Piaf vend sa vie au journaliste pour quelques millions, la réinventant dans le style racoleur imposé par l'hebdomadaire. Le feuilleton de Figus dans le journal concurrent semble un roman à l'eau de rose, en comparaison. Capable de tout, Piaf peut aller jusqu'à salir sa mémoire, s'il faut avoir le dernier mot.

Claude Figus se répand en excuses, il adresse une longue lettre à son idole, avant de lui dédier une chanson, « À t'aimer comme un fou », qu'il crée au cabaret de Patachou, à Montmartre. Piaf pardonne. Le renégat retrouve sa place, boulevard Lannes.

Entre-temps, c'est Dumont qui est provisoirement disgracié pour avoir osé partir sans elle aux sports d'hiver. Figus profite de l'aubaine, il se rend indispensable auprès de sa patronne, cédant à tous ses caprices, lui emmenant des amis rencontrés dans des boîtes de Saint-Germain-des-Prés, des joyeux lurons qui sauront la distraire : Jean-Claude Brialy, Claude Berri et un jeune compositeur de talent, accordéoniste, nommé Francis Lai. Puis un jour, Figus lui présente Theophanis Lamboukas, vingt-six ans, garçon coiffeur dans le salon familial de La Frette-sur-Seine.

Piaf va se laisser séduire, une dernière fois, par le sourire d'enfant et les yeux de chien battu de celui qu'elle baptise bientôt Théo Sarapo, parce que « sarapo » c'est le seul mot grec qu'elle connaît et ça veut dire « je t'aime ». Un nouvel amant ? Pensez ce que vous voudrez, semble-t-elle dire à ceux qui s'interrogent.

« Je suis la plus grande bienfaitrice du music-hall, se rengorge-t-elle. On manque de vedettes ? Eh bien, moi, j'en fabrique. Voici la recette : vous découvrez un jeune homme qui veut chanter et qui a du talent. Vous me l'envoyez. Je l'embauche comme secrétaire. L'opération doit se faire devant les photographes, quand le jeune homme est à mes côtés. Le lendemain, dans tous les journaux, je lis : "Piaf a un nouvel amant." Pour le garçon, cela représente plusieurs millions de publicité. Avec ce procédé, j'ai déjà aidé Charles Dumont, Félix Marten, Claude Figus, Moustaki, etc. Tous méritaient de s'en sortir. Et ils l'ont fait. Quant à ma vie privée, la véritable, personne ne la connaît. Les gens n'en savent que ce que je veux bien[1]. »

À bon entendeur...

Théo Sarapo arrive dans la vie de Piaf comme un miracle tardif. Il est l'homme qu'elle dira avoir attendu toute sa vie, celui qu'elle aurait voulu connaître jeune, un être doux, gentil, attentionné. Que peut-il attendre d'une femme comme elle ? Elle se sent vieille et laide, malade, brisée, épuisée. Mais dans le regard admiratif et tendre de Théo, elle trouve une dernière étoile à laquelle s'accrocher.

« Il était pour elle l'amour de la dernière chance, écrira Jean Noli. Elle fut pour lui la chance tout

---

[1]. *Paris Jour*, 27 mars 1962.

court. L'une boitait du cœur, l'autre boitait de la tête : à eux deux, ils pouvaient faire un bout de route ensemble, en marchant droit[1]. »

Ce bout de route, Piaf le sait, ne sera pas long. L'horizon se resserre : elle court après le temps, précipite les choses. Son Théo, elle veut le voir réussir avant de prendre le large, elle lui écrit des chansons, elle le fait travailler comme un forcené, le pousse sur scène. Ensemble, ils font l'Olympia, pendant un mois. « Un spectacle hallucinant, hors de la vie », écrit Patrick Thévenon dans *La Presse*[2]. Tandis que Théo chante, Piaf se tient derrière le rideau : elle l'observe amoureusement, surveille la sono, les éclairages, s'assure que tout va bien. Une fois sur scène, elle entonne :

« À la face des hommes,
Au mépris de leurs lois,
Jamais rien ni personne
M'empêchera d'aimer[3]... »

Non, personne. Le public le lui dit, il la porte en triomphe quand elle rejoint sur scène son dernier amour pour ce duo à la fois émouvant et pathétique, écrit par le fidèle Michel Émer :

« Mais toi, t'es le dernier

---

[1]. *Piaf secrète, op. cit.*
[2]. 29 septembre 1962.
[3]. « Le Droit d'aimer » (Robert Nyel/Francis Lai), éditions Tutti. © Columbia, 1962.

Mais toi, t'es le premier
Avant toi, y avait rien
Avec toi je suis bien[1]... »

Escortés par une foule de mille personnes, Édith et Théo se marient le 9 octobre 1962 à la mairie du seizième arrondissement, avenue Henri-Martin, et à l'église orthodoxe de la rue Georges-Bizet. Le mariage le plus insolite du siècle, écrit-on. Contre les censeurs, la mariée déclare : « J'aime Théo, il m'aime, nous nous aimons... C'est la seule logique que je connaisse, c'est le seul verbe que je sache conjuguer par cœur et à tous les temps. »

Leur voyage de noces, du Nord de la France aux Pays-Bas en passant par la Belgique, a lieu sur des scènes de music-halls. Pour Noël, ils chantent encore ensemble au théâtre des Célestins à Lyon. Interviewés pour la télévision[2], Piaf parle de la foi et de l'amour qui l'ont sauvée de tous les malheurs et Théo la remercie pour tout ce qu'elle a fait pour lui, tant sur le plan professionnel que personnel.

Une tournée en février 1963 précède un récital commun à Bobino et des galas dans des cinémas proches de Paris. Les 30 et 31 mars, Piaf souffre d'une bronchite, mais elle chante quand même à l'Opéra de Lille dans une salle à moitié pleine. Pour la dernière fois.

---

[1]. « À quoi ça sert l'amour » (Michel Émer), éditions Beuscher. © Columbia, 1962.
[2]. *Merci d'être venu*, 22 décembre 1962. Archives INA.

Je tiens à remercier Christine Kovacs pour son aide précieuse dans la réalisation de ce livre, son investissement, ses conseils, son amitié.

Je remercie également Alain Poulanges pour son soutien amical et ses encouragements tout au long de mon travail d'écriture.

J'adresse enfin toute ma gratitude à la chanteuse, autrice et compositrice Juliette (Noureddine) pour avoir accepté d'écrire une préface à ce livre et de l'avoir fait avec le talent, la liberté et la générosité qui la caractérisent.

DU MEME AUTEUR

Biographies :

Patrick Bruel, au fil des mots, L'Archipel, 2023.

Julien Doré, à fleur de pop, L'Archipel, 2023.

Serge Lama, la rage de vivre, L'Archipel, 2022.

Jacques Dutronc, l'insolent, L'Archipel, 2021 / Archipoche 2023.

Johnny Hallyday, femmes et influence, Mareuil, 2020.

Sophie Marceau, en toute liberté, Mareuil, 2019.

Patrick Bruel, des refrains à notre histoire, L'Archipel, 2019.

Sheila, une histoire d'amour, City, 2018.

Michel Sardou, sur des airs populaires, City, 2018.

Jean-Jacques Goldman, vivre sa vie, City, 2017.

Johnny immortel, L'Archipel, 2017.

Françoise Hardy, un long chant d'amour, L'Archipel, 2017.

Jane Birkin, la vie ne vaut d'être vécue sans amour, L'Archipel, 2016.

Julien Doré, love-trotter, Carpentier, 2015.

Johnny, la vie en rock, L'Archipel, 2014, édition augmentée 2015.

Johnny live, L'Archipel, 2013.

Sardou, vox populi, Didier Carpentier, 2013.

Sheila, star française, Didier Carpentier, 2012.

Juliette Binoche, instants de grâce, Grimal, 2011.

Sophie Marceau, la belle échappée, Didier Carpentier, 2010 / édition augmentée 2015.

Les Années 60, rêves et révolutions, Didier Carpentier, 2009.

Édith Piaf, le temps d'illuminer, Didier Carpentier, 2008.

Sylvie Vartan, jour après jour, Didier Carpentier, 2008.

Sheila, biographie d'une idole, Tournon, 2007.

Johnny Hallyday, l'éphéméride, Tournon, 2006.

Romans :

Chemin d'enfance (nouvelle version), La Libre Édition, 2023.

Carol Eden n'existe pas, La Libre Édition, 2023.

Le Chemin d'enfance (Retour en Cévennes), GabriAndre, 2009, Prix Vallée-Livres.

La Faucheuse rôde dans son sillage. Après le décès aussi soudain qu'absurde de Marguerite Monnot, puis celui de Douglas Davis, venu lui rendre visite à Paris et dont l'avion de retour s'est écrasé le 3 juin 1962 à quelques minutes du décollage, Claude Figus met fin à ses jours au cours de l'été, dans un hôtel de Saint-Tropez.

Un nouveau coma hépatique conduit Piaf à la clinique Ambroise-Paré de Neuilly en avril. Elle passe quatre jours en réanimation. Théo Sarapo et l'infirmière Simone Margantin, recommandée par le docteur Claude de Laval, veillent la malade. Entre la vie et la mort, la chanteuse délire et fredonne tout son répertoire. Depuis la maison de Jean Marais à Marnes-la-Coquette, Cocteau vient de réchapper à une crise cardiaque, il lui écrit : « Tiré de la mort je ne sais comment (c'est notre truc), je t'embrasse parce que tu es une des sept ou huit personnes auxquelles je pense avec tendresse chaque jour. »

« Je ne regrette rien, dit-elle. Rien de tout ce qui s'est passé. Parce que ça m'a servi d'expérience. L'expérience pour pouvoir exprimer, ressentir tous les sentiments puisque je suis passée par tout[1]. »

Le 31 mai 1963, Édith Piaf quitte Paris, elle part en convalescence sur la Côte d'Azur. Elle n'en revient que le 11 octobre, morte.

---

[1]. Émission TV *Les Derniers Jours d'Édith Piaf*, op. cit.